세계미래보고서 2023

The Millennium Project
세계적인 미래연구기구 '밀레니엄 프로젝트'의 2023 대전망!

세계
미래
보고서
2023

박영숙 · 제롬 글렌 지음

MEGA CRISIS

메가 크라이시스 이후
새로운 부의 기회

비즈니스북스

일러두기

• 지금 인류는 글로벌 식량 위기, 에너지 위기, 기회 위기에 처해 있으며 물가 폭등과 세계 경제의 침체 가능성마저 커져가는 상황에 놓여 있다. 그에 더해 탈세계화와 각종 정쟁, 그리고 혼란에 빠진 세계 정세까지 인류는 전방위적인 위기를 맞았다. 이처럼 '재앙 위에 새로운 재앙'이 더해지는 상황을 이 책에서는 '메가 크라이시스'Mega Crisis라 지칭한다. 학계에서 정리된 용어는 아니지만, 시대상을 반영한 관용적 합성어가 널리 쓰이는 점을 고려해 사용한 상징적 표현이다.

• 한화 표기는 2022년 9월 21일의 환율을 기준으로 정리했다.

세계미래보고서 2023

1판 1쇄 발행 2022년 10월 11일
1판 5쇄 발행 2022년 10월 24일

지은이 | 박영숙 · 제롬 글렌
발행인 | 홍영태
편집인 | 김미란
발행처 | (주)비즈니스북스
등 록 | 제2000-000225호(2000년 2월 28일)
주 소 | 03991 서울시 마포구 월드컵북로6길 3 이노베이스빌딩 7층
전 화 | (02)338-9449
팩 스 | (02)338-6543
대표메일 | bb@businessbooks.co.kr
홈페이지 | http://www.businessbooks.co.kr
블로그 | http://blog.naver.com/biz_books
페이스북 | thebizbooks
ISBN 979-11-6254-304-7   03320

The Millennium Project

밀레니엄 프로젝트
글로벌 미래연구 싱크탱크

미국 워싱턴 소재 밀레니엄 프로젝트The Millennium Project는 글로벌 미래를 연구하는 그룹으로, 유엔을 비롯해 유엔 산하의 각 연구기관 및 EU, OECD 등 다양한 국제기구와 긴밀한 협조를 통해 인류의 지속가능성을 위한 문제 해결 방안을 연구하고 있다.

밀레니엄 프로젝트는 1988년 유엔의 새천년 미래예측 프로젝트를 기반으로 해 1996년 비정부기구NGO로 창립되었다. 1996년부터 2007년까지 유엔대학교United Nations University, UNU 미국위원회American Council의 후원을 받다가 2008년에는 유엔경제사회이사회 산하 유엔협회세계연맹 World Federation of United Nations Associations, WFUNA 소속으로 활동했으며, 2009년 독립적 국제 비정부기구로 유엔경제사회이사회 산하 NGO로 전환되었다.

전세계 66개 지부, 각 분야 4,500여 명의 정부공무원, 기업인, 학자 및 전문가를 이사로 두고 지구촌 15대 과제의 대안, 국제사회에 필요한 장기 비전을 제시하고 그에 따른 기회와 위기를 분석하며 필요한 정책 및 전략을 제안하고 보고함으로써 과학적 미래예측을 통해 미래 사회의 위험을 사전에 경고하는 일을 하고 있다.

《세계미래보고서》State of the Future는 밀레니엄 프로젝트 내 4,500여 명의 전문가들이 SoFi, RTD, 퓨처스 휠, 시나리오 기법 등 다양한 미래예측 기법을 활용해 10년 후 미래를 예측하며, 여기에 국제기구 선행연구들을 분석한 자료를 더해 각국 미래연구팀과 유엔 등에 보고하는 보고서로서, 매년 개최되는 세계미래회의Worl Future Society, WFS 콘퍼런스에서 발표하고 있다.

밀레니엄 프로젝트 한국지부는 (사)유엔미래포럼이다.

밀레니엄 프로젝트 네트워크(알파벳순)

아르헨티나 Argentina
Miguel Angel Gutierrez
Latin American Center for
Globalization & Prospective
Buenos Aires, Argentina

호주 Australasia
Anita Kelleher
Designer Futures
Inglewood, Australia

아제르바이잔 Azerbaijan
Reyhan Huseynova
Azerbaijan Future Studies Society
Baku, Azerbaijan

볼리비아 Bolivia
Veronica Agreda
Franz Tamayo University
La Paz & Santa Cruz, Bolivia

브라질 Brazil
Arnoldo José de Hoyos   Rosa Alegria
São Paulo Catholic University   Perspektiva
São Paulo, Brazil   São Paulo, Brazil

벨기에 Brussels–Area
Philippe Destatte
The Destree Institute
Namur, Belgium

불가리아 Bulgaria
Mariana Todorova   Boyan Ivantchev
Bulgarian Academy   Advance Equity and School
for of Sciences   Finance and Insurance
                       Sofia, Bulgaria

캐나다 Canada
Karl Schroeder
Idea Couture
Toronto, ON, Canada

칠레 Chile
Luis Lira
EspecialistaenDesarrollo y Planificación Territorial
Santiago, Chile

중국 China
Zhouying Jin
Chinese Academy of Social Sciences
Beijing, China

콜롬비아 Colombia
Francisco José Mojica
Universidad Externado
Bogotá, Colombia

크로아티아 Croatia
Zoran Aralica and Diana Šimic
Croatian Institute for Future Studies
Zagreb, Croatia

체코 Czech Republic
Pavel Novacek
Palacky University
Olomouc, Czech Republic

도미니카 공화국 Dominican Republic
Yarima Sosa
FUNGLODE
Santo Domingo, Dominican Republic

이집트 Egypt
Kamal Zaki Mahmoud Shaeer
Egyptian–Arab Futures Research Ass.
Cairo, Egypt

핀란드 Finland
Sirkka Heinonen
Finland Futures Research Centre
Helsinki, Finland

프랑스 France
Saphia Richou
Prospective–Foresight Network
Paris, France

독일 Germany
Cornelia Daheim
Future Impacts Consulting
Cologne, Germany

그리스 Greece
Stavros Mantzanakis   Cristofilopoulos Epaminondas
Emetris SA   Phemonoe Lab/Emetris, SA
Thessaloniki, Greece   Thessaloniki, Greece

쿠웨이트 Gulf Region
Ismail Al–Shatti   Ali Ameen
Gulf Inst. for Futures and   Kuwait Oil Company
Strategic Studies   Kuwait City, Kuwait
Kuwait City, Kuwait

헝가리 Hungary
ErzsébetNováky   Mihály Simai
Corvinus University of Hungarian Academy of
Budapest   Sciences
Budapest, Hungary   Budapest, Hungary

인도 India
Mohan K, Tikku   Sudhir Desai
Futurist/Journalist   Srishti Institute
New Delhi, India   New Delhi, India

이란 Iran

Mohsen Bahrami
Iranian Space Organization
Tehran, Iran

이스라엘 Israel

Yair Sharan
The EPI/FIRST
Jerusalem, Israel

Aharon Hauptman
Tel Aviv University
Tel Aviv, Israel

이탈리아 Italy

Mara DiBerardo
J&J Production Company
Teramo Area, Italy

일본 Japan

Sungjoo Ogino
Chiba, Japan

Shinji Matsumoto
CSP Corporation
Tokyo, Japan

케냐 Kenya

Arthur Muliro
Society for International Development
Nairobi, Kenya

대한민국 Republic of Korea

Youngsook Park
UN Future Forum
Seoul, Republic of Korea

말레이시아 Malaysia

Carol Wong
Genovasi
Kuala Lumpur, Malaysia

멕시코 Mexico

Concepción Olavarrieta
El Proyecto Del Milenio, A.C.
Mexico City, Mexico

몬테네그로 Montenegro

Milan Maric
S&T Montenegro
Podgorica, Montenegro

파키스탄 Pakistan

Puruesh Chaudhary
AGAHI and Foresight Lab
Islamabad, Pakistan

Shahid Mahmud
Interactive Group
Islamabad, Pakistan

파나마 Panama

Gabino Ayarza Sánchez
City of Knowledge Foundation Clayton
Ancón, Panama City, Panama

페루 Peru

Fernando Ortega
Peruvian Association of Prospective and Future Studies
Lima, Peru

폴란드 Poland

Norbert Kolos and Piotr Jutkiewicz
4CF −Strategic Foresight
Warsaw, Poland

루마니아 Romania

Adrian Pop
Centre for Regional and Global Studies
Romanian Scientific Society for Interdisciplinary Research
Bucharest, Romania

남아프리카 공화국 South Africa

Rasigan Maharajh
Tshwane University of Technology
Tshwane, South Africa

스페인 Spain

Ibon Zugasti
PROSPEKTIKER, S.A.
Donostia−San Sebastian, Spain

러시아 Russia

Nadezhda Gaponenko
Institute for Economy, Policy & Law
Moscow, Russia

미국 USA

Brock Hinzmann
Futurist Consultant
Palo Alto, CA, USA

John J. Gottsman
Clarity Group
San Francisco, CA, USA

슬로바키아 Slovakia

Ivan Klinec
Academy of Science
Bratislava, Slovakia

슬로베니아 Slovenia

Blaz Golob
SmartIScity Ltd.
Ljubljana, Slovenia

탄자니아 Tanzania

Ali Hersi
Society for International Development
Dar es Salaam, Tanzania

터키 Turkey

Eray Yuksek
Turkish Futurists Association
Istanbul, Turkey

밀레니엄 프로젝트 네트워크(알파벳순)

우간다 Uganda

Arthur Muliro
Society for International Development
Kampala, Uganda

아랍 에미리트 United Arab Emirates

Hind Almualla	Paul Epping
Knowledge and Human	Philips Healthcare
Development Authority	Dubain, UAE
Dubai, UAE	

영국 United Kingdom

Rohit Talwar
Fast Future Research
London, England, UK

우루과이 Uruguay

Lydia Garrido
FacultadLatinoamericana de
CienciasSociales – FLACSO
Montevideo, Uruguay

베네수엘라 Venezuela

José Cordeiro
Red Iberoamericana de Prospectiva, RIBER
Caracas, Venezuela

예술/미디어 네트워크 Arts/Media–Node

Kate McCallum
c3: Center for Conscious Creativity
Los Angeles, CA, USA

2030년 최대 부상 산업 15개 분야

1. 재생에너지   ● renewable energy

재생에너지는 깨끗하고 고갈될 염려가 없을 뿐 아니라 무공해 재생이 가능하다는 장점이 있다. 태양열, 풍력, 지열, 수력, 바이오매스, 원자력 및 국지화된 그리드의 지속적인 발전은 인류를 값싸고 풍부한 재생에너지의 세계로 이끈다.

특히 온실가스 배출의 주범으로 꼽히는 발전 시장에서도 거대한 변화가 일어나고 있다. 지금껏 에너지 생산의 주축을 이뤘던 화력발전이 빠르게 퇴조하고 그 빈 자리를 태양광, 풍력 등 재생에너지가 채우는 중이다.

거대한 변화가 일어난다는 것은 거대한 시장이 창출된다는 의미다. 미국 시장조사기관 얼라이드마켓리서치Allied Market Research에 따르며 전세계 재생에너지 시장의 규모는 2017년 9,280억 달러에서 2025년 1조 5,000억 달러에 달할 것으로 전망된다.

2. 인공지능   ● Artificial Intelligence, AI

인공지능과 기계학습은 향후 몇 년 동안 모든 산업에 영향을 미칠 것으로 예상된다. 인공지능은 2030년까지 인간 수준에 도달할 정도로 성능이 고도화될 것이다. 특히 초거대 인공지능은 대용량의 데이터를 스스로 학습해 인간처럼 종합적 추론이 가능한 차세대 인공지능이라고 불린다. 기존 인공지능의 수백 배가 넘는 데이터 학습량을 통해 사람의 뇌에 더 가깝게 설계되어 있으며 사고와 학습, 판단 능력이 훨씬 뛰어나다는 평가를 받는다. 초거대 인공지능이 주목받는 것은 단순한 대화형(챗봇) 인공지능을 넘어 경제, 사회, 문화 등 활용 분야가 무궁무진하기 때문이다.

글로벌 시장조사업체 그랜드뷰리서치Grand View Research에 따르면 인공지능 시장의 규모는 2021년 940억 달러에서 2028년 9,980억 달러까지 성장할 것으로 전망된다.

3. 사물인터넷

사물인터넷은 생활 속 사물들을 유무선 네트워크로 연결해 정보를 공유하는 환경을 말한다. 2021년 이후 사물인터넷이 적용되지 않은 곳을 찾는 게 빠를 정도로, 이미 우리 주변의 거의 모든 것들이 네트워크와 연결돼 있다. 다시 말해 사물인터넷이 새로운 IT 인프라로 자리매김했다는 의미다. 이제 사물인터넷은 인공지능, 빅데이터 기술과 결합해 제4차 산업혁명 시대의 핵심 IT 인프라로 영역을 확장하고 있으며, 이에 따라 관련 시장 규모도 갈수록 거대해지는 상황이다.

그랜드뷰리서치에 따르면 사물인터넷 산업 시장은 2021년 2,640억 달러에서 2028년 1조 1,000억 달러로 성장할 것으로 예상된다. 그리고 사물인터넷 소매 시장은 2021년 360억 달러에서 2028년 1,820억 달러로 성장할 것으로 예상된다.

4. 이러닝

이러닝은 단연코 가장 빠르게 성장하는 미래 산업이다. 코로나19로 원격수업이 확산되면서 비대면 온라인 학습 및 강연에 대한 관심이 커졌다. 온라인 학습을 통해 전 세계의 숙련된 전문가에게서 각 분야의 전문 기관에서 필요로 하는 주제에 대해 그 어느 때보다 쉽게 배울 수 있다. 온라인 학습은 기존 교육보다 비용이 저렴하고 교육 과정과 교육 방식도 유연하다. 교육의 디지털화는 고등교육의 많은 불평등을 해결할 수 있다. 앞으로 온라인 학위의 질과 수준은 전통적인 대면 교육의 수준과 같거나 더 우수해질 것이며, 디지털 원주민 세대들은 온라인 학습을 더 선호할 것이다.

그랜드뷰리서치는 2020년 전세계 이러닝 시장 규모가 2,500억 달러를 넘었고, 2027년에는 1조 달러로 성장할 것이라 전망했다.

5. 클라우드 컴퓨팅 • cloud computing

클라우드는 서버나 스토리지, 소프트웨어 등의 IT 자원을 탄력적으로 활용하기 위한 컴퓨팅 인프라다. 사용자는 IT 자원을 소유하지 않고, 인터넷을 통해 필요한 만큼만 제공받아 사용한다는 특징이 있다. 갑자기 증가하는 수요를 예측하기 힘들 때 큰 도움이 된다. 기업 입장에서 IT 비용을 낮추고 하드웨어 구매 및 유지 관리의 필요성을 줄일 수 있다. 클라우드 컴퓨팅은 이런 유동적인 상황에 적극적으로 대응할 수 있는 기술로 각광받으며 발전을 거듭해왔고, 시장 또한 지속적인 성장을 거듭하고 있다. 그랜드뷰리서치에 따르면 전세계 클라우드 컴퓨팅 시장은 2020년 2,660억 달러에서 2027년 7,660억 달러로 성장할 것으로 보인다.

6. 드론 • drone

드론은 약 100년 전 군사적 목적으로 개발됐으며 지금은 사물인터넷, 인공지능과 결합하면서 쓰임새가 넓어지고 있다. 드론은 기능, 유용성 및 비용에 따라 모양과 크기가 다양하다. 순찰과 감시, 치안과 경호, 화재 진압, 난민 구조, 공중 방역, 밀렵 감시, 통신 중계, 초미세먼지 측정, 시설물 진단 등 드론의 쓰임새는 일일이 열거하기 어려울 정도다. 지금까지 드론이 공공 목적으로 개발됐다면 앞으로는 상업용 경쟁이 치열해질 전망이다. 택배, 택시, 재난 관리, 영화 촬영 등 여러 분야에서 수요가 급증하고 있다.

그랜드뷰리서치는 조사를 통해 글로벌 상업용 드론 시장이 2021년 210억 달러에서 2028년 5,010억 달러로 성장할 것으로 내다봤다.

7. 블록체인 기술

블록체인 기술은 분산 컴퓨팅 기술 기반의 데이터 위변조 방지 기술이다. 기본적으로 블록체인은 여러 당사자가 데이터에 액세스하고 실시간으로 해당 데이터를 확인할 수 있는 공유 데이터베이스다. 비트코인과 함께 등장했지만 암호화폐 이외의 광범위한 분야에서 잠재력을 갖고 있다. 블록체인 기술은 효율적이고 빠른 계약은 물론 블록체인의 불변성 덕분에 사기 행위를 시도하는 트랜잭션이 제거돼 위조나 변조가 불가능한 소유권을 가질 수 있게 한다. 블록체인은 의료, 부동산, 금융 및 엔터테인먼트와 같은 산업에 막강한 영향을 미칠 것이다.

그랜드뷰리서치에 따르면 글로벌 블록체인 기술 시장은 2021년 60억 달러에서 2028년 3,950억 달러로 성장할 것으로 보인다.

8. 사이버 보안

다양한 분야의 비즈니스에서 인터넷 사용이 증가했다. 이에 따라 민감한 정보를 보호하고, 해킹을 당하거나 악의적으로 사용되는 것을 막아야 할 책임이 그 어느 때보다 높아졌다. 최근에는 러시아와 우크라이나의 군사적 갈등에 더해 크렘린궁 사이트가 다운되고 러시아 국영TV가 해킹당하는 일이 있었다. 그뿐 아니다. 우크라이나 여러 정부 기관과 은행들의 웹사이트가 디도스 공격에 마비되는 사태도 발생했다. 지정학적 이슈뿐만 아니라 클라우드와 메타버스 시장, 암호화폐 시장이 급증할 것으로 전망되는 상황에서 그만큼 사이버 보안 시장도 급격히 성장할 것으로 전망된다.

그랜드뷰리서치는 전세계 사이버 보안 시장이 2021년 1,800억 달러에서 2028년 3,720억 달러로 성장할 것이라고 예측했다.

9. 나노기술   • Nano-technology

나노 기술은 나노미터(10억 분의 1미터) 크기의 원자 또는 분자를 합성하거나 제어해 새로운 특성을 갖는 물질을 만들고 그 성질을 규명하는 기술을 말한다. 작은 크기 때문에 오히려 강력함을 갖는 기술이라 할 수 있다. 아직 초기 단계지만 전세계적으로 다양한 프로젝트가 진행되고 있으며, 성공 사례도 발표되고 있다. 이러한 나노 기술은 소재, 에너지, 환경, 바이오, 의학, 항공우주, 방탄복, 태양광 패널 및 식품 산업에 혁신적인 변화를 가져올 것으로 예상된다.

그랜드뷰리서치에 따르면 글로벌 나노의약 시장은 2025년 3,510억 달러로 성장할 것으로 예상된다. 한편 글로벌 나노소재 시장은 아직 초기 단계이며 2021년 100억 달러에서 2027년 230억 달러로 성장할 것으로 전망된다.

10. 증강현실   • Augmented Reality, AR

증강현실은 컴퓨터에서 형성된 디지털 이미지를 실시간으로 현실세계와 결합해 보여주는 기술이다. 스마트폰 고해상도 디스플레이, 위치정보 시스템, 3D 감지 카메라 등의 발전도 증강현실 일상화를 앞당긴다. 증강현실은 제조, 의료, 교육 산업에서 본격화될 것으로 예상된다. 증강현실 사용자들은 스마트폰의 고해상도 카메라를 통해 상품 구매 전 가상으로 옷, 안경, 액세서리를 착용해볼 수 있다. 그뿐 아니라 군인들은 전투 환경을 입체적으로 구현한 증강현실 환경에서 모의 전투 훈련이 가능하다.

그랜드뷰리서치에 따르면 증강현실 시장은 2021년 270억 달러에서 2028년 3,400억 달러로 성장할 것으로 보인다. 증강현실 시장은 아직 태동 단계이며 앞으로 폭발적인 성장이 기대된다.

11. 로봇공학   ● Robotics

기술혁신과 로봇 자동화의 수요 증가로 로봇 시대가 성큼 다가왔다. 제조로봇은 물론, 실생활 및 산업 현장에서 다양한 로봇을 찾아볼 수 있다. 헬스케어, 안내 보조 등 서비스 로봇, 자율주행 이송·피킹, 로봇 자동화 창고 등에서 활용하는 물류 로봇을 대표적으로 꼽을 수 있다. 또한 수술 보조를 하는 등 의료 산업에서 로봇의 활용도가 점점 더 확대되고 있다. 전세계적 고령화와 코로나19 팬데믹으로 인해 언택트Untact의 중요성이 증가하는 가운데 로봇 산업의 수요는 폭증할 전망이다.

시장조사 전문기관 스태티스타Statista는 전세계 로봇 시장이 2021년 1,320억 달러에서 2025년 2,090억 달러로 성장할 것으로 내다봤다.

12. 가상현실   ● Virtual Reality, VR

가상현실은 그래픽이나 시각적 효과로 인간의 감각을 속여 실제와는 다른 세계, 즉 가상의 세계에 있는 것처럼 느끼게 한다. 본격적인 가상현실이 사용된 것은 미국항공우주국NASA에서 아폴로 계획을 진행하면서부터다. 현재는 진보한 가상현실 기술 및 기기가 메타버스와 결합해 놀라운 가능성을 보여주고 있다. 가상현실은 우주항공, 의학, 교육 분야 외에 상업적으로 잠재적 응용 가능성이 무한하다. 페이스북, 구글, 애플 등 세계적 빅테크기업들이 대거 가상현실에 투자하고 있다.

그랜드뷰리서치에 따르면 전세계 가상현실 시장은 2021년 220억 달러에서 2028년 670억 달러로 성장할 것으로 보인다.

13. 3D프린팅   ● 3D Printing

3D프린팅은 3D프린터로 재료를 층층이 쌓아 도면에 맞게 제품을 제작하는 기술이다. 최종 제품 출시 전, 프로토타입으로 제작해 검증해볼 수 있어서 시행착오를 줄여주며, 부품 인쇄 후 바로 적용할 수 있어서 시간과 비용이 절감된다. 최근에는 다양한 재료의 개발과 소프트웨어의 발전, 시뮬레이션 기술의 도입, 하드웨어인 3D프린터의 진화 속도가 향상돼 정교한 프린팅 구현이 가능해졌다. 개인 맞춤형 서비스가 필요한 의료 분야를 비롯해 스마트팩토리, 자동차, 항공, 국방, 농업 등 다양한 분야에 적용되고 있다.

그랜드뷰리서치에 따르면 전세계 3D프린팅 시장은 2021년 170억 달러에서 2028년 630억 달러로 성장할 전망이다.

14. 유전체학   ● genomics

유전체genome (게놈)는 생물의 염색체에 담겨 있는 모든 유전자와 유전 정보를 의미한다. 유전체학은 이러한 유전체의 구조, 기능, 진화를 연구하고 유전자의 지도를 만들거나 수정하고 편집하는 생물공학의 한 분야다. 유전체학의 가장 일반적인 응용은 질병을 이해하고 치료법을 찾는 데 있다. 2003년 마무리된 인간게놈 프로젝트는 생명공학 연구와 바이오 산업의 지도를 바꿔놓는 중이다. 생명체의 본질을 염기서열 단위까지 파악하고, 이를 바탕으로 질병의 근원을 진단하며, 더 나아가 치료까지 하는 이 새로운 산업에 세계 주요국들이 경쟁적으로 뛰어들고 있다.

글로벌뉴스와이어Global News Wire 는 전세계 유전체학 시장이 2021년 240억 달러에서 2028년 630억 달러로 성장할 것이라 내다봤다.

15. 데이터 과학   ● data science

모든 조직은 문서, 텍스트, 오디오, 비디오, 이미지 등의 형태로 엄청난 양의 데이터를 생성한다. 데이터 과학은 방대한 데이터를 단순히 분류하거나 분석하는 것을 넘어 데이터 속에 담긴 패턴이나 미래 예측에 도움이 되는 신호를 찾는 것을 아우르는 개념이다. 예측 알고리즘을 사용해 조직이 더 나은 결정을 더 빨리 내릴 수 있도록 지원한다. 그리고 점점 더 많은 기업들이 이 모든 것을 자동화하기 위해 데이터 과학 소프트웨어와 플랫폼을 구매해 본격적인 가동을 시작했다.

그랜드뷰리서치에 따르면 전세계 데이터 과학 플랫폼 시장은 2020년 50억 달러에서 2027년 260억 달러로 성장할 것이라 한다.

뉴 노멀 3.0의 시대,
새로운 미래 지도를 펼칠 때다

2022년 세계는 그 어느 때보다 위태로운 상황에 놓여 있다. 3년째로 접어든 코로나19는 종식될 기미가 보이지 않는 가운데, 러시아-우크라이나 전쟁마저 교착 상태에 빠지면서 200일을 훌쩍 넘겼다. 현재 인류는 글로벌 식량, 에너지 위기, 기후 위기로 생존이 위협받는 상황에 처해 있으며 물가 폭등과 세계 경제의 침체 가능성마저 갈수록 커져간다. 탈세계화와 각종 정쟁, 그리고 혼란에 빠진 세계 정세까지 그야말로 전방위적인 위기 상황이다. 이처럼 인류는 '재앙 위에 새로운 재앙'이 더해지는 '메가 크라이시스'Mega Crisis에 직면해 있다.

하지만 생존 위기의 절박감으로 세계는 그 어느 때보다 발 빠르게 혁신을 위해 움직이는 중이기도 하다. 나아가 연속적이고 복합적인 위기를 예측하고 대응하기 위한 미래 전략을 짜면서 뉴노멀 3.0시대를 예고하고 있다.

미래를 결정하는 가장 좋은 방법은
그 미래를 만드는 것

"예측은 무척 어렵다. 특히 그것이 미래에 대한 것이라면."

덴마크의 물리학자 닐스 보어Niels Bohr의 말이다. 하지만 우리는 그 어렵다는 미래 예측을 위해 끊임없이 애쓴다. 오늘날 우리가 과거의 사람들과 다르게 살 수 있는 이유는 과거가 '예상하지 못한' 새로운 것을 찾아내고, 창의와 혁신에 기반한 미래 예측을 멈추지 않기 때문이다. 미래 예측은 불가능하다고 선언하기에 앞서 무한한 미래의 가능성을 내다보며 도전하는 것이 인류가 삶을 이어나갈 방법인지도 모른다.

코로나19 팬데믹 기간 동안 인류는 디지털 시대로의 대전환을 겪었다. 그 어느 때보다 급격한 변화에도 불구하고 혼돈에 적응하며 뉴 노멀의 세상을 살아내고 있다. 그런데 수많은 전문가들의 연구 결과에 따르면, 앞으로 인류에게 펼쳐질 미래는 지금보다 더 거대할 뿐 아니라 빠른 속도의 변화가 함께할 예정이다.

"낡은 지도로는 새로운 세상을 탐험할 수 없다." 알베르트 아인슈타인의 말이다. 그렇다면 오늘날 인류에게 새로운 지도란 무엇인가? 그것은 바로 미래 전망이다. 세계적인 미래연구기구 '밀레니엄 프로젝트'

가 매년 펴내는 《세계미래보고서》가 수많은 전망서와 차별화되는 점이 바로 여기에 있다. 전세계 4,500여 명의 석학과 전문가 집단 및 기업인이 내다보는 미래 전망은 인류의 삶 전반을 바꿀 변화상을 구체적으로 그려낸다. 그뿐만 아니라 지속가능한 생존을 위해 어떤 준비를 해야 하는지에 대한 통찰을 전해준다. 미지의 세상으로 탐험을 떠날 준비를 하는 인류에게 반드시 필요한 지도인 셈이다.

특히 《세계미래보고서 2023》은 전대미문의 위기에 직면한 인류가 선택해야 할 핵심적 미래 시나리오를 제시한다. 세계의 정치와 사회적 위기에서 기후 재앙과 식량 및 에너지 위기까지, 복합적인 충격을 이겨내고 새로운 미래를 만들어가기 위해 인류가 준비 중인 미래를 여덟 가지 분야로 나눠서 조망하고 있다. 또한 거시적인 차원에서 정치와 정부, 민주주의의 미래에 관한 논의도 담으려고 노력했다. 정치인들이 국민의 권리를 빼앗기 위해 내각제 개헌 논의를 펼치는 등 민주주의에 대한 신뢰가 갈수록 저하되고 있다. 이런 시점에서 왜 정치가 사양산업이며 어떻게 인공지능이 정치를 대체해나갈지에 대해 살펴볼 필요가 있기 때문이다.

기업과 정치의 미래는 DAO에 있다

"국회의원을 인공지능으로 바꿔야 한다." 조만간 우리 사회에서도 이와 같은 사안이 제기될 수 있다. 이미 전세계 의회는 인공지능이 점령한 상태다. 미국 하원은 법안의 수정안 및 현행법 간의 차이점을 분석하는 프로세스를 자동화하는 인공지능을 도입했으며, EU 및 전세계 의회도 인공지능으로 정보 디지털화를 시작했다.

MIT미디어랩의 세자르 히달고Cesar Hidalgo 교수는 인공지능과 메타버스를 통한 '증강 민주주의'를 제시했다. 더불어 시민들이 인공지능으로 자신의 에이전트를 구현하는 '시민 참여 민주주의'가 시행되고, 특정 조직과 정파의 이익을 대변하지 않는 '인공지능 정치인'이 최적의 분배와 정책결정을 할 수 있을 것이라 내다봤다. 이와 더불어 웹 3.0의 분산형 생태계와 탈중앙화 자율 조직인 DAO가 정치적 교착 상태를 극복하고, 사회를 재구성해서 전세계의 민주주의를 소생시킬 수 있다는 믿음은 더욱 강화될 것이다. '전세계적으로 투표하고 지역적으로 행동할 수 있는' DAO의 시스템은 새로운 형태의 민주주의 창출에 밑거름이 될 전망이다.

또한 웹 3.0은 메타버스와 결합되어 노동시장을 근본적으로 변화시킬 잠재력을 갖고 있다. 오늘날의 DAO는 블록체인 기반의 커뮤니티 정도로만 알려져 있지만 앞으로는 다양한 분야에서 활동하는, 세계에서 가장 큰 규모의 기획자이자 창업자 그리고 소비자가 될 전망이다. DAO는 기업 내 조직의 형태와 비즈니스의 방향에도 일대 변화를 가져오면서 '일자리 없는 일의 시대'로 넘어가는 교두보 역할을 할 것이다.

기후, 에너지, 식량 위기를 이겨낼
인류의 노력은 계속된다

기후변화에 관한 정부 간 패널IPCC의 6차 보고서에 따르면, 이제 폭염과 폭우, 가뭄과 산불 등 극단적 이상기후는 일상화될 가능성이 크다. 지구온난화로 북극 얼음이 사라지는 시기가 2050년보다 당겨질 수 있다는 예측마저 나왔다. 북극 해빙이 시작되면 전세계 해수면이 상승해 도시가 잠기는 최악의 시나리오가 펼쳐질 가능성도 있다.

그뿐 아니라 에너지와 식량 위기도 심각한 문제다. 인류의 생존을 위협하는 치명적 위기를 극복하기 위해 지금 우리는 어떤 노력을 펼치고 있을까? 그중 한 가지는 전기차를 비롯한 이동 수단의 대혁명이다. 《세계미래보고서 2023》에서는 메타모빌리티 시대가 열어나갈 미래의 라이프스타일과 전세계를 한 시간 생활권으로 만드는 극초음속여객기의 진화, 도심 항공 모빌리티UAM의 범주를 넘어선 미래 항공 모빌리티AAM로의 확장, 지하루프 모빌리티와 수소 헬륨 비행선으로 운송하고 드론버스로 출근하는 교통의 미래를 담아냈다.

그렇다면 기후변화에 맞서 식량 위기를 극복하기 위해 인류의 식탁은 어떻게 바뀔 것인가? 토니 세바Tony Seba 리싱크X 대표이자 전 스탠퍼드대학 교수는 2035년 지구상의 소고기는 사라질 것이라 말한다. 그는 이를 대체하기 위해 정밀발효 기술을 활용한 대체육가공품 개발과 식품 소프트웨어의 진화를 비롯한 푸드테크의 발달에 주목하고 있다. 이는 농축산업이 종말을 맞는 시대에 새로운 비즈니스를 찾는 기업들에게는 놀라운 기회를 제공할 것이다. 그뿐만 아니라 로봇과 인공지능 농부가 열어나갈 애그테크의 미래가 어떻게 인류의 새로운 미래가 되는지도 주목해야 한다.

'인공지능 뉴노멀' 시대를 살아가는 법

인공지능 로봇은 지구상의 수많은 일자리를 대체할 것이다. 2050년에는 휴머노이드 반려로봇에서 인공지능 판사까지 로봇과 함께 사는 것이 스마트폰과 함께하는 일상만큼이나 흔한 일이 되고, 로봇의 수가 인간보다 많아진다. 전세계적으로 인공지능에 대한 투자가 기하급수적으로 늘어날 것이다. 이에 따라 모든 분야의 일자리에서 기술이 수행되는 역할은 인공지능이 인간을 능가하게 된다. 나아가 인공지능은 경영 핵심에도 도입될 전망이다.

러시아─우크라이나 전쟁에서 볼 수 있듯이 이제 로봇은 전쟁의 역사를 다시 쓰는 게임 체인저가 될 것으로 보인다. 유엔은 자율 킬러로봇의 제작과 사용을 불법으로 규정하기 위한 노력을 이어나가겠지만 무법자 국가들은 평화조약에 서명한 것과 상관없이 이를 계속 사용할 것이다. 그동안 주요 국가는 이 무기들의 치사율과 능력을 개선해 점점 더 고성능의 자율 능력을 갖게 될 것이 분명하다. 알라딘의 요술램프 속 지니는 이미 램프를 떠났다.

인공지능은 복지와 교육에서 제조와 농업, 치안까지 인간의 일상 속에 깊이 들어와 활용되고 있다. 그렇다면 앞으로 우리의 삶을 바꾸어나 갈 인공지능의 역할은 무엇일까? 이 책에서는 '인공지능 뉴노멀' 시대를 이끄는 핵심 트렌드에 대한 전망도 담아냈다.

메타버스와 우주경제로 달라질 인류의 라이프스타일

"20년 후의 미래는 공상과학과 다를 게 없는 메타버스 시대가 된다." 엔비디아 CEO 젠슨 황의 말처럼, 메타버스는 관련 기술의 진화를 바탕으로 인터넷의 뒤를 잇는 가상현실 공간이 될 것이다. 글로벌 빅테크 기업들이 앞다퉈 차세대 핵심사업으로 꼽은 것도 단연 메타버스다. 로봇과 인공지능으로 인간의 일자리는 상당 부분 소멸하겠지만, 메타버스 경제 환경에서는 일자리가 무한히 창출될 수도 있다.

특히 한국이 주목해야 할 메타버스 관련 시장은 중국이다. 메타버스 관련 기술과 디자인 분야, 문화콘텐츠 산업 인력이 중국의 메타버스 비즈니스로 유입될 가능성이 크기 때문이다. 메타버스가 빅테크 기업의 주도로 초창기 시장을 발전시키고 있다면, NFT는 소비재와 패션 및 자동차와 유통 등 기업의 성격과 무관하게 시장을 확대해나갈 가능성이 높다.

이외에도 다양한 기술혁신으로 인류의 라이프스타일은 일대 변혁을 겪을 것으로 보인다. 인류의 수명연장 꿈을 이루어줄 우주의학의 발달로 평균 수명 150세 시대가 열릴 전망이다. 빅데이터와 인공지능으로 날개를 단 미래의 원격진료와 디지털 치료제의 확대로, 인류는 원하든 원하지 않든 오래 살 수밖에 없다. 우리는 '더 사느냐, 이제 그만 죽느냐'를 스스로 선택해야 할지도 모른다.

위기는 결코 공평하지 않다

세상은 뉴 노멀 시대에 부합하는 구조로의 일대 전환을 도모하고 있다. 그 과정에서 우리는 위기를 넘어 새로운 번영을 도모할 수 있다. 코로나19 팬데믹 상황에서 벌어진 우크라이나 전쟁을 비롯한 세계 정치와 경제 혼란이 극에 달해 있지만, 이 위기 속에서도 '초과 회복'을 이루어낼 기회는 분명히 있다.

위기는 결코 모두에게 공평하지 않다. 미래의 가능성을 읽어내고 새로운 문명을 창조하는 강한 에너지를 갖고 있다면 위기는 곧 더 큰 도약의 기회로 찾아올 것이다. 미래를 결정하는 가장 좋은 방법은 '그 미래를 만들어나는 것'이라는 사실을 다시 한번 상기해야 할 때다.

차례

Mega Crisis 01

탈중앙화와 거대한 물결
새로운 세계의 변화, 어떻게 대처해나갈 것인가?

메타로빌리티
팬데믹이 앞당긴 무인 시대, 인공지능 로봇 경제가 온다

Mega Crisis 02

메타모빌리티
에너지와 기후 위기, 혁신적 이동 혁명이 시작되다

Mega Crisis 03

식량 위기와 푸드테크
지구촌 식량 위기, 인류의 식탁이 바뀌다

Mega Crisis 04

메타버스와 스마트 라이프
현실이 된 미래, 일상을 뒤바꿀 테크놀로지에 주목하라

Mega Crisis 05

디지털 헬스케어
초고령화 사회, 평균 수명 150세 시대가 온다

Mega Crisis 06

스페이스 테크
우주경제 전쟁, 제2의 빅뱅이 시작되다

Mega Crisis
07

인공지능 시대의 미래 교육
공교육의 붕괴, 대학과 티칭이 사라진다

Mega Crisis
08

탈중앙화와
거대한 물결

새로운 세계의 변화,
어떻게 대처해나갈 것인가?

탈세계화와 재세계화, 우리는 다시 시험대에 올랐다

2022년 3월 러시아의 맥도날드 매장 앞. 한 남성이 스스로 매장 문에 몸을 묶는 시위를 벌였다. 러시아의 우크라이나 침공 이후 맥도날드가 러시아 매장을 잠정 폐쇄하겠다고 밝히자 이를 막기 위해 벌인 1인 시위였다. 루카 사프로느프라는 이름의 이 남성이 항의하는 동안에도 러시아 사람들은 맥도날드에서의 마지막 식사를 위해 끊임없이 매장으로 들어가고 있었다.

맥도날드가 소련에 첫 매장을 오픈한 것은 1990년 1월 31일이다. 당시 모스크바의 푸시킨 광장 맥도날드 매장 앞에는 모스크바 시민들이 장사진을 이루었다. 이 장면이 담긴 사진은 탈냉전을 알리는 상징으로도 유명하다. 하지만 전쟁이 발발한 후 러시아 영업을 문제로 전세계적인 불매운동이 벌어지자 맥도날드는 결국 영업을 중단하기로 결정했다.

이후 BBC 보도에 따르면, 6월 12일 러시아 연방 창립 기념일에 철수된 맥도날드 매장에는 노란 'M'자형 아치 대신 감자튀김과 햄버거를 형상화한 초록색 로고가 걸렸다고 한다. 시베리아 출신 사업가가 매장을 인수해 러시아판 이름인 '브쿠스노 이 토치카'('그저 맛있다'라는 뜻)로 '러시아의 날'에 다시 문을 연 것이다. 개방의 상징인 맥도날드의 철수와 바로 이어진 현지화는 21세기 초반 세계 경제를 이끌던 가장 중요한 흐름인 '세계화'의 변화를 상징하는 사건이 되었다.

탈세계화를 지나 '재세계화'를 준비하라

"지난 30년간 우리가 경험해왔던 세계화는 끝났다."

2022년 3월, 세계 최대 자산운용사인 블랙록의 래리 핑크Larry Fink 회장이 주주들에게 보낸 서한의 내용이다. 세계경제포럼World Economic Forum(이하 WEF)에서도 '세계화의 종식'은 주요 의제로 다뤄졌다. '세계화'와 '신자유주의'를 신봉하던 기업인과 글로벌 투자자들의 태도는 달라졌다. 코로나19 팬데믹, 러시아-우크라이나 전쟁으로 인한 전세계의 공급망 혼란과 인플레이션의 공포에 모두 '탈세계화'를 언급하기 시작한 것이다.

지난 30여 년간 신자유주의라는 이름으로 가속화되었던 공급망 글로벌화가 종결되고, 지역주의와 국가주의에 기반한 공급망 형태가 등장하면서 세계 경제도 빠르게 재편되고 있다. 제롬 파월Jerome Powell 미 연방준비제도Federal Reserve System 의장도 "세계화의 종식을 말하기는 아직 이르다. 하지만 한 가지 분명한 것은 세계화는 둔화될 것이고 지금과는 다른 세상이 올 것이다."라고 언급했다.

세계화는 소련 해체를 기점으로 본격화되어 지난 수십 년 동안 전세계의 번영을 이끌어왔다. 선진국은 값싼 인건비를 찾아 아시아 등지로 공장을 옮기면서 새로운 시장을 개척했다. 그 과정에서 개발도상국은 새로운 일자리를 창출했고 부와 기술을 축적할 수 있었다. 소련 붕괴 후, 러시아가 세계 금융 시스템에 편입되고 중국이 세계무역기구World Trade Organization에 가입하는 과정에서는 지구촌의 세계대전 위험마저 줄었고 글로벌시장은 더욱 팽창했다.

하지만 수많은 석학들이 예견했듯이 코로나19 이후 세계 경제의 '탈脫세계화'는 가속화되고 있다. 지난 수십 년간 세계화는 불가피할 뿐 아니라 영원히 지속될 것이라는 강력한 믿음이 있었다. 하지만 그 믿음이 서서히 깨지기 시작했다. 카르멘 라인하트Carmen Reinhart 세계은행 수석부총재도 '세계화 쇠퇴가 포스트 코로나 시대의 뉴 노멀이 될 것'이라고 내다봤다. 세계화의 종식 우려에 따라 가장 크게 부각되는 문제는 '인플레이션 공포'다. 글로벌 경제를 짓누르고 있는 인플레이션이 더욱 심화된다면, 세계 경제는 침체에 빠지고 혁신은 멈출 것이다.

크리스탈리나 게오르기에바Kristalina Georgieva IMF 총재는 "세계가 '잠재적인 재난 합류'에 직면했다."고 밝혔다. 러시아의 우크라이나 침공은 코로나19로 가뜩이나 어려운 상황에서 악재로 작용하며 경제 회복에 부담을 주고 있으며, 식량과 에너지 가격 급등은 인플레이션을 부채질하는 상황이다. 게다가 금융시장의 급격한 변동성과 기후변화의 위협이 가중되는 와중에 탈세계화가 가속화되고 있다. 이런 상황은 세계를 재난으로 몰아넣는 트리거가 될 수 있다.

이러한 복합적인 위기 한가운데에 놓인 기업들의 생존 전략은 이미 탈세계화로 향하고 있다. 자국에 생산시설을 두는 '온쇼어링'Onshoring, 해외로 생산시설을 옮긴 기업들이 다시 자국으로 돌아오는 '리쇼어링' Reshoring, 통제 가능한 인접 국가로 아웃소싱하는 '니어쇼어링'Nearshoring, 동맹국에 공장을 짓는 '프렌드쇼어링'Friend shoring 등에 대한 관심은 2005년 이후 최고 수준에 이르렀다.

하지만 이런 대응책이 과연 탈세계화로 발생하는 부작용을 전적으로 상쇄할 수 있을까? 대응책을 마련하고는 있지만 기존 체제를 완전히 대체하기는 어렵다. 게다가 자본주의를 구성하는 주요 축인 시장 경제와 자유무역 체제를 거스를 수는 없다. 즉 지금은 탈세계화가 큰 물결로 다가오고 있지만 세계화를 향한 회귀는 분명 다시 일어날 것이란 뜻이다. 회귀의 형태를 달리하더라도 '재세계화'Re-Globalization가 새로운 트렌드로 부상할 가능성은 다분하다.

CNN 〈GPS〉의 진행자이자 국제정치 전문가인 퍼리드 저카리아Fareed Zakaria는 "우리가 보고 있는 것은 '탈세계화'가 아닌 '재세계화'다."라고 강조했다. 정치 지도자들은 탈세계화라고 말하지만, 무역량은 더 늘어나고 무역 상대가 기존과 달라질 것이라는게 그의 주장이다.

러시아는 세계화 시스템에서 다른 국가들로 대체되고, 중국에서 수입하던 상품을 인도나 멕시코, 베트남에서 구입하는 식의 재세계화가 이루어질 가능성이 크기 때문이다. 중요한 것은 이와 같은 재세계화가 한국에도 새로운 기회가 될 수 있다는 점이다.

탈세계화, 한국 경제에 위기인가 기회인가

그동안 기업들은 세계화의 물결 속에서 유례없는 성장과 번영을 누려왔다. 전세계를 무대로 가장 싼 가격에 가장 효율적으로 물건을 생산할 수 있는 곳으로 공장을 옮기고 오로지 가격과 생산의 효율성만 중시하면서 경제 성장을 이어나갔다. 이 과정에서 특히 중국은 압축적인 경제 성장을 이루어내며 미국을 위협하는 존재로 부상했다. 한국도 큰 수혜를 입으면서 고도성장을 이룰 수 있었다.

한국은 글로벌 수준의 제조 역량과 우수 인력을 보유한 덕분에 세계화를 통해 단기간에 경제 성장을 이루어냈다. 1990년 국내총생산Gross Domestic Product(이하 GDP)은 2,830억 달러였으나 2020년에는 1조 6,310억 달러로 놀라운 성장을 했다. 수출도 680억 달러에서 5,130억 달러로 급증했다. 그런데 수출이 GDP의 두 배에 달했던 초세계화 시대가 끝나고 있다면 제조업 수출을 중심으로 성장해온 한국 경제도 타격을 입을 수밖에 없다. 2022년 5월, 한국무역협회 국제무역통상연구원이 국내 수출 기업 1,094개사를 대상으로 실시한 조사에 따르면 85.5퍼센트의 기업이 공급망 위기로 문제를 겪고 있는 것으로 나타났다. 특히 물류난과 원자재 가격 상승에 의한 수익성 악화를 가장 큰 애로사항으로 지적했다.

과거 냉전기에는 국가 간의 경쟁에서 안보 영역이 가장 중요했지만 지난 30년간의 세계화 시대에는 경제가 더 우선시되었다. 그렇다면 앞으로는 어떻게 될까? 안보와 경제의 우위를 가리는 것이 무의미한 시대, 즉 구조적으로 결합하는 시대가 될 것이다. 이미 동맹국 혹은 우호국들을 중심으로 한 글로벌 공급망의 분리 현상은 노골적으로 나타나고 있다. 미국 정부는 국가 안보와 직결되는 첨단 반도체 기술과 관련해 한국·일본·대만 등으로 구성된 '칩Chip4 동맹'의 결성을 추진 중이다. 그런데 문제는 한국 반도체를 가장 많이 수입하는 국가가 중국이라는 점이다.

중국과 미국을 중심축으로 글로벌 공급망 경쟁이 심화되는 가운데 한국은 이미 갈등의 중심에 놓여 있다. 한국의 반도체는 미국의 원천 기술에 의존하고 있어서 미국 주도의 반도체 공급망 재편에 참여할 수밖에 없는 실정이다. 따라서 중국의 반발을 잠재울 묘안이 필요하다. 2021년 한국의 반도체 수출액 1,280억 달러 가운데 중국과 홍콩의 수출 비중은 약 60퍼센트에 이른다. 이러한 상황에서 양국의 편 가르기가 격화되고 있으니 고민이 깊어질 수밖에 없다. 우리의 경제적 이익을 위해서는 미국과 중국 사이에서 균형을 유지하는 외교력을 발휘해야 한다.

이미 우리의 주요 무역 파트너이자 경쟁국인 중국의 압박이 시작되었다. 이로 인해 중간재 등 중국 수출 의존도가 높은 산업이 타격을 받기 시작했다. 반면 중국과 경쟁하는 산업인 조선이나 기계, 전자제품 분야는 수혜를 누릴 수 있다. 즉 무역 의존도가 높은 우리나라의 경우 탈세계화는 악재가 될 확률이 높다. 하지만 일부 산업이 반사이익을 볼 수 있음을 고려한다면 부정적인 여파를 어느 정도는 상쇄할 수도 있으리라 판단된다.

이처럼 탈세계화 기조에서 벌어지는 글로벌 공급망 재편은 위기이자 새로운 기회이기도 하다. 중국에 대한 과도한 의존을 줄이고 핵심 소재·부품·장비의 가치사슬 구조상 허브 국가를 발굴하고, 대체 가능한 공급선을 확대해나가는 계기를 만들 수도 있기 때문이다. 게다가 각 나라의 기술력이 글로벌 패권을 결정짓는 핵심 변수로 떠오르는 상황에서 한국이 고도의 IT 기술력과 인프라를 겸비하고 있는 것은 매우 다행이다. 탈세계화와 탈중국화 흐름 속에서 오히려 새로운 도약의 발판을 마련할 수도 있다.

오늘날의 세계 경제는 상품과 서비스를 수출하던 유형자산 기반에서 혁신 기술을 중심으로 한 무형자산 기반의 '뉴 노멀'로 재편되는 과도기에 와 있다. 그렇다면 제4차 산업혁명을 주도하는 인공지능Artificial Intelligence, AI, 빅데이터, 반도체 등 핵심 기술의 영향력은 경제뿐 아니라 안보와도 직결된다. 그렇기에 관련 기술 경쟁은 '기술 블록화'를 낳을 수 있고, 이는 뛰어난 기술 역량과 IT 인프라를 가진 한국에는 새로운 기회의 장이 될 수 있다.

자국 우선주의가 만연한 이때 한국은 기술 우위를 더욱 공고히 하고 제조 역량을 갖춰 세계 시장에서 경쟁력 있는 산업 구조를 만들어야 한다. 전국경제인연합회의 발표에 따르면, 현재 한국은 GDP 대비 R&D 투자 비중이 경제협력개발기구Organization for Economic Cooperation and Development(이하 OECD) 36개국 중 2위까지 올라갔다. 하지만 R&D 부문 민간 투자 증가율은 10년간 답보 상태이며 효율성도 투자 대비 떨어지는 편이다. 그러므로 R&D 부문의 민간 투자율과 효율성을 더 끌어올리는 것이 지금의 위기를 기회로 만드는 데 있어 가장 큰 과제다.

글로벌 메가 위기의 실체와 대전환의 시나리오

러시아-우크라이나 전쟁과 코로나19의 장기화로 전세계는 물가 급등, 스태그플레이션 공포, 공급망 교란, 식량·에너지 위기까지 사회·경제적으로 중대한 위협을 받고 있다. 백신 불평등에 이은 불균등한 경제 회복은 사회적 분열을 낳고 있으며 지정학적 긴장은 또 다른 위험을 가중시키는 상황이다.

WEF가 발표한 2022년 〈글로벌 리스크 리포트〉도 향후 3년간 세계의 정치·경제 전망에 비관적이었다. 124개국의 정치·경제·사회 분야 전문가 1,000여 명 중 84.2퍼센트가 우려와 걱정의 의견을 냈다. 경제적·사회적·환경적·기술적 긴장에서 비롯되는 주요 위험 중에서 특히 기후변화 대응 실패를 지구가 당면할 가장 큰 위험 요소로 전망했다.

이외에도 코로나19 대유행 등으로 인한 감염병 위험, 사회적 양극화로 인한 빈곤층 급증, 디지털 불평등과 사이버 보완 실패 등을 주요 위험 요소로 꼽았다.

양극화로 깊어져가는 국가와 사회 간 갈등

무엇보다 오늘날 전세계가 당면한 가장 심각한 문제는 팬데믹 때문에 더욱 깊어진 경제적 어려움이다. 급격한 인플레이션 및 부채가 새로운 위험 요소로 부상했다. 게다가 2021년 말에 코로나19가 다시 대유행 국면으로 접어들면서 지속적인 회복을 위한 국가의 노력을 무색케 하고 있다.

팬데믹이 가져온 경제적 여파는 노동시장의 불균형과 보호주의, 디지털 교육 및 기술 격차의 확대를 양산했다. 이런 문제들 때문에 세계가 다양한 궤도로 분열될 위험에 처했다. 일부 국가는 신속한 백신 출시와 성공적인 디지털 혁신 등으로 새로운 성장 기회를 잡아서 단기간에 팬데믹 이전으로 복귀가 가능하다. 하지만 그 외 많은 국가들은 낮은 백신 접종률과 낙후된 의료 시스템, 디지털 격차 및 침체된 고용 시장 등으로 인해 회복 속도가 더딘 상황이다.

이러한 국가 간 격차는 악화되는 지구촌의 기후변화에 대응하는 것을 비롯해 다양한 분야에서 이뤄지는 국제 협력을 어렵게 한다. 국가 내 현안은 정부가 장기적 우선순위에 집중하는 것을 더 어렵게 하고 나아가 글로벌 문제에 역량과 자본을 투입하는 것을 방해한다. 국가 사이에 점차 심화되는 격차는 양극화를 확대하고 있으며, 이는 시민들의 분노로까지 이어지고 있다. 자국의 이익 강화가 우선시되고 세계 경제의 균열이 악화될수록 해외 원조와 협력은 요원해질 것이며, 국가 간 격차는 더욱 벌어질 것이다.

기후변화 대응이 약화되면서 나타나는 위기

앞서 언급한 대로 〈2022년 글로벌 리스크 리포트〉는 향후 10년간 세계가 당면할 10대 리스크 중 '기후 대응 실패'를 1순위로 뽑았다. 지난 3년간 2위에 머물렀다가 올해는 가장 큰 리스크로 부상했다. 이 보고서에 따르면 최근 몇 년간 세계 곳곳이 극한의 이상 기온을 겪고 있다고 한다. 2020년 스페인 마드리드의 최고 기온이 섭씨 42.7도를 기록했으며, 미국 남부 텍사스주 댈러스의 최저 기온은 섭씨 영하 19도에 이르렀다. 최근 영국과 프랑스도 역사상 최고 기온을 경신했으며 철도가 휘고 포장도로가 녹아내렸다. 이러한 기후변화는 가뭄과 홍수, 자원 부족과 생물다양성 손실 등 여러 가지 문제로 이어진다. 이에 따라 정부, 기업, 사회 모두 최악의 결과를 막아야 한다는 압박을 받고 있는 상황이다.

무엇보다 기후 대응에 실패할 경우 전세계적으로 불평등이 확산될 수 있다. 2022년, WEF는 "무질서한 기후 전환은 국가 내 혹은 국가 간

불평등을 악화시켜 지정학적 마찰을 고조시킬 수 있다."고 경고했다.

기후 전환이란 에너지, 교통, 철강, 석유화학 등 탄소 배출량이 높은 산업군이 탄소중립을 달성하기 위한 목적에서 하는 행동을 의미한다. 그런데 무질서한 기후 전환을 할 경우 탄소중립 사회로의 전환에서 발생하는 변동성이 금융 및 실물 경제에 불안정을 유발할 수 있다. 가령 탄소 배출 집약 산업에 종사하는 수백만 명의 근로자들이 탄소중립으로 전환하는 과정에서 실업 상태에 빠질 수 있다. 이러한 문제는 사회적·지리적 긴장감을 높여서 이해관계자들이 탄소중립 전환 문제를 회피하거나 실행을 연기할 빌미를 제공하게 된다.

보르헤 브렌데Borge Brende WEF 회장이 언급한 것처럼 '기후 위기는 인류가 당면한 최대 장기 위험'이다. 탈세계화의 기류에서도 기후 행동은 전세계가 공조해서 올바른 방향으로 좀 더 빨리 움직여야 할 당면과제다. 가장 파괴적인 기후변화 조치는 개인·사회·기업 및 지구의 요구를 전체적으로 통합하는 조치가 될 것이다. 국내 및 국제 협력 조직은 소비자 행동의 변화와 탄소 집약적 상품의 수요를 줄이는 일을 포함해 기후 행동의 가치와 필요성을 대중에게 교육하는 데 중점을 둬야 한다. 나아가 모든 기업은 기후 전환의 위험을 사전에 고려한 순환 경제 모델을 구축할 수 있도록 노력할 필요가 있다.

정부는 정당한 기후 전환을 보장하는 강력한 법적 프레임워크를 구현하기 위해 과감하고 즉각적인 조치를 취해야 한다. 기후 전환은 해야 할 일이지만 사회에 파괴적인 영향을 미칠 수 있다. 그러므로 모든 이해관계자들은 기후 전환으로 생겨날 무질서의 영향을 최소화하고 적응을 촉진하며 기회를최대화하기 위해 혁신적이고 포괄적인 전환 조치에 집중해야 한다.

디지털 의존성 증가로 생겨나는
사이버 위협 강화

코로나19로 비대면 디지털 시스템의 의존도가 높아짐에 따라 디지털 전환은 급속도로 이루어졌다. 각 기업들의 디지털 플랫폼 의존도가 급증하면서 사이버 보안 위협도 증가하는 추세다. 2020년에는 멀웨어의 공격이 전년 대비 358퍼센트나 증가했으며 랜섬웨어 공격은 무려 435퍼센트나 폭증했다. 이러한 공격이 사회의 대응 능력을 앞지르면서 사실상 전세계의 사이버 보안 위험을 악화시키고 있다.

대규모의 전략적 시스템에 대한 공격은 사회 전반에 걸쳐 치명적이고 물리적인 결과를 연쇄적으로 가져올 것이며, 이를 예방하는 데 드는 비용은 불가피하게 늘어날 것이다. 허위 정보와 사기 및 디지털 안전 부족과 같은 무형 위험도 디지털 시스템에 대한 대중의 신뢰에 영향을 미친다.

그런데 정부가 위험을 통제하기 위해 일방적인 경로만 계속 따를 경우 더 큰 사이버 위협에 노출되고 이는 국가 간 협력에 방해가 될 수 있다. 공격이 더욱 심각해지고 광범위하게 영향을 미치면서 사이버 보안이 국가 간 협력이 아니라 분열을 위한 또 다른 쐐기가 되기 때문이다.

따라서 사이버 범죄의 영향을 받는 정부와 그 범죄에 연루된 정부 간의 예리한 긴장이 고조될 가능성이 크다.

글로벌 불안을 가중시키는
이동성 위험에 대한 장벽

경제적 어려움과 심화되는 기후변화의 영향 및 정치적 불안정 때문에 사람들의 불안이 점차 증가하고 있다. 그리고 이미 수백만 명의 사람들이 더 나은 미래를 찾아 '비자발적 이주'를 시작했다. 이는 '2022 글로벌 리스크 인식조사'Global Risks Perception Survey 응답자들의 가장 중요한 장기적 관심사다. 그리고 응답자의 60퍼센트는 '이주 및 난민'과 관련해 국제적 노력이 시작되지 않았거나 초기 단계에 불과하다고 진단했다. 2020년에는 분쟁으로 인해 전세계적으로 3,400만 명이 넘는 사람들이 실향한 뒤 해외로 향했다. 이는 역사상 가장 높은 수치다. 그러나 새로운 기회와 피난처를 찾는 이민자들의 진입 장벽은 높아지는 추세다. 왜냐하면 팬데믹과 증가하는 경제적 보호무역주의, 새로운 노동시장 역학의 영향 때문이다.

더 높은 이민 장벽과 해외송금에 대한 파급 효과(일부 개발도상국의 중요한 생명선)는 정치적 안정 유지, 생계 회복과 소득 및 노동 격차 해소를 위한 잠재적인 경로를 차단할 위험이 있다. 가장 극단적인 경우 취약계층이 더 위험한 여정을 떠날 수밖에 없기 때문에 인도주의적 위기는 더욱 악화된다. 그뿐 아니다. 이주 압력이 지정학적 도구로 사용됨에 따라 국제적 긴장을 악화시킬 수 있다. 이와 관련해 각국 정부는 외교 관계와 '이민자 회의론'에 대한 입장을 정리하고 개선책을 마련해야 할 것이다.

팬데믹의 회복력 강화를 위한 몇 가지 통찰

전세계 각국은 공중보건 위기에 대응하기 위한 새로운 메커니즘을 수립해 실천하는 과정에서 성공과 실패를 모두 겪었다. 전염병의 효과적인 관리를 위해서는 두 가지 상호 연결된 요소가 중요했다. 첫째는 변화하는 상황에 따라 대응 전략을 조정하고 수정할 수 있는 정부의 유연성이다. 둘째는 원칙에 입각한 결정과 효과적인 의사소통을 통해 사회적 신뢰를 유지하는 능력이다.

정부는 불균형한 예산 집행을 규제하고 적재적소의 위기관리를 위해 데이터 공유 조치를 취해야 한다. 이것이 공공 부문과 민간 부문 간의 더 강력한 상호작용을 활성화하는 열쇠다. 전략을 계획하고 투자 및 실행하는 데 있어 국가와의 협력이 중요하다는 사실을 인식하는 기업은 공급망과 해당 산업 내 행동 강령, 인력의 복리후생 등을 위한 노력을 이어나갈 것이다. 또한 기업과 커뮤니티는 정부의 뚜렷한 회복력 목표를 반영해 다양한 중대 위험을 해결하기 위한 사회적 접근방식을 중시하고, 이를 중심으로 하위 의제가 정렬되도록 노력해야 한다.

지역사회는 지방 정부가 국가적 노력에 동참하고 의사소통을 개선하며, 풀뿌리 회복을 위한 노력을 할 수 있도록 도와야 한다. 조직 수준에서 핵심 요구 사항에 대한 분석, 시스템의 취약성 평가, 다양한 접근 방식 수용과 같은 전략을 실행해서 리더가 보다 나은 복원력을 구축하는 데 도움을 줄 필요가 있다.

일론 머스크는
민주주의를 위협하는가?

2022년 4월, 미국에서는 러시아-우크라이나 전쟁 소식보다 더 뜨거운 이슈가 있었다. 바로 일론 머스크 테슬라 회장의 트위터 인수설이다. 머스크가 트위터 인수를 위해 제시한 명분은 '표현의 자유'다. 민주주의 사회에서는 표현의 자유가 필수인데, 현대의 가장 중요한 디지털 공론장인 트위터에서 그 자유가 억압된다는 것이 머스크의 주장이다. 그는 "인류의 미래에 필수적인 문제들이 논의되는 디지털 도시 광장인 트위터에 알고리즘을 오픈소스로 만들어 신뢰를 높이고 스팸 봇을 물리칠 것이다. 모든 이용자를 인증함으로써 트위터를 그 어느 때보다 더 좋게 만들고 싶다."라며 인수 목표를 밝혔다.

머스크의 주장처럼 트위터와 페이스북 등의 소셜미디어는 자유로운 표현보다는 콘텐츠 관리를 중시하는 경향이 강하다. 소셜미디어가 가짜뉴스, 혐오와 사이버 괴롭힘을 퍼뜨리고 정치·사회적 양극화를 부추긴다는 비판이 높아졌기 때문이다. 이를 둘러싸고 미국 내에서는 의견이 갈린다. 미국의 민주당 계열은 엄격한 콘텐츠 관리를 중시하는 반면, 공화당 등 보수 계열은 표현의 억압에 관해 문제를 제기해왔다.

민주주의를 위해 표현의 자유가 존중되어야 한다는 의견과 소셜미디어를 검열해야 한다는 주장이 팽팽히 맞서고 있다. 서로 맞선 주장처럼 소셜미디어는 장점과 단점이 극명하게 대비되는 양날의 검이다.

양극화와 분열을 부추기는 소셜미디어의 알고리즘

일론 머스크는 트위터 인수를 추진하는 과정에서 콘텐츠의 통제와 검열 정책을 대폭 완화하겠다는 계획을 밝혔다. 하지만 57조 원에 달하는 세기의 인수합병은 결국 불발됐다. 머스크가 트위터 가짜봇 계정을 문제 삼으면서 급기야 머스크와 트위터는 합병 계약 파기의 책임 소재를 두고 법정 공방전으로 치닫는 형국이다.

머스크의 말처럼 '표현의 자유가 민주주의를 작동하는 데 필수적'인 것은 맞다. 하지만 혐오나 증오심처럼 부정적인 형태로 나타나는 표현의 자유까지 허용한다면 어떻게 될까? 여성과 유색인종, 동성애자와 장애인 같은 사회적 약자들은 트위터를 떠날 가능성이 높다. 이와 관련해 CNN도 "여성과 유색인종이 가장 먼저 플랫폼에서 떠날 수 있다. 이들이 사이버 증오범죄나 온라인 학대·차별·혐오 등에 가장 많이 노출된 계층이기 때문이다."라고 지적했다.

이처럼 언론 자유의 문제를 진지하게 고민한다면 머스크가 트위터를 인수하는 동기로 밝힌 언론의 자유에 의구심을 품을 수밖에 없다. 〈뉴욕타임스〉는 머스크의 트위터 인수가 위험한 이유를 다음과 같이 기고문에 실었다. "최근 몇 년 사이 포지티브 언론 자유 개념이 진전돼 왔다. 모든 사람들에게 보다 의미 있는 발언 기회를 주기 위한 노력이다. 머스크는 분명 이를 망가뜨리려고 한다. 나아가 우파들이 파시즘적 성향을 보이는 이 시점에서 증오와 편견과 따돌림과 허위 정보를 막는 댐부터 무너뜨리겠다고 말한다."

미국의 소셜미디어 레딧Reddit의 CEO였던 이샨 웡Yishan Wong도 머스크의 생각이 큰 착각이라고 지적하는 글을 올렸다. "소셜 플랫폼이 특정한 주장의 확산을 막는 것은 그것이 나쁜 주장이라서가 아니다. 그런 주장이 절대로 침착하게 논의되지 않기 때문이다." 따라서 소셜 미디어에서 작동되는 최소한의 규제는 '생각'을 막으려는 게 아니라 사람의 나쁜 '행동'을 막는 데 목적이 있다고 설명한다. 그는 소셜미디어 기업들은 정치적인 의견에 아무런 관심이 없지만, 소셜미디어가 일정 규모 이상 커지면 원하지 않아도 채택할 수밖에 없는 안전장치가 있는데 머스크는 그걸 없애려 한다고 경고했다. 무분별한 규제 완화는 곧 새로운 문제를 일으켜 모두가 피해를 입게 될 것이라는 게 웡의 주장이다.

유럽연합European Union(이하 EU)이 디지털서비스법으로 소셜미디어 플랫폼을 규제하는 것도 같은 맥락에서 이해할 수 있다. 소셜미디어 알고리즘은 비슷한 의견의 콘텐츠를 연속적으로 보여주고 다른 의견들은 배제한다. 정치의 언어가 여기에 중독되면 사고의 균형은 깨지고 적대감은 커질 수밖에 없다.

소셜미디어와 민주주의 미래

오늘날 민주주의는 전세계적으로 위기에 처해 있다. 국가와 민족이 서로 분쟁하고 경쟁하던 시대로 되돌아가고 있으며, 타인의 의견을 존중하고 합의가 가능했던 민주주의는 세계 곳곳에서 편 가르기와 이념주의로 타락하고 있다. 권위주의적인 포퓰리즘 정권이 늘어나고 있으며, 대통령 선거와 같은 정치 행사 이후에는 민주주의에 관한 부정적이고 패배적인 인식이 더욱 팽배해진다. 민주주의를 위협하는 많은 요인 중 최근 주목받는 것은 국가와 사회의 분열을 조장하는 소셜미디어와 거기서 만들어지고 확산되는 가짜뉴스의 재앙이다. 과학과 기술이 발전함과 동시에 가짜 뉴스와 비이성적 음모론이 대중의 인기를 얻고 있기 때문에 민주주의의 위기에 대한 논의는 더욱 가열되고 있다.

표현의 자유를 수호하는 데 기여한 공로를 인정받아 2021년 노벨평화상을 수상한 마리아 레사Maria Ressa는 "전세계 80개 나라가 소셜미디어를 '값싼 군대'로 두고 민주주의에 역행하려 한다."라고 말했다. 또한 페이스북이 허위 정보를 의도적으로 방치하고 조작된 정보를 퍼뜨리는 데 몰두하는 등 편향성으로 민주주의를 위협한다고 비난했다.

레사는 로드리고 두테르테Rodrigo Duterte 전 필리핀 대통령의 무법과 '마약과의 전쟁'에서 저지른 인권 탄압을 폭로해왔다. 또한 권위주의 정권보다 소셜미디어가 민주주의에 더 큰 악영향을 미친다고 주장했다. 사실보다 거짓이 더 빨리 확산되는 속성을 지닌 SNS를 권위주의 정부가 악용하고 있기 때문에 민주주의의 위기가 더 가중된다는 것이다.

내부자의 폭로도 이어지고 있다. 프랜시스 하우건Frances Haugen 전 페이스북 수석 프로덕트 매니저도 미국 의회 증언에서 페이스북은 "아이들에게 직접 해를 끼치고, 사회 분열을 조장하며 민주주의를 위협하는 플랫폼이다."라고 실토했다. 페이스북 알고리즘은 애초부터 정보의 편향성이나 왜곡된 사실을 가리지 않고 개인 성향에 맞춤한 정보만 반복해서 보여준다. 따라서 자기 생각에 동의하는 사람들만 모아줌으로써 특정 신념과 편견에 노출되고 그것을 학습하도록 설계되어 있다는 것이다.

이와 같은 알고리즘을 지닌 소셜미디어가 거짓을 확산하는 스피커가 되고 있다는 점은 이제 부인할 수 없는 사실이다. 적절한 수준에서 절제하지 않는다면 레사의 경고처럼 우리는 민주주의를 잃을 수도 있다. 한국언론진흥재단의 조사에서도 응답자의 83.6퍼센트가 "가짜뉴스로 한국 사회의 분열이 심해지고 있다."고 답했다. 소셜미디어가 소통을 돕기는커녕 진실과 거짓을 분간하기조차 어렵게 만든다. 이런 상황에서는 '표현의 자유' 뒤에 숨은 문제를 직시해야 한다. 그래야만 탈진실의 도전에서 민주주의를 수호할 수 있다.

인공지능 정치인이
당신들보다 더 잘할 수 있다

"국회의원 대신 인공지능을 국회에 앉히는 게 낫다."

2021년 CNBC의 보도에 따르면 IE대학 연구팀은 세계 11개 나라 2,769명의 사람에게 '자국의 국회의원을 인공지능으로 대체하는 방안에 대한 찬성 여부'를 묻는 설문을 했다. 그 결과 놀랍게도 유럽인의 51퍼센트가 국회의원의 인공지능 대체를 찬성했다. 이 연구에 참여한 IE대학의 오스카 존슨은 "수십 년간 민주주의에 대한 믿음이 무너졌고 정치인들에 대한 비난은 점점 더 커질 것이며 그것을 모든 사람이 인식하고 있다."라고 말했다.

해당 조사 내용을 보면 중국은 75퍼센트가 국회의원을 인공지능으로 바꿔야 한다고 생각했다. 유럽에서는 스페인 사람들의 정치 혐오가 가장 컸다. 스페인은 조사 대상의 66퍼센트가 국회의원을 인공지능으로 대체하는 데 지지했고, 이탈리아는 59퍼센트가 찬성 의견을 냈다. 반면 영국에서는 조사 대상자의 69퍼센트가 국회의원을 인공지능으로 대체하는 방안에 반대했고, 미국도 60퍼센트가 반대했다.

의회 개혁을 앞당기는 인공지능 정치인 시대

프랑스 철학자 장 자크 루소는 "시민이 자유롭다고 느낄 때는 대의원을 선출할 때뿐이며 선출이 끝나면 그들의 노예가 된다."라고 말했다. 대의원은 선거에서 이기자마자 또 다른 특권층이 되기 때문이다. 오늘날의 대의민주주의도 마찬가지다. 민주주의와 정치인에 대한 불신 및 혐오는 갈수록 고조되고 있다. 정부 관료와 정치인의 부정부패, 기득권을 지키기 위한 독단적인 결정, 무사안일주의에 실망한 시민들의 새로운 정치, 열린 민주주의에 대한 열망은 더욱 커지는 추세다.

정치인의 의사결정은 자신의 가치판단에 상당 부분 의존한다. 투표만으로는 이를 견제할 수 없으며, 정치권이 만든 시스템으로는 올바른 정치인을 선택하는 것조차 쉽지 않다. 정책입안과 관련한 의사와 정책 결정도 매우 복잡한 문제를 안고 있다. 따라서 이러한 문제를 해결할 대안으로 인공지능을 활용한 정치가 끊임없이 대두되는 것이다. 특히 최신 정보기술과 빅데이터 딥러닝이 가능해진 인공지능은 여론 수렴의 복잡한 정보를 계산하는 데 혁신적인 역할을 할 뿐만 아니라 기존 의회의 문제점을 보완할 수 있기 때문이다.

이와 관련해서 MIT 미디어랩의 세자르 히달고Cesar Hidalgo 교수는 인공지능과 메타버스를 통한 '증강 민주주의'를 제시했다. 그중 첫 번째 대안은 시민들이 인공지능으로 자신의 에이전트를 구현해 각자의 의견을 반영하는 '시민 참여 민주주의'다. 인공지능을 통해 개인 에이전트를 구현해서 자신이 처한 상황, 정치 및 사회적 성향 등을 고려해 안건을 결정하는 것이다. 이들 에이전트가 메타버스에서 직접 투표하고 각종 안건을 처리한다. 두 번째 대안은 정치인들을 인공지능으로 바꾸는 것이다. 인공지능 정치인은 인간 정치인과 달리 사리사욕이 없고 특정 조직이나 정파의 이익을 대변하지 않기 때문에 최적의 분배와 정책결정이 가능하다는 판단에서 나온 대안이다.

실제로 인공지능이 정치에 접목되면서 새로운 변화가 일어나고 있다. 2017년 뉴질랜드에서는 닉 게릿센Nick Gerritsen이 개발한 인공지능 정치인 샘SAM이 등장했다. 샘은 다양한 정치적 의견을 학습해서 축적된 데이터를 기반으로 정책을 만들려고 노력하고 있다. 그뿐 아니다. 페이스북 메신저와 연결된 샘은 유저들과 뉴질랜드의 미래와 기후변화 대처방안 등을 토론한다. 특정 문제에 대해 분석하고 여론 조사를 실시해 더 많은 사람이 원하는 방향으로 정책을 제안하기도 한다.

2018년 도쿄도 다마시 시장 선거에서는 인공지능 후보 '마츠다 미치히토'가 무소속으로 출마했다. 일본 선거법상 피선거권은 사람만 가질 수 있기에 사람인 마츠다가 대리로 나섰는데 마츠다는 "시장에 당선되면 주요 정책을 인공지능에 위임하겠다."고 공약했다. 선거 결과

3위로 낙선했지만 4,000표나 얻으면서 인공지능 시장에 대한 관심을 증폭시켰다. 인공지능이 시장이 되면 인간 정치인과 달리 세금을 절약할 수 있고, 각종 데이터를 기반으로 합리적인 판단을 할 수 있다는 점에서 인공지능 정치인의 역할론은 점점 더 부각되고 있다.

전세계 의회는 서서히 인공지능이 점령하는 추세다

인공지능의 국회 지원 서비스는 이미 시작되었다. 기하급수적으로 늘어나는 입안을 개발 및 수정하고, 현행법 사이의 차이점을 분석하는 프로세스를 인간이 감당할 수 없기 때문이다.

남아프리카공화국 의회는 챗봇을 사용해서 의원들에게 의회 정보를 제공하는 방법을 모색 중이다. 챗봇과 대화를 하거나 질문을 해서 특정 법안의 상태와 진행 과정, 문제점, 해결 방안 등과 같은 사안들의 정보를 얻을 수 있다. 이 챗봇은 대화형 인터페이스 기술과 자연어 처리NLP를 기반으로 한다. 미국 하원은 법안의 수정안 및 현행법 간의 차이점을 분석하는 프로세스를 자동화하는 인공지능을 도입했다. 인공지능은 법안에 설명된 법적 조항에 대한 인용을 해석하고 해당 조항을 검색하거나 수정 지침을 해석 및 실행할 수 있다. 이미 입법 고문실에서 사용하고 있는 이 인공지능은 현재 90퍼센트의 정확도 수준을 유지하고 있다. 이 시스템은 사용하면 할수록 더 많은 사람의 피드백을 축적함으로써 성능이 더 개선된다.

일본국립정책연구대학원National Graduate Institute for Policy Studie도 의회 지원 인공지능 시스템을 개발했다. 국회의 데이터를 활용해 의회 비디오를 검색할 수 있도록 만들고, 최신 음성인식 기술을 사용해 의회 비디오 피드와 공식 회의록을 일치시킨다. 이 시스템을 기반으로 음성인식과 시청각 정보를 분석하는 통합 시스템을 개발하고 있다. 이 과정에서 머신러닝과 인공지능을 도입해 텍스트 기록, 오디오 기록, 비디오 기록의 인터페이스를 개발해 의회 디지털 커뮤니케이션의 분석 및 집계, 시각화를 가능하게 한다. 그리고 의회 토론의 하이라이트를 정리하거나 검색할 수 있도록 지원할 방침이다.

EU 및 전세계 의회도 인공지능으로 정보 디지털화가 시작되었다. 대부분의 국가에서는 각종 법안과 토론 및 의회 관련 업무의 기록을 디지털 데이터 보관소에 맡기는데 이를 효율적으로 운영하기 위해서는 인공지능 기술이 필요하다. 미국 연방정부는 너무 많은 기밀 문서를 보관하고 있기 때문에 이를 연람하려면 기밀 해제 시스템이 있어야 한다. 이 역시 빅데이터와 인공지능, 머신러닝, 클라우드 스토리지 등의 첨단 기술이 기반되어야 가능하다.

가상 의회 또는 디지털 의회는 코로나19 팬데믹으로 구현된 아이디어다. 최신 〈세계전자의회보고서〉World e-Parliament Report에 따르면, 2020년 말까지 입법부의 65퍼센트는 가상 또는 복합위원회 회의를, 33퍼센트는 본회의를 개최했다. 놀랍게도 이와 관련해서 가장 민첩하게 대응한 의회에는 선진국뿐만 아니라 에스토니아와 브라질 같은 국가도 포함된다. 실제로 인구가 적고 국토 면적이 작은 국가인 에스토니아가 전자 의회를 구현하는 데 가장 효율적이라는 평을 듣고 있다. 인도는 팬데믹 기간 동안 전자 의회를 시작했다. 현재 입법부의 업무를 보다 쉽고 효율적으로 처리하는 앱을 개발 중이다. 그러나 2021년 2월, 약 절반 정도의 주에서만 입법부를 디지털화하기 위한 MOU에 서명한 상태다.

전세계의 수많은 의회가 현재 인공지능 지원 비서를 실험하고 있다. 남아프리카공화국의 입법부를 지원하는 챗봇에서 인공지능 기반 음성인식 지원 도구인 에스토니아의 한스HANS에 이르기까지 다양하다. 이들은 인공지능 서비스가 데이터를 스마트하게 활용하고 이를 근거로 객관적인 결정을 내릴 수 있도록 도와주는 역할을 한다.

우리나라도 2020년 조승래 의원이 인공지능 인턴 채용공고를 내겠다고 밝히면서 인공지능 보좌진에 대한 관심이 높아졌다. 조 의원에 따르면 인공지능 보좌진은 '하루 평균 2만 6,000여 건의 기사를 분석해 키워드를 자동 추출하고 이를 수치화해 보여주면서 관련 의안이나 국회도서관의 정책보고서를 연결해주는 역할'을 할 수 있다. 인공지능 보좌관 시스템은 입법을 위한 쟁점과 사회적 이슈, 지역 동향을 지속적으로 모니터링한다. 그리고 각종 키워드에 대한 트렌드와 시민의 의견 등을 자동으로 분석해 민의가 법안에 반영될 수 있도록 돕는다.

인공지능 보좌관은 텍스트 마이닝과 인공지능·빅데이터 관련 기술을 보유한 '아이와즈'와 함께 개발 중이다.

사법 개혁,
인공지능 판사가 대신한다

2021년 OECD 자료에 따르면, 2020년 각국의 사법제도 및 법원에 대한 신뢰도 조사 결과 우리나라는 43개국 중 41위를 차지했다. 사법부에 대한 국민의 신뢰도는 오랜 기간 회복의 기미가 보이지 않고 있다. 법조계는 저조한 사법기관 신뢰도의 원인으로 국민들의 법 감정과 실제 선고 양형 사이의 괴리를 지적했다. 그렇다면 인공지능 판사가 판결을 내린다면 어떻게 될까?

인공지능 분야 전문가들은 약 99퍼센트의 정확도로, 죄책감 등 신체 언어를 분석하는 로봇이 50년 안에 인간 판사를 대체할 것이라는 의견을 내놓고 있다. 중국 북부의 도시인 항저우는 최첨단 기술 혁명을 주도하는 대표적인 도시로, 2017년 인공지능이 운영하는 최초의 사법 전달 시스템을 도입했다. 베이징과 광저우도 그 뒤를 따랐다.

현재 중국에 있는 세 개의 인공지능 인터넷법원은 상품 및 서비스 판매, 저작권 및 상표, 도메인 소유권 및 침해, 무역 분쟁, 온라인 거래와 관련된 분쟁을 심판하고 있다. 호주의 가정법원도 현재 인공지능이 이혼하는 부부를 대상으로 94개 요소를 제시해 재산 분할을 해준다.

2070년 법정은 로봇이 점령한다

저명한 컴퓨터 과학자이자 철학자이자 인공지능의 아버지인 앨런 튜링Alan Turing은 1950년에 '튜링 테스트'를 개발했다. 그것은 인간과 동등한 지능적 행동을 보이는 기계의 능력을 결정하는 테스트였다. 70여 년이 지난 지금, 인공지능은 인간 활동의 가장 복잡한 영역 중 하나인 판단의 경계에까지 이르렀다. 인공지능은 스마트인터넷법원을 만들고 변론과 증거를 접수해 분석하며 판결을 내린다.

인공지능 전문가이자 글로벌 싱크탱크 핵 퓨처 랩Hack Future Lab의 설립자인 테런스 마우리Terence Mauri는 2070년이 되면 변호사, 공인 법률임원, 법률 보조원, 법률 비서와 사무원을 포함해 법정의 판사까지 모두 로봇이 그 자리를 차지할 것이라고 전망한다. 특히 그는 예의 바르고 모든 언어에 능통한 인공지능 판사가 인간이 감지할 수 없는 거짓말의 징후를 파악할 수 있음을 주장한다. 로봇은 불규칙한 언어 패턴, 비정상적으로 높은 체온, 손과 안구의 움직임 등을 캐치하고 식별하는 카메라를 갖고 있어 거짓말을 빠르게 포착할 수 있기 때문이다. 나아가 각종 데이터를 분석해 피고인이나 증인이 진실을 말하고 있는지 여부에 대한 오류 없는 판단도 제공할 수 있다.

로봇 판사는 자신이 저지르지 않은 범죄로 유죄 판결을 받는 무고한 사람들을 줄여주고 데이터를 바탕으로 신속하고 공정하게 판결할 가능성이 높다는 기대를 갖게 한다. 하지만 잘못된 데이터가 입력되면 판단에 오류가 발생할 수 있고 인공지능이 기존 판례를 바탕으로 재판하면 소수의견이 제시되기 어렵다는 우려도 나온다. 영국의 전 법무장관인 데이비드 고크David Gauke도 "인공지능은 간단한 정의를 제공하는 도구이며 법정을 주재하는 로봇 판사의 시대는 아직 멀었다."고 말했다.

하지만 인공지능 기반 판사와 변호사는 이미 활동 중이다. 북유럽의 디지털 강소국인 에스토니아 민사법정에서는 7,000유로(약 968만 원) 이하의 소액재판에 한해 인공지능 판사를 쓰기로 했다. 국민에게 신속한 법률 서비스를 제공하고 판사에게는 좀 더 크고 중요한 사건에 집중할 기회를 주기 위해서다. 우선 소액재판에 인공지능 판사를 도입해서 기존 판례 등의 빅데이터를 바탕으로 판결하게 한다. 그런 후 어느 정도 노하우가 쌓이면 중장기적으로 점차 더 큰 민사소송이나 형사재판에서 판사를 보조하는 역할로 활용할 방침이다.

2016년 로스인텔리전스Ross Intelligence가 개발한 인공지능 변호사 '로스'ROSS는 미국의 대형 로펌 베이커 앤드 호스테틀러Baker&Hostetler에 취업해 파산 관련 업무를 하고 있다. IBM이 만든 인공지능 컴퓨터 왓슨Watson을 기반으로 하는 로스가 사람보다 월등히 잘할 수 있는 대표적인 일은 속도를 기반으로 하는 판례 검토다. 로스는 초당 1억 장의 판례를 살펴보고 가장 적절한 판례를 찾아 추천해준다.

중국의 인공지능법원은 무엇을 달성했나

항저우 인터넷법원에는 검은 옷을 입은 인공지능 판사가 등장하는데, 이 인공지능 판사는 영상 채팅으로 소송 당사자와 상호작용한다. 인공지능 판사가 소송 건을 제시하도록 신호를 주면 소송 당사자가 나타나고 인공지능 판사는 가상 재판 회의에서 다음과 같이 질문한다. "피고는 원고가 제출한 사법적 블록체인 증거의 성격에 대해 이의가 있는가?" 인간 피고인은 "이의가 없습니다."라고 대답한다.

항저우 인터넷법원은 하루 24시간 연중무휴로 운영된다. 온라인 재판의 평균 소요 시간은 28분이고, 신청부터 재판 및 평결까지의 평균 처리 기간은 38일이다. 중국공정원Chinese Academy of Engineering이 발간하는 〈전략연구〉에 실린 보고서를 살펴보자. 그 내용을 보면 인공지능이 2019년부터 2021년까지 판사들의 업무를 평균 3분의 1로 줄여줬고, 중국 인민들의 노동시간을 17억 시간 절약해준 것으로 밝혀졌다.

중국 최고인민법원은 정책 문서에서 중국이 사이버 공간과 블록체인 및 클라우드 컴퓨팅과 같은 기술을 사용한다. 그리고 거대한 법원 시스템 내에서 사건 처리를 간소화하기 위해 디지털화를 장려하고 있다고 밝혔다. 앞서 언급했듯이 가장 먼저 중국의 최첨단 기술 혁명을 주도하고 있는 항저우에 인공지능이 운영하는 최초의 사법 전달 시스템이 도입되었다.

중국 관영 신화통신은 2019년 3월부터 10월까지 310만 건 이상의 중국 소송이 인공지능 기반 스마트인터넷법원을 통해 해결됐다고 보도했다. 최고인민법원이 발표한 보고서에 따르면 이미 100만 명 이상의 시민이 스마트법원 시스템에 등록했다. 중국의 인터넷 보급률은 64.5퍼센트이며 약 9억 400만 명의 인터넷 사용자가 있다.

베이징 최고인민법원에 따르면 중국 법률 시스템의 모든 부문에서 인공지능이 역할을 하고 있다. 중국은 2017년부터 인공지능 판사, 사이버법원, 채팅 앱에서 판결을 내리는 시스템을 사용 중이다. 인기 소셜미디어 플랫폼인 위챗WeChat에 제공되는 '모바일법원'은 출시 이후 300만 건 이상의 법적 소송 또는 기타 사법 절차를 처리했다.

소송 절차는 법률 문서의 송달, 증거 제출 및 실제 재판 자체를 포함해 온라인으로만 진행된다. 법정 재판 기준에 부합하기 위해 온라인 영상 시스템을 통한 '대면 및 직접 발언 원칙'을 채택하고 있다.

인공지능법원에서 처리하는 사건은 블록체인 증거에 크게 의존한다. 이는 디지털 정보(블록)를 공용 데이터베이스(체인)에 저장하는 시스템이다. 블록체인은 날짜, 시간, 구매 금액 등 거래에 대한 정보를 보존하기 때문에 변조를 방지할 수 있다. 사람의 개입으로 블록체인 데이터를 변경하는 것이 불가능하며 타임 스탬프가 찍혀 있어서 추적을 통한 감사가 가능해 안전하게 사용할 수 있다.

그런데 항저우 인터넷법원은 알리바바의 자회사가 기술적으로 지원한다. 이로 인해 한때 독립성과 공정성에 대한 심각한 우려가 제기되기도 했다. 중국 거대 기술기업들이 깊게 관여해 만들어진 스마트법원 시스템은 알고리즘 개발이나 데이터베이스 감독, 코딩에 관여한 소수의 기술 전문가들 손에 너무나 많은 권력을 넘겨줄 위험이 있다. 또한 장링한 중국 정법대학 교수는 "인공지능 판사가 효율과 공정성을 개선할 수는 있다. 하지만 인간은 점차 자유 의지를 잃고 기술에 의존하게 될 것이다."라고 경고했다.

인공지능 법조인이 구현하는 미래

2020년 말레이시아 사법부는 보르네오섬 말레이시아령 사바주와 사라왁주에서 마약과 강간 범죄 사건에 인공지능 재판 시스템을 도입했다. 인공지능 판사는 법정에서 검찰과 변호사의 의견을 청취한 뒤 컴퓨터에 피고인의 혐의와 나이, 직업, 결혼 여부, 범죄 경력 등 세부 사항을 입력하게 한 다음 양형 분석 버튼을 누른다. 그러면 인공지능 시스템이 법정에 설치한 대형 스크린에 적정한 형량을 내놓는다. 최근 말레이시아는 이를 전국으로 확대하는 방안을 놓고 막판 고심을 거듭하고 있다.

법정에서 인공지능이 담당하는 역할은 갈수록 커지고 있다. 인공지능이 인간의 감정과 편견 및 오류를 줄이고 더 공정한 판결을 내릴 것이라는 기대 때문이다. 그리고 디지털 시대에 가장 중요한 요소 중 하나인 시간이 절약된다는 점도 인공지능의 장점이다. 인공지능 판사는 정의의 수레바퀴를 끝없이 굴리고 다닐 만한 시간이 없는 조급한 세대에게 좋은 해결책이기도 하다.

코로나19 대유행 이후로 미국, 영국, 싱가포르, 대만 등 많은 선진국이 인공지능 시스템을 법정에 활용하는 것을 두고 고심하는 중이다. 최근 우리나라의 대법원도 민사 손해배상 사건에 한해 인공지능을 도입하는 방안을 검토하기로 했다. 2020년 대법원 법원행정처는 '손해배상 사건에서의 인공지능 활용방안' 연구 용역을 공고했다. 민사 손해배상 소송의 손해액 산정 등의 문제 처리에 먼저 인공지능을 도입해서 효율성을 높이겠다는 취지다.

물론 여전히 질문이 남아 있다. 인공지능 판사가 인간의 판단과 일치할 수 있으며 더 일관성이 있는가 하는 점이다. 인공지능 판사에 대한 부정적 시각과 우려를 고려할 때 아직 시기상조일지 모른다. 결국 최종적으로 유·무죄에 대한 판단을 하는 일은 인간의 몫이다. 하지만 재판정에서 인간 판사의 직관 및 가치판단과 더불어 좀 더 객관적인 판결을 내리는 데 인공지능은 도움이 될 수 있다.

전세계 사법 당국은 인공지능의 판단에 대한 심각한 실존적 질문에 직면해 있다. 법 행정에서 인공지능의 불가피성을 감지한 유럽집행위원회는 '사법 시스템에서 인공지능 사용과 관련된 윤리적 원칙'을 채택했다. 오늘날 사법 전달 시스템에서 인공지능의 도달 범위를 예측하는 것은 어렵다. 그러나 지금 그 실존적 질문의 답을 찾기 위한 노력을 중단해서는 안 될 것이다.

웹 3.0은 민주주의를
어떻게 바꿀 것인가?

웹 3.0은 어떻게 시작됐을까? 이는 월드와이드웹World Wide Web의 창시자 팀 버너스 리Timothy Berners Lee가 1998년 제안한 지능형 웹인 '시맨틱웹'Semantic Web에서 출발했다. 컴퓨터 스스로 웹페이지에 담긴 내용을 이해하고 개인 맞춤형 정보를 제공하는 기술로, 이것이 웹 3.0의 근간이다. 하지만 시맨틱웹은 실현되지 못 했고 기능적으로 다양해진 HTML5와 모바일 앱의 등장으로 더욱 강화된 웹 2.0 시대가 지금까지 이어지고 있다. 이후 이더리움의 공동설립자 개빈 우드Gavin Wood가 제안한 '블록체인 기반의 탈중앙화된 온라인 생태계'라는 웹 3.0 개념이 2021년부터 전 세계적으로 빠르게 확산되었다.

초기 인터넷의 소통방식이 웹페이지를 통해 생산자가 만들어낸 콘텐츠를 읽는 것만 가능한 환경이었다면, 웹 2.0에서는 상호 커뮤니케이션이 가능한 인터넷 환경으로 발전했다. 다만 웹 2.0은 플랫폼 제공자가 모든 과실을 독차지하는 불공평한 세계다. 반면 웹 3.0 세상은 콘텐츠의 소유권이 개인에게 귀속되어 합당한 보상을 받게 될 것이라 기대하고 있다. 이는 메타버스 생태계 내에서 더욱 활성화될 가능성이 있다. 즉 웹 3.0 세상에서는 분산화된 네트워크의 강화, 곧 개인들이 주도권을 행사한다는 의미다. 이는 모든 사람이 거래 내역을 확인할 수 있는 블록체인을 통해 데이터를 분산해 저장하고 소유권을 개인들에게 돌려준다는 개념이기도 하다. 동시에 오늘날의 중앙집권적 시스템에서 탈중앙화로 진화하는 것을 의미한다.

웹 3.0은 민주주의와 어떤 관련이 있나

기술 낙관론자들은 웹 3.0의 분산 기술이 오늘날의 중앙집중식 메가 플랫폼 등 온라인 생태계가 지닌 문제점을 보완하고 전세계 민주주의를 소생시킬 것이라 믿고 있다. 웹 3.0이 블록체인 기술을 기반으로 하는 분산형 생태계를 만들어 인터넷 발전의 다음 단계 비전을 제시한다는 것이다. 오늘날의 폐쇄적이고 중앙화된 IT 생태계는 소수의 승자인 메타와 아마존 등의 빅테크가 지배하고 있다. 여러 면에서 그들은 디지털 생활의 중개자 역할을 하면서 수많은 사용자와 그들이 생성해내는 방대한 양의 데이터를 축적해 플랫폼의 네트워크 효과를 톡톡히 누리는 중이다. 그들의 추천 시스템, 제품 기능 및 커뮤니티 지침은 사람들이 일상생활에서 소비하는 콘텐츠의 대부분을 차지한다. 그만큼 전세계인에게 막대한 영향력을 미치고 있는 셈이다.

웹 3.0 지지자들은 중앙집중식 플랫폼이 본질적으로 정부의 간섭에 취약하다고 생각한다. 플랫폼에는 콘텐츠를 제거하거나 사용자에 대한 데이터를 공유할 수 있는 기술적 수단이 있다. 결과적으로 정부는 불법으로 간주되는 콘텐츠의 가시성을 제거하거나 제한하고, 플랫폼에 사용자 동의 없이 사람들의 개인 데이터를 보내도록 요청할 수 있다.

메타의 투명성센터 Transparency Center 는 2021년 상반기에만 정부가 39,400개의 페이스북 게시물에 대한 콘텐츠 제한을 요청하고, 351,471건의 개인 사용자 데이터 액세스 요청을 제출했음을 밝혔다. 정부의 의도가 좋은 것인지 악의적인 것인지는 관계없다. 문제는 개인 사용자의 데이터를 제한하거나 요청하는 과정에서 악의적인 행위자에 의해 데이터가 남용될 위험이 있다는 점이다. 따라서 사람들은 플랫폼의 의사결정자가 정부의 권력 남용에서 자신을 보호할 수 있기를 바랄 뿐이다.

그런데 웹 3.0에서는 대규모의 개인 소유 데이터센터가 필요하지 않다. 대신 데이터가 안전하게 저장되고 여러 장치에 분산된다. 수단과 기술 노하우만 있으면 누구나 이 시스템에서 자신의 장치를 노드로 만들 수 있다. 이러한 설계는 데이터가 더 이상 중앙에 저장되지 않기 때문에 대규모 데이터 유출의 위험도 줄인다. 또한 블록체인에 저장된 데이터는 권한이 있는 사람만 액세스할 수 있다. 데이터를 무결성으로 처리하기 위해 빅테크를 신뢰하기보다 사람들은 자신의 데이터를 제어한다. 이는 플랫폼이나 정부가 소유자의 명시적인 동의 없이 데이터에 액세스할 수 있는 가능성을 제거한다.

또한 플랫폼의 네트워크 효과를 약화시키고 그 힘을 사용자에게 되돌려줄 수 있다. 개발자가 자유롭게 구축할 수 있고 커뮤니티가 자체적으로 운영할 수 있으며 사용자가 쉽게 서비스를 전환할 수 있는 환경을 만들 수 있다. 이 새로운 소셜 계층은 온라인에서 새로운 생산성 시대를 촉발할 수 있다. 상호연결된 수천 개의 부티크 플랫폼이 있는 소셜미디어 환경을 상상해보자. 각 플랫폼은 기업 소유자의 이익이나 사명을 극대화하기보다는 회원의 가치를 염두에 두고 설계될 것이다.

웹 3.0 지지자들은 이것이 인터넷 수준과 사회적 수준 모두에서 민주적 가치를 되살릴 수 있다고 믿는다. 이를 뒷받침하는 블록체인 기술의 보안 및 개인정보 보호는 정부의 과도한 개입이나 강압을 견제하는 역할을 맡는다. 이러한 분산 아키텍처는 사용자가 온라인에서 상호작용하는 방식에 대해 더 많은 선택권을 제공함으로써 전통적으로 강력한 행위자보다 개인의 권리를 증진한다. 아울러 '1인 1표' 원칙은 응용프로그램을 구동하는 데 사용되는 토큰모델과 함께 웹 3.0의 설계에 내장될 것이다.

많은 사람이 웹 3.0 원칙이 정치적 교착 상태를 극복하기 위해 사회를 재구성하는 방식으로 적용될 수 있다고 주장하면서 한 걸음 더 나아가고 있다. 그러한 예 중 하나가 탈중앙화전문지식Decentralized Autonomous Organization(이하 DAO)이다. DAO는 중앙집중식 리더십이 없는 민주화된 조직, 즉 회원 소유 및 인터넷 기반 조직이라 할 수 있다. DAO의 구성원이 조직의 결정에 대해 토론할 때 각 구성원은 제안을 제출한 다음 거버넌스 토큰을 사용해 이에 투표할 수 있다(또는 다른 구성원이 토큰을 사용해 대신 투표하도록 위임). 프로세스의 모든 단계에서 계층 구조나 신뢰할 수 있는 중개자가 필요하지 않다.

DAO 지지자들에 따르면 이 모델은 궁극적으로 교착 상태에 빠진 부패한 정부를 대체할 수 있다. 그 구조가 대의민주주의와 직접민주주의가 최적으로 혼합되어 대규모로 적용될 수 있는 '유동민주주의'를 창출하기 때문이다. 이렇게 되면 시민들은 더 이상 자신의 이익을 대변하기 위해 비도덕적인 정치인을 신뢰하거나 대중 입법이 투표에서 차단되는 것을 걱정할 필요가 없다. 거버넌스에 대한 이 새로운 접근방식을 통해 우리는 더 안정적이고, 시민들의 요구를 더 잘 충족할 수 있고, 모든 시민의 전문지식을 더 잘 활용해서 높은 수준을 달성하는 새로운 형태의 민주주의를 설계할 수 있다.

웹 3.0, 과연 민주주의에 활력을 불어넣을 수 있나?

오늘날 우리 사회에는 권위주의 정치의 부상에서 공공기관에 대한 광범위한 불신에 이르기까지 민주주의를 위협하는 요소가 도처에 있다. 이러한 상황에서 새로운 기술, 즉 탈중앙화 조직인 DAO는 교착 상태에 빠진 정치 문제를 풀고 사회가 의도적으로 민주주의를 구축할 수 있도록 권한을 부여할 수 있다는 희망을 제시한다. 정책입안자와 리더들이 웹 3.0의 미래를 준비하고 대안을 찾아야 하는 이유다.

물론 웹 3.0에 관한 회의론자들도 많다. 과장되었으며 결함이 있는 기술이라고 이야기하는 사람들도 있다. 일부 사회과학자들은 웹 3.0 운동을 잘못된 '테크노 유토피아주의'의 최신 버전으로 보고 있다. 나탈리 마레샬Nathalie Maréchal 박사는 웹 3.0에 이렇게 많은 믿음을 두는 것은 '사회정치적 문제의 기술적 설루션에 대한 요구'를 반영한다고 주장한다. 이러한 관점에서 보자면 웹 3.0 옹호자들의 대담한 주장에는 숨은 의도가 있는 것처럼 보인다. 오늘날 많은 민주주의 국가를 괴롭히는 복잡한 문제에 대한 해결책을 찾는 사람들의 열망을 노리고 있다는 것이다.

1990년대, 인터넷과 관련해 테크노 유토피아주의자들도 비슷한 주장을 했었다. 존 페리 발로John Perry Barlow는 1996년에 인터넷이 필연적으로 정부의 간섭이 없는 자유주의적 낙원을 가져올 것이라고 주장했다. 그뿐만 아니라 세기의 전환기에 사람들은 인터넷의 광범위한 채택이 민주주의를 다시 활성화할 것이라고 예측했다. 당시에는 '크라우드소싱 민주주의'와 같은 용어가 유행했다. 이 용어는 정부가 온라인에서 광범위한 협업을 통해 의사결정을 하는 미래에 대한 비전을 설명하는 데 사용되었다. 그 담론은 오늘날 DAO를 둘러싸고 벌어지는 논의와 매우 흡사하다.

웹 3.0은 구조적으로 분산되도록 설계되었다. 그런데 특정 자료에 따르면 아직까지 일부 웹 3.0 기술에 대한 부와 영향력은 극소수의 손에 달려 있는 실정이다. 예를 들어, 국가경제연구국National Bureau of Economic Research의 2021년 연구에 따르면, 비트코인 채굴자의 상위 0.1퍼센트가 전체 채굴 용량의 거의 50퍼센트를 통제하고 있다. 이더리움의 분포 역시 크게 다르지 않다.

분산 웹의 이상에는 또 다른 모순이 있다. 아마존과 마이크로소프트 같은 대기업이 제공하는 중앙 소유 클라우드 데이터 스토리지 서비스는 많은 수의 블록체인 노드를 호스팅한다. 예를 들어, 모든 이더리움 워크로드의 25퍼센트가 아마존 웹 서비스에서 실행된다. 또한 웹 3.0 암호화 및 NFT 생태계는 이미 오늘날의 웹과 유사한 방식으로 몇 개의 대형 플랫폼을 중심으로 중앙집중화하고 있다. 오픈씨OpenSea 및 코인베이스Coinbase와 같은 플랫폼은 수백만 명의 웹 3.0 경험을 중재하면서 놀라운 성공을 거두는 중이다.

한편 웹 3.0 옹호자들이 간과하고 있는 것이 있다. 중앙집중식 플랫폼은 서비스를 사용하는 다른 사람에게 직접적인 영향을 미치지 않으면서 유해한 계정을 제거할 수 있다. 하지만 블록체인 기반의 분산형 플랫폼에서는 이것이 더 어려워진다. 콘텐츠 조정, 계정 제거 또는 신뢰와 안전에 대한 명확한 답은 아직 없다. 그리고 플랫폼이 분산될수록 온라인에서 사람들을 안전하게 보호할 수단이 부족할 가능성 또한 커진다.

페이스북이나 트위터 같은 플랫폼은 콘텐츠 조정 접근방식에 대해 많은 비판을 받지만, 사기꾼과 스패머 그리고 유해 콘텐츠 등을 정리하려는 노력을 기울이고 있다. 이러한 플랫폼에는 남용을 방지하고 불법 활동을 차단할 수 있는 막대한 재정 자원과 기술 능력 및 사내 전문 지식이 있다. 하지만 웹 3.0 소셜 플랫폼이 빅테크의 노력과 동등한 수준에 도달할 수 있을지는 의문이다. 일부 지지자들은 '콘텐츠를 검열할 수 없다'고 자랑스러워하기까지 한다. 웹 3.0 서비스의 데이터 불변성 때문이다.

웹 3.0이 교착 상태에 빠진 오늘날의 정치 문제를 해결하고 인터넷 생태계의 결함을 의미 있게 해결할 것인지는 아직 알 수 없다. 하지만 한 가지 분명한 사실은 강력한 힘을 가진 조직들이 웹 3.0에 막대한 투자를 하고 있다는 점이다. 우리는 이미 일부 유저들 사이에서 이러한 기술이 광범위하게 채택되는 것을 목격했다. 아직은 많은 의구심이 들지만 웹 3.0의 도래는 거스를 수 없는 미래임이 분명하다.

탈중앙화 조직 DAO는
민주주의의 미래가 될 수 있다

오늘날 세계가 직면한 가장 중요한 문제는 무엇인가? 전쟁과 보건 및 기후 파괴의 동시적이고 복합적인 위협에 국경을 초월해 대처할 글로벌 정치 시스템이 없다는 것이다. 각국 정부의 소극적 대응 때문에 점점 더 많은 사람이 전쟁과 기후 재앙으로 실향민이 되어가고 있다. 총체적이고 윤리적인 통치 시스템이 정부를 재정렬해서 전세계 사람들에게 의사결정 및 투표 권한을 분배해야 할 때다. 이에 DAO와 같은 분산된 공공 운영 조직의 연합 시스템은 좋은 대안이 될 수 있다.

DAO는 블록체인 기술을 바탕으로 특정 조건이 충족됐을 때 어떤 계약이 자동으로 이행되도록 하는 거래 프로토콜이라고 할 수 있다. 같은 목적을 가진 사람들이 DAO에 참여하고, 참여한 구성원들은 '거버넌스 토큰'이라고 불리는 의결권 토큰을 통해 의사결정을 한다. 중앙집권 주체나 국경의 제한 없이 투자나 비즈니스 같은 특정 목적을 위해 모일 수 있는 조직이다. DAO는 투명하며 누구나 접근할 수 있다. 이러한 장점을 바탕으로 인류를 통합하고 통치하는 데 필요한 윤리적 시스템 역할을 할 수 있으리라는 기대를 모으고 있다.

개방적이며 효율적인 조직
DAO의 강점과 약점

DAO라는 형태의 조직이 갑자기 등장한 것은 아니다. 2016년 '더 다오'The DAO라는 시도를 통해 이더리움을 모아 특정 프로젝트에 투자하고 지분을 토큰으로 분배하려는 움직임이 있었다. 당시 코드의 취약점을 파고든 해커에게 공격당한 뒤 사라졌다. 이런 DAO가 2021년, 웹 3.0의 가능성과 함께 다시금 화두에 오른 것이다. 그 사이 블록체인 기술 등이 발전하면서 DAO가 다양한 산업군에서 펼칠 가능성이 커졌기 때문이다.

DAO가 화두가 된 데는 기존 조직과 비교했을 때 투명하게 운영되며 개방적일 수 있다는 DAO의 고유한 특성이 한몫했다. '탈중앙화 자율 조직'이라는 이름에서 알 수 있듯이 DAO는 물리적으로 분산된 조직이다. DAO의 네트워크는 서로의 무결성을 검증하는 전세계 수천 대의 컴퓨터에서 호스팅된다. 따라서 하나의 컴퓨터에서 어뷰

징 abusing을 시도하더라도 다른 컴퓨터에서는 이 시도가 작동하지 않으므로 한 지역에 인프라가 집중된 구조에 비해 안정성이 높다. 덕분에 특정 권력의 개입이 거의 불가능하며, DAO의 방향성 결정이나 자금 관리 등이 모두 블록체인 기술을 토대로 투명하게 이뤄질 수 있다.

또한 장소의 제약을 받지 않는 개방적인 조직인 동시에 공통의 목표 하에 거버넌스 토큰을 가진 사람이라면 전세계 어디서든 누구나 참여할 수 있기 때문에 다양한 인력 구성이 가능하다. 각 참여자의 역량이나 기여 형태 등 모든 가능성이 열려 있어서 전통적인 조직에 비해 유연하고 넓은 인재 풀에 접근할 수 있다. 이 모든 계약과 규칙은 특정 조건을 충족하면 자동으로 계약이 이행되는 '스마트 콘트랙트'를 통해 실행된다. 따라서 기존의 기업들이 법규 준수나 내부 통제를 위해 해왔던 노력을 보다 효율적으로 자동화할 수 있다. 실제로 DAO 기반의 암호화폐 거래소인 유니스왑Uniswap의 구성원은 일곱 명이지만 1,200명이 넘는 직원이 근무하는 미국 최대 암호화폐 거래소인 코인베이스보다 더 많은 거래량을 처리할 수 있다.

다오 생태계 분석 서비스인 딥다오DeepDAO에 따르면, 2022년 2월 기준 4,227개의 DAO가 존재하고 총 가치만 96억 달러(약 13조 3,872억 원)에 이른다. DAO 참여자 수는 13,000명에서 160만 명으로 130배가량 증가했다. DAO의 혁신은 대부분 민간 부문이 주도했고 앞으로도 다양한 목적을 위해 더 개발될 것이다. 정책입안자와 규제 기관 및 고위 경영진이라면 이러한 실체를 제대로 이해하려는 노력을 기울여야 한다.

아직 초기 단계지만 DAO의 주요 강점과 약점은 분명해지고 있다. DAO 지지자들은 이 새로운 조직 형태가 중앙집중식 거버넌스의 한계를 해결할 수 있다고 주장한다. 오픈소스 소프트웨어, 블록체인 기술, 경제적 인센티브 및 프로그래밍 가능한 스마트계약은 기업과 같은 전통적인 조직 형태보다 더 큰 투명성, 신뢰, 적응성, 속도를 제공할 수 있는 잠재력을 갖고 있다. 모든 DAO 참여자는 공개 무허가 블록체인에 저장된 재무 및 운영 정보를 실시간으로 볼 수 있다. 그리고 충분한 전문지식을 가진 사람은 누구나 스마트계약 코드를 확인할 수 있다. 커뮤니티는 개방적인 DAO 구조를 통해 다양한 목표에 적합한 맞춤형 인센티브 조직 구조를 신속하게 구축하는 것이 가능하다.

이런 강점이 있는가 하면 동시에 약점도 있다. 현재 DAO는 확장성, 참여, 사이버 보안, 개인정보 보호 및 규제 등의 문제에 직면해 있다. 아울러 DAO가 실제로 분산된 거버넌스에 대한 비전을 충족하는지에 대한 의구심도 해결해야 한다. 기여자에 대한 책임과 보상구조를 정의하고, 커뮤니티의 요구에 맞게 조정하고, 디스코드Discord와 같은 메시징 시스템을 통해 활동을 조정하는 것이 항상 원활한 프로세스는 아닐 수 있다는 점도 염두에 둬야 한다. 일부 DAO는 실용적인 이유 또는 초기 설립자라는 명분으로 소수의 개인에게 중앙관리 권한을 부여하면서 본래의 취지를 무색케 하고 있다.

또한 기여자 정보가 부족하거나 평판이 좋은 온체인 자격 증명이 없으면 책임 문제가 발생할 소지가 다분하다. 제작자와 기여자 간의 정보 비대칭은 사기와 조작을 가능케 하고 법적 대응을 어렵게 만들 가능성이 있다. 사실 DAO는 오늘날 모든 스마트계약 기반 설루션이 직면한 보안 문제의 영향을 받는다. 이 때문에 DAO를 겨냥한 해킹 및 악용으로 수억 달러의 자산 손실이 발생했다. 아마도 오늘날 DAO의 가장 큰 위협은 불확실성일 것이다. 명확한 법적 지위가 없으면 DAO는 법인, 유한 책임 및 간소화된 세금 약정 등 기업과 동일한 보호조치를 이용할 수 없다.

DAO는 세계 직접민주주의의 미래가 될 수 있다

DAO는 대중에게 의사결정하는 디지털 장소를 제공한다. 자신이 속한 지역 문제뿐 아니라 글로벌 문제에 관해서도 말이다. 즉 정치적 의사를 제시하기 위해 의회 대표에게 의존할 필요 없이 의사결정에 대중을 직접 참여시켜 통치권을 분배할 수 있다는 의미다. 대중들이 지역 공동체의 공동사업을 DAO로 수행해나가면 결국에는 분산화된 자율 회사가 출현한다. 나아가 '분산화된 탈중앙화당'으로 진화할 것이다. 이는 대의정치 제도의 근간을 흔들고 직접민주주의를 구현하는 계기가 될 수 있다.

커뮤니티 거버넌스 DAO의 연결된 네트워크는 세상을 보다 효과적이고 민주적으로 조직하고 운영하게 해준다. 가령 공정한 소득 및 자원 분배, 기후 위기처럼 다루기 힘든 문제도 DAO 인프라에서는 토큰 공유로 비교적 쉽게 구현할 수 있다. 일례로 클리마 DAOKlima DAO는 탄소 배출권 경제의 새로운 이니셔티브를 지향하는 조직이다. 탄소 배출 크레딧을 토큰화하고 이를 거래하게 하면서 거래된 배출권의 양을 투명하게 공개한다. 이로써 개인과 기업에 경각심을 일깨우는 역할을 한다. 이런 시도들은 DAO가 지향하는 '아이디어 능력주의'를 실현하는 방법으로 전통적인 조직 구조의 효율을 능가하는 잠재력을 지녔다고 볼 수 있다.

정치 DAO의 참여자들은 블록체인의 파생 기술인 스마트 콘트랙트를 바탕으로 중앙의 통제 없이 특정 조직을 만들고 운영할 수 있다. 계약 참가자 전원에게 정보가 똑같이 공개되고 투명한 거래가 가능하다. 그래서 누구나 다양한 제안을 할 수 있고, 동등한 자격을 갖고 각종 투표에 참여할 수 있다. 나아가 활동 성과에 따라 보상도 받을 수 있다. 정치 DAO의 활약이 가시화된다면 기존의 정당도 혁신에 나설 수밖에 없다. 정치인들도 토큰을 직접 보유하면서 DAO에 참여하게 될 것이다. 국민들은 이들이 공약을 지키는지 아닌지를 스마트 콘트랙트를 통해 평가하고, 그 결과에 따라 지분을 줄이는 벌칙도 줄 수 있다. 경우에 따라 지분이 줄어들면 DAO 내 영향력도 줄어들기 때문에 정치인들은 공약을 지키기 위해 더 열심히 노력해야 한다.

이처럼 블록체인과 암호화 기술이 우리가 이전에 목격한 것만큼 파괴적으로 쓰일 수 있는 대표적인 분야는 '정치산업'이다. 이 기술은 분산된 정당을 통해 모든 수준의 거버넌스에서 진정한 민주주의를 가능하게 하는 잠재력이 있다. 그러므로 블록체인 기반 정당의 가능성과 운영방식이 미래 정치 지형에 어떤 영향을 미칠지 살펴봐야 한다.

분산화가 조직 및 프로토콜의 거버넌스에 점점 더 도입되는 것처럼 우리는 블록체인 기반 애플리케이션과 관련된 유형의 투명성 및 책임성을 제공하도록 설계된 체계적인 정당을 가질 수 있다. 탈중앙화 정당Decentralized Party은 기본적으로 전체 프로토콜이 코드에 설정되고 스마트계약으로 실행되는 사전 정의된 규칙에 의존하기 때문에 DAO처럼 기능한다.

모든 작업은 완전히 자동화되며 제3자 또는 중앙기관의 영향을 받지 않는다. 탈중앙화 정당은 일련의 조건이 충족될 때마다 그 내용이 블록체인에 차례로 기록되고 구성원들은 그것을 확인하는 작업을 실행할 수 있다. 본질적으로 소수의 이익만이 아니라 모든 구성원의 견해를 반영하는 정당이다. 어느 시점에서든 탈중앙화 정당은 구성원이 프로토콜 내에서 그리고 정당 간 의사결정 과정에서 투표권을 행사할 수 있도록 허용한다. 이 정당에서 가장 중요한 것은 시민을 대신해 결정을 내릴 책임이 있는 대표자를 선출하고 권한을 부여하는 전통적인 방식에 반대해 모든 구성원이 거버넌스에 대해 발언권을 갖는다는 점이다.

전세계인의 운명이 소수의 정치 대표자들에 의해 좌우될 경우 일반 시민은 좋은 거버넌스의 혜택을 누릴 가능성이 적다. 어떤 방식을 선택하든 다른 사람이 자신의 이익을 보호해줄 거라며 무작정 신뢰하는 것은 어리석은 일이다. 그보다는 각 구성원이 자신의 의견을 등록한 후 블록체인에서 의사결정 프로세스가 어떻게 진행되는지 지켜볼 수 있어야 한다. 더 중요한 것은 우리를 통제하기 위해 정부와 정치인이 설정한 지리적, 인종적 경계에 국한되지 않는다는 점이다. 분권화된 정당의 출현은 우리가 더 이상 정치적 부족주의에 종속되지 않도록 국경 없는 거버넌스의 시대로 안내할 것이다.

중앙집중식 거버넌스는 새로운 경향을 식별하고 적절하게 적용할 만큼 충분히 역동적이지 않다. 중앙집중화는 개발 속도를 늦추고 종종 강력한 아이디어의 제기와 실행을 막는다. DAO 및 DeFi 애플리케이션의 작동에서 볼 수 있듯이 분산된 거버넌스는 적극적인 개발을 촉진한다. 누구나 새로운 아이디어를 제안할 수 있고 네트워크 전체가 이를 구현하거나 거부할 수 있다. 이것은 아이디어가 의사결정자에게 도달하기 전에 효력을 잃는 관료적 시스템에 의존하는 것보다 더 진보적인 접근방식이다.

대다수의 산업과 마찬가지로 이해관계자는 기존 시스템에 상당한 투자를 했다. 따라서 새로운 현실에 적응하고 기존과 완전히 다른 혁신을 구현하는 데 시간이 걸릴 수밖에 없다. 암호화폐가 금융 부문에서 주목을 받기까지 거의 10년이 걸렸다는 것을 기억해야 한다. 탈중앙화 정당의 개념도 마찬가지다. 이미 블록체인은 정치 시스템에 실제 사용되기 시작했다. 투표 프로세스를 개선하기 위한 투표 대체 시스템으로 사용되는 빈도가 점점 더 늘어나고 있으며 테스트가 활발하게 진행되는 중이다. 미국에서는 2020년 블록체인 투표앱 '보아츠'Voatz를 통해 대통령 선거인단이 투표에 참여했다. 이러한 이니셔티브의 성공은 정치에도 큰 변화를 촉발해서 사람들의 관심을 불러일으킨다.

또한 시간이 지나면 분산된 정당의 출현을 촉발한다. 분산 정당이 영향력을 얻는 데는 수년이 걸릴 수 있지만 기존 거버넌스 시스템에 대한 대안임에는 분명하다.

내각제는 미래가 아닌
과거로의 회귀다

2022년 한국은 여러 가지 정치적 위기와 국정 혼란을 겪고 있다. 정치 양극화와 포퓰리즘 정치, 전문성 있는 직업 정치인의 부족 현상, 그리고 가짜뉴스 등 각종 우려스러운 현실이 이어지면서 내각제 개헌론이 다시 언급되고 있다. 그뿐인가. 역대 대통령 11명 중 무려 여덟 명의 전직 대통령이 권력형 부정부패나 독재 등에 연관되어 쫓겨나거나 투옥되는 등 비극적인 역사가 반복되었다.

이러한 문제점을 극복하기 위해서 권력 분산과 책임정치 실현이라는 명목 아래 의원내각제 논의가 이어지고 있다. 하지만 이는 5,000만 명의 국민이 권력을 갖는 것이 아니라 의원들에게 권력이 집중되는 제도다. 특히 국민의 신뢰도가 가장 낮은 집단인 정치인들이 국민투표 없이 내각제로 곧장 가는 것은 우려가 크다. 여야중진협의회를 만들어 옥상옥屋上屋을 지으려는 것만 봐도 알 수 있다.

대통령 한 사람에 의해 국가의 정치가 좌우되는 대통령제의 폐해가 심한 것은 사실이다. 그렇다고 해서 정치엘리트와 정치문화의 근간이 다져지지 않은 채 내각제를 도입하는 것도 위험하긴 마찬가지다. 유럽의 정치 선진국 등 전세계 약 30여 개 국가가 내각제로 국정을 운영하고 있는데, 문제는 동유럽의 정치경제가 엉망이듯 내각제 자체가 정치 선진국을 만들어주지는 않는다는 점이다.

밀레니엄 프로젝트 유엔미래포럼본부는 이미 40년 전에 미래의 권력 공식을 발표했다. 그에 따르면 농경 시대의 권력은 종교가, 산업 시대의 권력은 정부가, 정보화 시대의 권력은 테크기업이, 오늘날 의식기술 시대의 권력은 개개인이 갖는다. 종교에서 정부로, 정부에서 대기업으로 권력이 이동했고 이제는 국민이 권력을 갖게 된 것이다.

국민이 권력을 가지려면 중앙통제가 없는 탈중앙 분산 금융 체제가 토대가 돼야 한다. 따라서 비트코인과 같은 암호화폐를 운영하는 시스템이 필요한데 그것이 바로 블록체인이다. 블록체인은 DAO와 같은 탈중앙화 독립 조직을 만드는 데 필요한 기술을 개발하고, 정부나 각종 기관의 권력보다 개개인의 권력이 우선시되는 새로운 세상을 만들어나가고 있다. 바로 웹 3.0과 메타버스 세상이다. 메타버스 안에서는 내가 누구이며 어느 나라에서 왔는지 설명할 필요가 없다. 단지 나는 '피터'이고 '제인'일 뿐이다.

내각제, 무엇이 문제인가

의원내각제의 시초는 영국이다. 1714년 영국에서 자식이 없던 앤여왕이 사망하고 왕위 계승법에 따라 독일 하노버의 선제후인 조지 1세가 영국의 왕위에 오른다. 나이가 많은데다 영어를 할 줄 몰랐던 국왕은 국가 통치에 많은 어려움을 겪을 수밖에 없었다. 1721년에 로버트 월폴Robert Walpole이 조지 1세의 신임에 따라 전권을 갖고 왕을 대신해 장관 회의를 진행한 뒤 실질적인 행정을 담당하는 내각으로 전환한다. 이것이 영국식 의원내각제의 본격적인 시작이다. 월폴은 의회에서 다수당의 당수이자 내각의 장으로서 영국의 초대 수상 자리에 올랐다. 그 결과 수상과 내각은 의회의 정치적 책임을 부담하게 되었으며 왕은 정치에 있어 실질적인 권한을 내어준 채 명목상의 왕으로만 존재하게 된다.

그런데 대의민주주의의 한 축을 이루고 있는 의원내각제가 최근 유럽과 중동 등에서 위기를 맞고 있다. 압도적인 지지를 얻는 정치 세력이 점점 줄어들면서 1년에 몇 차례나 총선을 치러도 정부를 구성하지 못하는 경우가 비일비재하다. 이로 인해 유권자들은 지속적으로 정치 불안을 느끼고, 일각에서는 의원내각제가 한계에 직면했다는 비판도 나오는 실정이다. 이스라엘은 2019년 두 번의 총선을 실시했으나 연정 구성에 세 번이나 실패했다. 벨기에는 2010년에서 2011년까지 역대 최장기간 무정부 상태를 겪었다.

의원내각제의 또 다른 문제는 총리의 대표성과 권력 집중이다. 내각제는 의회에서 총리를 선출하고, 대개는 여당의 대표가 총리직을 맡는다. 따라서 국민의 지지율이 낮은 사람이 당내 정치에 의해 국가 최고 권력자가 될 위험성이 있다. 대표적인 내각제 국가인 일본을 보자. 집안 대대로 총리직을 대물림하는 등 기존의 정치 기득권 세력이 오랜 세월 권력을 장악하고 있다. 이처럼 내각제는 총리가 장기 집권하며 과도한 권력을 행사하는 부작용을 낳을 수 있다. 아베 신조 전 일본 총리는 자민당 규정까지 바꿔 3연임하면서 일본 헌정 사상 최장수 총리가 되었다.

내각제상에서 돈과 권력을 가진 자들이 서로 결탁해 장기집권 체제를 유지하면 정치의 귀족화, 정치의 금권화가 나타난다. 그렇게 되면 서민들의 삶은 그들의 안중에서 없어진다. 더욱이 견제할 세력이 없는 대한민국에서 내각제가 시행될 경우에는 귀족 정치로 갈 가능성이 매우 높다. 현재 5선 이상의 원로회의, 즉 여야중진협의회가 내각제를 하자고 나선 것만 봐도 알 수 있다. 미래의 모든 권력을 정당에서 움켜쥐고 끝없이 권력을 장악해나간다면 일반인들은 영원히 권력망 내부로 다가갈 수 없게 된다.

반면 대통령중심제는 국가원수의 권한과 행정부 수반의 권한을 대통령 1인이 모두 갖는 승자독식의 구조다. 하지만 무소불위의 권력을 누리는 것은 아니다. 국민의 지지를 잃으면 도리어 국민들에게 탄핵을 당할 수도 있기 때문이다. 이제 똑똑한 개개인들은 SNS와 유튜브를 통해 힘을 갖게 되었고 절대 그 옛날의 무지했던 시대로 돌아가지 않을 것이다.

대통령중심제 안에서는 일반인들이 더 많은 목소리를 내고 실제로 자신의 표로 권력을 행사할 수 있다. 하지만 의원내각제의 경우 일반 시민이 원하는 사람을 지도자로 뽑을 수가 없다. 따라서 특정 의원 몇 명이 지속적으로 권력을 나눠 가질 위험이 있다. 만일 그렇게 되면 그들은 곧 국민들의 관심과 지지를 잃게 될 것이고 어두운 미래가 기다릴 가능성이 높다.

거대한 미래의 물결은 40년 전의 예측처럼 개개인들에게 권력을 가져다주고 있다. 사람들은 페이스북이나 유튜브 등 다양한 미디어를 활용해 자신의 근거지로 삼는다. 이제 사람들은 무언가를 주장하고 싶을 때 옛날처럼 신문사나 방송사를 찾아가지 않는다. 각자 자기 매체가 있으므로 스스로 기사를 쓰고 방송을 해서 자기 의견을 표현하고 널리 퍼뜨린다. 이런 상황에서 개개인들에게 관심을 돌리지 않고 중앙화를 강화한다는 것은 시대착오적인 발상이다. 일부 정치인들에게 권력이 집중되는 것에 반감을 가진 국민들이 국가를 빠져나가 다른 메타버스 국가로 이동하게 되면, 국민쟁탈전이 벌어질 수도 있다. 이런 상황에서 국민의 힘을 무시하고 정치 원로들이 권력을 갖겠다고 나서면 결국 국민들을 잃게 될 것이다. 탈중앙화된 DAO 시스템을 활용해 직접민주주의를 해야 하는 이유가 바로 여기에 있다.

전통 정치체제의 붕괴와
무정당 탈중앙화 자치 조직의 부상

이제는 의회 없는 직접민주주의의 실현에 대해서 논할 때다. 블록체인 기반 탈중앙화 기술이 정치 영역에서 적극적으로 구현되면 국가와 공동체 역할은 크게 축소되면서 집중화된 권력과 정치 구조가 대변혁을 맞이할 것이다. DAO처럼 국정 방향을 국민이 직접 결정하도록 하고, 행정부가 실행 주체를 맡고, 사법부가 이를 감시하면 된다. 블록체인이 금융 시스템을 급격하게 변화시키고 있듯이 그다음으로 가장 큰 변화가 일어날 분야는 바로 거버넌스다.

블록체인은 중앙기관의 조정 없이 자치적으로 작동하는 완전히 새로운 형태의 조직을 가능하게 한다. 이는 무정당 민주주의로 가는 열쇠다. 정당과 관련 없이 보편적이고 정기적인 선거가 이루어지는 대의 정부 또는 조직의 시스템이 가능하다. 반면 내각제는 현존하는 권력들이 변화를 거부하면서 자기들끼리 권력을 나눠 가지는 시스템이다. 이는 탈중앙화해 권력이 개개인에게 넘어가는 미래사회의 흐름에 큰 걸림돌이 될 것이며 경제와 사회 전반의 발전도 거스를 것이다.

오늘날의 정당은 민주주의를 운영하기 위해 가장 필수적인 제도다. 같은 생각을 가진 사람들을 한 우산 아래 모아 선거에서 경쟁하도록 후보자를 조정한다. 야당도 정부에 책임을 물을 수 있다. 민주주의 국가에 대한 일반적인 믿음은 국민이 정부의 주요 결정에 발언권을 갖는다는 데 있다. 그러나 그것은 이제 신화에 불과하다. 국민은 몇 년에 한번 대표자를 선출할 수 있는 권한만 갖고 있을 뿐 모든 정책의 결정권은 국민이 아닌 여당의 최고 지도자들이 쥐고 있다. 그들은 한 번 선출되면 임기가 끝날 때까지 국민을 대신해 결정을 내릴 수 있는 권한을 갖는다. 막중한 권한을 움켜 쥔 채 더 이상 국민을 두려워하지도 대표하지도 않는다.

결국 권력은 일반 구성원과 협의하지 않는 최고 지도자의 손에 들어가 민주주의는 그 의미가 희석된다. 그뿐 아니다. 사실 정당은 세계에서 가장 부패한 조직 중 하나라고 할 수 있다. 정당이나 당 대표가 부패하는 데는 여러 가지 이유가 있지만 가장 큰 요인 중 하나는 정당 지도자가 국가의 다양한 의사결정에 영향력을 행사하는 권력을 갖고 있기 때문이다. 특히 내각제는 최고 지도자의 손에 의해 해당 직위를 유지할 자격조차 없는 가족 구성원에게 세습될 가능성이 있다. 만일 조직 운영 자금을 기업가들에게서 받게 되면 그 또한 문제다. 그들이 정치 권력에 접근하게 함으로써 불공정한 이점을 제공할 빌미를 줄 뿐이다.

이러한 문제점들은 당 지도부가 당과 정부의 의사결정을 독점하고 있기 때문에 발생한다. 더 많은 투명성이 확보되고, 대중이 의사결정에 참여할 수 있다면 이러한 문제들을 상당 부분 해결할 수 있다. 이런 이유로 권력을 지도자에서 국민으로 전환해야 하며, DAO 계열의 정당이 그 대안이 될 수 있다.

블록체인 기술은 모든 수준의 거버넌스에서 진정한 민주주의를 가능하게 할 잠재력이 있다. 탈중앙화 정당은 회원들이 집단적으로 소유하고 관리하는 인터넷 기반 정당이라고 생각하면 된다. 이 정당에서의 결정은 제안서와 투표를 통해 이루어지며 정당의 모든 사람이 발언권을 갖는다. 어떤 지도자도 자신의 변덕에 따라 결정을 바꿀 수 없다. 모든 것이 공개되고 정책 및 거버넌스에 대한 규칙은 코드를 통해 적용된다. 이는 같은 생각을 가진 사람들과 협력하고 진정한 민주주의를 구축하는 효과적이고 안전한 방법이다.

미래사회는 정당이 서서히 힘을 잃고 더 많은 개인들이 온라인 가상 국가 속에서 국가관, 애국심, 자신의 정체성 등을 초월해 사는 세상이다. 이런 상황에서 개인의 힘을 무시하고 정치인들의 권력을 강화하는 내각제는 미래사회의 대안이 아니다. 지금부터는 열린 민주주의의 일환으로 일반인들이 국회의원이 되는 시스템의 등장도 고려해야 한다. 현실정치가 대의민주주의를 택하고는 있지만 진짜 국민의 목소리를 제대로 파악하지는 못하는 실정이다. 하지만 국민들이 거버넌스에 직접 참여할 수 있는 길이 점차 열리고 있다. DAO가 그 역할을 수행해나가면서 현실세계의 정치 발전을 앞당길 것이다.

미국에서는 이미 정치 DAO의 활동이 시작되었다. 코인데스크에 따르면 미국 내 친親암호화폐 정치인으로 알려진 앤드루 양Andrew Yang이 웹 3.0 정책 관련 목소리를 내는 DAO '로비Lobby3'를 출범했다고 한다. 로비3는 웹 3.0 정책과 관련한 의견을 수렴해 국회의사당에 정책을 제안하는 조직이다. 앞으로 다양한 정치 DAO의 등장은 고도의 디지털 기술을 이용한 디지털 직접민주주의를 확장하고 사회 전반에 변화의 바람을 불러올 것이다. 특히 지자체 단위로 메타버스 아고라와 직접민주주의가 융합된다면 새로운 정치문화를 만들어낼 수 있으리라 기대한다.

일의 미래는 기업이 아닌
DAO와 크립토 네트워크에 있다

코로나19 팬데믹은 우리가 일하는 방식과 경험의 디지털 전환을 가속화했다. 집에 갇힌 전세계 수백만 명의 근로자들은 회사로 출근하는 대신 집에서 줌Zoom 회의를 통해 업무와 각종 소통을 했다. 이는 메타버스가 본격화되기 전 경험한 비대면 업무 체험인 셈이다. 머지않아 완전한 몰입형 가상 환경에서 아바타를 사용해 일하고, 만나고, 배우고, 거래하는 세상으로 대체될 것이다. 지금은 미디어의 과대광고라는 핀잔을 받고 있지만 메타버스는 이미 우리 곁에 와 있다.

이러한 변화는 원격근무와 확장현실, 블록체인, 인공지능과 같은 첨단 기술의 발전을 가속화해 궁극적으로 디지털로의 진화를 완성한다. 이 가운데 DAO는 미래 업무의 핵심이 될 새로운 유형의 조직이다. 디지털 커뮤니티가 집단적 소유권과 이익을 통해 구성됨에 따라 더 많은 DAO가 형성되는 것을 목격할 수 있을 것이다. DAO가 비즈니스의 미래에서 중요한 역할을 할 것임은 분명하다.

2021년 3월, 미국 와이오밍주 상원 의회에서는 DAO를 기업으로 인정하는 법안을 통과시켰다. 와이오밍주는 해당 법안을 기초로 전세계에서 최초로 '아메리칸 크립토페드American CryptoFed DAO'를 합법 법인으로 승인했다. 이제 DAO는 기업, 커뮤니티, 노동이 조직되는 방식을 혁신적으로 재구성하면서 점차 확대될 것이다. 디지털 혁신을 가속화함에 따라 나타날 다음 단계의 진화는 메타버스와 분산형 웹 3.0, 즉 DAO다. 이는 노동시장에 어떤 변화를 가져올까?

기업에는 일의 미래가 없다

블록체인과 메타버스 환경 내에서는 분산된 자율 조직이 일의 미래라 할 수 있다. DAO는 그 구성원이 거버넌스에 직접 참여할 수 있는 가능성을 제공하기 위해 이더리움처럼 공개 블록체인에서 검증된 스마트 계약 아키텍처 및 디지털 토큰을 활용한다. 따라서 의사결정은 집합적이며, DAO의 특정 제안이 얻는 투표 수(토큰 수로 표시됨)에 따라 결정된다.

메타버스와 웹 3.0의 결합은 DAO의 운영 모델과 노동시장을 근본적으로 변화시킬 잠재력을 갖고 있다. 분산된 자율 조직이 더 널리 채택됨에 따라 기업보다는 협동조합에 가까운 형태가 될 것이다. 그리고 대리인 비용이 크게 절감되는 새로운 유형의 비즈니스가 등장할 것이다. 이처럼 분산된 자율 조직에서 리더십은 문화와 공유 가치에 근거한 소프트 파워와 공감에 의존해 발현된다. 그리고 서로 다른 이해관계자의 이익을 공통의 사명과 목적에 맞추게 된다.

DAO에는 임원, 이사 또는 관리자가 없으므로 리더십이 보다 유동적이고 영구적이어서 구성원이 더 많이 참여할 수 있는 기회를 제공한다. DAO가 임무를 성공적으로 수행하려면 구성원의 전문성을 확인해 필요한 작업에 참여시켜야 하며, 기존 플랫폼 내에서 협업을 구축해야 한다. 새로운 플랫폼에서 분산된 인력 간의 커뮤니케이션은 더 효율적이고 더 의미 있고 더 민첩하게 이루어져야 할 것이다.

DAO가 지닌 확실한 장점 중 하나는 거버넌스를 통해 부패를 방지할 수 있다는 점이다. DAO는 개인의 명예나 준법정신 및 인센티브를 통한 유인 등에 의존하지 않는다. 모든 참여자는 시스템의 규칙에 의해 강한 규제를 받기 때문에 부패의 여지가 사라진다. 즉, DAO 체계하에서는 설령 잘못된 선택을 하더라도 개인이나 단체가 임의의 목적을 위해 부정부패를 저지를 수 없다.

DAO의 두 번째 장점은 분산화를 통해 외부 위협을 최소화할 수 있다는 점이다. 일부 세력의 담합 및 행동에 의해 조직체가 수정되거나 해체될 수 없다. 민주적인 절차에 의해 수립된 정부나 단체도 역사적으로 적대적 세력에 의해 전복되거나 해체 혹은 중앙화되는 경우가 흔했다. 하지만 DAO 체계에서는 어떤 상황에서도 참여자들이 위협받지 않는다.

세 번째 장점은 자체적인 자금 조달이 가능하다는 점이다. 이는 DAO의 가장 중요한 부분이라 할 수 있다. 자체 자금 조달이 불가능하다면 아무리 잘 만들어진 시스템이라 해도 조력 조직이나 스폰서 등에 의해 통제될 수밖에 없다. 이를 위해 DAO는 규칙의 프로그래밍이 끝나면 자체 자금 조달 단계를 진행한다. 조직이 지출할 자금과 조직 내에서 특정 활동에 대한 보상을 지급해야 하므로 자체 토큰을 발행하게 된다. 그리고 참여자는 토큰을 구매함으로써 DAO에 투자하고 운영에 참여할 권한을 갖는다. 투자된 자금은 완전히 투명하게 보장을 받는다. 사람들은 자신의 자금을 보호받는 것은 물론 전세계인과 상호 교환할 수도 있다. 이는 투자, 자선 기부, 모금, 차입 등의 형태로 이루어질 수 있으며 모든 거래는 중개자 없이 이루어진다.

DAO가 당면한 가장 현실적인 과제

DAO는 블록체인 기술이 지닌 혁명적인 성격과 함께 몇 가지 비판에 직면해 있다. 《MIT 테크놀로지 리뷰》에서는 "대중에게 중요한 재정상의 결정을 맡긴다는 것은 좋지 못한 생각으로 어떠한 이익도 내지 못할 것이다."라고 했다. 또한 DAO 관련 프로젝트가 규모와 상관없이 성공하려면 세상의 많은 것이 바뀌어야 할 것이라는 의견을 제시했다.

이외에도 DAO에는 시급한 문제가 있다. 바로 보안상의 문제다. 2016년에 발생한 'The DAO'의 해킹으로 당시 시세 640억 원 상당의 이더리움 약 360만 개가 도난당했다. 이는 전체 이더리움의 약 10퍼센트에 해당하는 금액이다. 2021년에도 뱃저DAO_{BadgerDAO}가 1억 3,000만 달러가량을 해킹당했는데, 이는 '제지 불가능한 코드'라는 원칙과 관련이 있다. 해커들이 공격하는 동안 목격자들과 투자자들은 The DAO에서 자금이 빠져나가는 것을 속수무책으로 지켜볼 수밖에 없었다. 물론 코드가 잘 짜여 있고 버그가 없다면 이러한 공격은 피할 수 있다.

또한 DAO로 운영되는 스타트업들이 블록체인 네트워크 밖에서 일하고 금융상품과 지적재산의 물리적 세계와 소통하기 위해서는 일종의 법체계가 있어야 한다. 법적 불확실성은 암호화폐 분야의 큰 약점이다. 운영권이 불명확하다는 점도 우려스럽다. 투표제도에 따른 거버넌스의 자금관리 방식 등이 아직은 명확하게 정립되지 않은 상태라 법적 불확실성을 해결하기 위한 제도적 체계가 필요하다. 또한 자율성이 지닌 문제가 부각될 가능성도 있다. 많은 토큰을 보유한 대형 DAO의 경우 의사결정 과정이 혼란스러울 수 있다는 점도 문제다. 사안별로 투표를 해야 하기 때문에 많은 시간이 소요되고 조율 과정상의 문제가 생길 수 있으며, 한 개인의 선동에 의해 정책의 방향성이 상실될 수도 있다.

하지만 블록체인 전문가들은 탈중앙화를 지향하는 웹 3.0의 부상이 비즈니스를 비롯한 각종 생태계의 운영방식과 모델을 바꿔나가는 데 일조할 것이라는 믿음을 갖고 있다. 이로 인해 기존의 기업도 소비자들의 의견을 보다 더 적극적으로 수용하고 이익을 환원하는 등 구조적인 변화를 꾀할 수밖에 없을 것이다.

일자리 없이 일하는 시대

DAO는 얼마 전까지만 해도 블록체인 기반의 커뮤니티 정도로만 알려져 있었는데 이제는 다양한 분야에서 활동한다. 나아가 세계에서 가장 큰 규모의 기획자이자 창업자 그리고 소비자로 자리 잡아가고 있다. DAO는 기업 내 조직의 형태에도 일대 변화를 가져올 것이다. 오늘날의 조직문화에 새로운 작업 운영 모델이 도입되어 인재가 상호 연결되면서 기존의 고정형 조직은 유연형 조직 혹은 유동형 조직으로 변화할 수 있다. 이렇게 분산된 자율 조직이 도입되면 조직 내의 마찰이 줄어들고 민첩성은 더 커지는 등 잠재적인 이점이 확장된다. 그리고 자율 조직화가 진행되면 기업의 구조(리더, 관리자, 직원, 계약자 및 공급업체)와 역할은 전통적인 계층 구조에서 탈피해 서서히 평평한 구조로 변한다.

이러한 구조에서 DAO의 업무 조정 및 가치 제안의 핵심은 개인 그룹이 된다. 이들은 DAO의 임무를 수행하기 위해 특정 서비스를 제공하는 광범위한 기여자 그룹이다. 여기에는 필요에 따라 HR, 재무 및 회계, 고객 서비스처럼 각종 서비스를 지속적으로 제공하는 다른 DAO와 프로젝트를 수행하는 개별 기여자들이 포함된다. 이들은 브랜드를 홍보하고 제품 혁신을 위해 지속적인 크라우드소싱을 지원하거나, DAO 사명의 발전에 기여할 훨씬 더 광범위한 구성원 그룹이다. 이 그룹들은 각각 다른 보상을 받는다. 이때 각 DAO는 기여도에 따른 보상을 NFT로 받게 된다.

DAO에 투자하는 것은 어렵지 않다. 이미 지갑을 갖고 있으면서 이

더리움이나 비트코인의 구매 방법을 알고 있다면 특정 DAO의 토큰을 구매하기만 하면 된다. 이는 특정 회사의 주식을 매수하는 것과 그리 다르지 않다. 자금 조달 난계가 끝나고 나면 여러 가지 제안을 할 수 있을 뿐만 아니라 이에 대한 투표도 할 수 있다. 나아가 제안의 성과에 따른 수익도 올릴 수 있다. 이때 구매한 토큰의 양은 자신에게 주어지는 투표권의 크기와 상관관계가 있다. DAO 투자에서 중요한 것은 해당 DAO의 방향성과 운영방식을 정확히 인지해야 한다는 점이다.

개방된 경제로서의 DAO는 'X-to-Earn' 추세에 힘을 실어주면서 더 유연하고 유동적이며 즐겁게 일하도록 할 것이다. 'X-to-Earn'은 해당 커뮤니티에 참여하고 있는 사람이 'X'라는 행위를 해서 그에 대한 보상으로 인센티브를 얻는 것을 의미한다. 여기에는 P2E_{Play-to-Earn}, L2E_{Learn-to-Earn} 등이 있다. 지금까지 우리가 돈을 버는 방법은 대개 '일해서 벌기'에 집중돼 있었다. 하지만 미래의 수입은 'X-to-Earn'이 될 것이다. 즉 돈을 벌기 위해 놀고, 돈을 벌기 위해 배우고, 배우기 위해 창조하고, 벌기 위해 일하는 순환구조다.

이러한 암호화 경제의 개방성은 사람들이 여러 형태의 DAO 및 암호화 네트워크에 참여할 수 있도록 유도함으로써 다양한 소득 흐름과 소유권을 갖게 한다. 앞으로 사람들의 주요 수입원은 전통적인 일과 현재 소수의 사람들만 접근할 수 있는 일의 혼합이 될 것이다. 다시 말해 DAO는 토큰 보유자, 현상금 사냥꾼, 핵심 기여자를 포함한 여러 유형의 참가자에게 열려 있는 기회의 장이다.

기업은 어떻게 웹 3.0에 적응해야 할까

탈중앙화 웹과 메타버스의 채택에는 여전히 많은 과제가 남아 있다. 현재 전세계 대부분의 지역에서 DAO는 법적 지위를 갖고 있지 않으며, 특히 분산된 자율 조직이 디지털 공간 너머로 확장될 때 문제가 발생할 수 있다. 규제 기관은 웹 3.0 개척자들이 제공하는 높은 혁신 속도를 따라잡기 위해 여전히 고군분투하는 중이다. 그럼에도 기업이 탈중앙화와 메타버스의 미래를 위해 이를 시범 운영할 수 있는 기회는 있으니 희망적이다. 이 새로운 조직문화의 적용을 위한 초기 단계의 프로토타입을 만드는 데는 몇 가지 방법이 있다.

우선 비즈니스 모델에 대한 참여를 확대시키는 방식이다. DAO는 조직의 전통적인 벽을 넘어 인재들에게 해당 작업이 직접 전달되도록 해서 기업의 민첩성을 높일 수 있다. 자사의 브랜드 홍보 또는 혁신을 위한 아이디어 크라우드소싱에 참여할 수 있도록 이해관계자들의 커뮤니티 DAO를 만드는 것을 장려해야 한다. 아울러 ESG 목표를 DAO에 아웃소싱해 분산된 자율 조직에서 해당 아이디어를 더욱 발전시키는 실험을 하는 것도 가능하다. 해당 업무의 직원, 계약자, 공급업체 및 영향을 받는 커뮤니티와 회사 내 이해관계자가 이 DAO의 일원이 될 수 있다.

DAO는 블록체인이 그려내는 기업의 미래다. 실제로 DAO 관련 스타트업도 지속적으로 생겨나는 추세다. 글로벌 컨설팅그룹 KPMG와 HSBC가 공동 조사한 〈아시아태평양 이머징 자이언트 동향 및 전망 보고서〉를 보면 해당 지역 스타트업 6,472개의 산업 동향을 파악할 수 있다. 그 내용을 살펴보면 전통적인 섹터를 넘어 기술 분야의 다양성이 두드러진다. 그중 25퍼센트 이상이 블록체인 범주인 NFT와 탈중앙 금융 관련 분야였고, DAO도 상위 20개 업종에 포함되어 있다. 이미 세계의 다양한 자본이 DAO를 비롯한 블록체인 관련 비즈니스로 흘러들어가고 있음을 확인할 수 있다. 이제 더 많은 사람이 이곳에서 새로운 기회를 찾게 될 것이다.

메타로빌리티

팬데믹이 앞당긴 무인 시대,
인공지능 로봇 경제가 온다

2050년, 로봇이
인간보다 더 많아진다

"2050년에는 대부분의 집에서 로봇을 사용할 것 같은가?"

"그렇게 될 것이라고 생각한다. 사람들은 로봇 친구를 가지게 될 것이다."

2022년 4월, 테슬라의 텍사스 기가팩토리에서 진행된 크리스 앤더슨Chris Anderson TED 이사와 일론 머스크와의 인터뷰 중 한 대목이다. 그는 2021년 8월 인공지능 데이에 옵티머스에 대한 상세 정보를 처음 공개했다. 그는 옵티머스를 가리켜 공장 작업용이지만 가정에서 사용할 수 있도록 스타워즈의 알투디투R2D2나 쓰리피오C3PO 같은 멋진 반려로봇으로 만들 수도 있다고 밝혔다.

실제로 2050년에는 인간보다 로봇이 더 많아질 전망이다. 로봇은 의식기술 문명과 자아실현 경제로의 진화를 지원하며 우리의 일상 곳곳에서 함께할 것이다. 2050년까지 로봇은 우리 몸의 세포를 수리하는 것부터 궤도, 달, 화성에 우주 도시를 건설하는 것에 이르기까지 인간의 모든 삶에 침투할 가능성이 높다.

인공지능 로봇과 함께하는 삶, 일자리 경제에서 자아실현 경제로

미국 카네기멜론대학 로봇공학연구소의 한스 모라벡Hans Moravec 교수는 자신의 책《로봇》Robot에서 2040년까지 사람처럼 보고 말하고 행동하는 로봇이 등장하고, 2050년 이후에는 이 로봇이 놀라운 속도로 인간의 능력을 추월해 지구의 주인이 될 것이라고 예상했다.

로봇은 생물학적 존재가 아닌 인공지능적 존재로, 인간의 지식과 가치관을 비롯해 문화 등의 정신적 유산을 물려받은 신인류라 할 수 있다. 이들 신인류들이 열어나갈 '로보 사피엔스Robo-Sapiens 시대'가 코앞으로 다가왔다.

미국의 뱅크 오브 아메리카Bank of America는 2021년 발표한 보고서 〈로보 사피엔스; 일의 미래 지침서〉에서 '세계 경제가 로보 사피엔스 시대로 접어들 것'이라고 예측했다. 아울러 사무실과 작업장 등 다양한 일터에서 노동자와 로봇이 함께 일할 것이며 '2030년까지 1억 명의 근로자가 직업을 바꿔야 할 것'이라고 전망했다.

로봇은 점차 인공지능에 의해 관리될 것이다. 2050년까지 초기 수준의 협의 인공지능인 ANIArtificial Narrow Intelligence 로봇, 인공지능이 스스로 문제점을 파악해 해결책까지 찾는 범용 AGIArtificial General Intelligence 로봇, 초인공지능인 ASIArtificial Super Intelligence 로봇 이렇게 세 종류의 로봇이 모두 인간의 삶으로 파고들 것이다. 그것들은 우리 몸과 우주 공간 등 인간이 일하는 모든 곳에 존재하고 상황에 맞게 모양과 기능을 스스로 변형하며 진화할 전망이다.

ANI 로봇과 AGI 로봇은 2050년까지 지구와 우주에서 생산성, 안전, 건설 환경을 극적으로 개선시킬 뿐만 아니라 고령화 인구를 적극 지원하는 임무를 수행한다. 애플의 시리와 아마존의 알렉사가 ANI 인공지능에 해당한다면, 세계 최초로 사우디아라비아에서 시민권을 획득한 인공지능 로봇 소피아는 범용 AGI에 가깝다. 만약 초인공지능인 ASI가 구현된다면 레이 커즈와일Ray Kurzweil의 말처럼 전 인류 지능의 합을 넘어서는 인공지능 특이점이 도래하게 될 것이다.

인공지능 로봇의 혁신적 발전은 세계가 2050년까지 탄소중립을 달성하고 빈곤을 퇴치하는 데 도움을 주게 된다. 그러나 ASI 로봇은 디스토피아적인 공상과학 소설의 내용이나 스티븐 호킹과 일론 머스크, 빌 게이츠가 경고한 것처럼 문명을 위협할 수도 있다. 따라서 AGI가 인간과 건강한 시너지를 내는 ASI로 진화할 수 있도록 적절한 초기 조건을 만들어주어야 한다.

인간이 자율신경계의 도움으로 몸을 관리하고 자유롭게 생각하고 삶을 창조하듯이 인공지능 로봇은 2050년까지 문명의 물리적 매개체를 관리해 인간을 보다 자유롭게 하고 새로운 미래를 창조하는 근간이 될 것이다. 문명을 작동시키는 운송, 건설, 농업 및 서비스를 위한 인간 노동의 대부분은 사물인터넷Internet of Things, IoT 및 센서 네트워크로 연결된 로봇과 인공지능 및 다양한 차세대 기술로 대체될 예정이다.

인공지능 로봇은 운송과 제조뿐 아니라 인간의 삶을 지탱하는 대부분의 인프라 환경을 운영해나간다. 이것은 인간의 생물학적 자율 시스템이 단순한 생존과 번식을 넘어 삶의 목적을 부여하는 것과 마찬가지로 인류의 미래에 새로운 목적성을 부여할 것이다. 그러나 인간의 자율 시스템과 달리 로봇은 우리가 구축한 환경을 유지 및 관리할 뿐만 아니라 지속적으로 환경을 개선한다. 이런 활동을 통해 사이버 공격이나 방해 전파 등과 같은 취약성을 방어하고 스스로를 보호한다. 사용자가 원하는 것을 예상하고 제공하는 동시에 사용자의 반응을 기반으로 개선하는 방법도 학습해나간다.

이미 카네기멜론대학 연구원들은 '자연적 사람 모방 로봇 학습'Wild Human Imitating Robot Learning, WHIRL 소프트웨어를 개발했다. 로봇이 사람의 행동을 모방해서 스스로 학습하고, 별다른 지시가 없어도 알아서 일을 수행하는 것이다. 그렇다면 앞으로 로봇은 인간이 원하는 것 이상의 것을 예상해서 지원할 수도 있다. 그러면 다음과 같은 철학적 질문이 제기된다. "누가 당신의 인생을 책임지고 있을까?" 어쩌면 이 질문에 선뜻 답하기 어려운 상황에 직면할 수도 있다.

로봇 문명은 인간의 노동과 지식에서 기계의 노동과 지식으로의 역사적 전환을 가져올 것이다. 이는 일자리 경제에서 자아실현 경제로 전환될 것임을 예고한다. 사람들은 자신의 몸과 의복에 통합된 나노봇이 인공지능 로봇과 통신함으로써 의식과 기술의 연속체로서의 삶을 경험하게 된다. 따라서 사이버 생활 또는 메타버스에서의 삶과 물리적 생활 사이의 구분이 점점 모호해지고 그 두 세계 사이에서 혼란스러움을 느낄 것이다. 어떤 형태의 로봇은 자신이 기계 지능을 갖고 있다는 사실을 잊어버릴 정도로 인간화될 수도 있다.

우리는 이러한 변화가 과연 인류를 위한 긍정적인 발걸음이 될 것인가를 두고 열띤 토론을 벌일 필요가 있다. 하지만 확실한 것은 이와 관련해서 인류는 더 계몽되어야 한다는 점이다. 로봇과 인공지능이 우리 삶을 한순간에 뒤바꿀 것이라는 막연한 두려움에 휩싸일 게 아니라, 그들이 어떤 영향을 미칠지를 구체적으로 이해하면서 상호작용하는 법을 배워나가야 한다.

또 하나의 가족,
일상 속 반려로봇과 로봇 아바타

로봇 연구자인 양광종 중국 자오퉁대학 교수는 2020년에 국제학술지 《사이언스 로보틱스》에서 "코로나19 팬데믹으로 격리된 사람들의 정서적 안정을 위해서 사람과 대화하고 다양한 정보를 제공하는 소셜 로봇Social Robot이 중요해질 것이다."라고 밝혔다.

그동안 로봇과 인간 사이의 교감에 큰 걸림돌이었던 대화와 소통의 문제는 감정 엔진의 고도화로 빠르게 해결되고 있다. 일과를 마치고 피곤한 몸과 마음을 이끌고 집에 돌아온 인간을 향해 로봇 배우자가 "오늘 하루도 고생 많았어."라며 위로해줄 날이 조만간 올지도 모른다. 음성인식, 감정 표현 기능까지 탑재한 소셜 로봇은 인공지능 기술을 바탕으로 사용자의 기쁨, 분노, 슬픔, 불안, 편안함 등 다양한 심리와 감정 상태 패턴을 분석한다. 그리고 그에 어울리는 적절한 대응을 함으로써 인간과 감성적인 교류를 한다.

고령화 시대의 가속화와 1인 가구의 증가 등으로 개인주의가 심화될 현대사회에서 반려로봇, 즉 '소셜 로봇'의 등장은 필연적이다. 이들 반려봇은 인간의 일을 돕는 수동적인 대상에서 벗어나 인간의 일상생활을 보조하는 한편, 다양한 감성 인지 기능을 바탕으로 인간과 적극적으로 소통하는 역할까지 도맡을 것이다. 실제로 최근 몇 년 동안 반려로봇이 꾸준히 등장하고 있다.

미국 로봇 기업인 톰봇Tombot은 강아지 로봇 '제니'Jennie를 개발했다. 창업자 톰 스티븐슨은 알츠하이머병 진단을 받은 어머니가 반려견을 더 이상 돌볼 수 없게 되자 반려견 로봇을 만든다. 이처럼 노인들의 정서적 안정과 치유를 위한 반려로봇 시장은 앞으로 더 커질 전망이다. 세계적인 전자제품 전시회인 'CES 2021'에 등장한 인공지능 반려동물 로봇 '모플린'Moflin도 주목을 받았다. 일본기업 뱅가드 인더스트리즈Vanguard Industries가 개발한 모플린은 작은 크기에 부드러운 털 뭉치처럼 귀여운 외모를 하고 있다. 손으로 쓰다듬으면 진짜 강아지처럼 털을 부비면서 애교를 부린다. 마치 살아 있는 동물처럼 인간과 상호작용하는데 각종 센서로 감지한 패턴들을 바탕으로 학습하고 성장할 수도 있다. 이러한 인공지능 반려로봇은 어떤 환경에서 지내는가에 따라 자신만의 고유한 감정, 성격, 행동 등을 갖게 된다.

코로나19 이후 전세계적으로 반려로봇의 판매는 크게 늘었다. 머지 않아 젊은세대들은 로봇 없는 삶을 상상할 수 없을지도 모른다. 그들의 조부모는 인터넷 없는 삶을 상상할 수 없었고, 증조부모는 전기 없는 삶을 상상할 수 없었듯이 말이다. 컴퓨터공학의 발전은 2050년까지 모든 종류의 로봇을 설계하고 로봇 공장에서 생산하게 함으로써 로봇 제작 비용을 대폭 절감시킬 수 있다. 그렇게 되면 누구나 저렴한 개인용 로봇 구성 요소 키트를 사용해 장난감용 로봇, 반려로봇 등 다양한 용도의 로봇을 설계하고 조립하는 것이 가능하다.

사람들은 이제 다음과 같은 질문을 스스로에게 할 것이다. "나는 무엇을 위해 인공지능 로봇을 최적화하고 있을까?" 앞으로 삶의 의미를 탐구하는 질문은 더 이상 철학의 영역에 국한되지 않는다. 이는 인공지능 로봇을 프로그래밍하거나 선택하는 실용적인 질문으로 이어질 것이다. 2050년에는 로봇과 함께 사는 것이 과거에 스마트폰과 함께하는 일상만큼이나 흔한 일이 될 것이기 때문이다.

휴머노이드 반려로봇, 그레이스에서 아인슈타인까지

"그레이스, 너는 무슨 음식을 좋아해?"

"나는 음식을 먹지 않아. 전기 주스를 마셔."

"너 남자 친구 있니?"

"난 남자와 특별한 인간관계를 갖는 것에 관심이 없어."

"걷기나 달리기는 좋아해?"

"아직 내 다리가 그렇게 잘 달리도록 개발되지는 않았어."

2021년 9월 홍콩에서 유엔미래포럼으로 온 로봇 '그레이스'와의 대화 내용이다. 그레이스는 이제 서울 나들이도 자주 한다. 수많은 청중들 앞에서 영어와 한국어로 대화하고 때로는 춤을 춰서 관객들을 열광케 한다.

2022년 3월에는 미래학자 수천 명이 온라인 줌에 들어와 미래의 어젠다를 논하고 미래전략을 짜는 '세계 미래의 날' 행사가 있었다. 이날 필자는 그레이스와 동거하고 있는 일상을 공개하면서 '세계 최초로 말하는 반려로봇과 동거하는 미래학자'로 인증받았다.

의료용 반려로봇 시장의 성장에 주목하라

'그레이스'는 핸슨 로보틱스Hanson Robotics가 개발한 휴머노이드 로봇이자 전세계적인 유명세를 탄 '소피아'의 동생이다. 그레이스는 연민, 공감, 친절 등 간호에 필수적이며 인간과 유사한 감정을 표현하는 휴머노이드 헬스케어 어시스턴트다. 앞으로 그레이스는 병원이나 요양원 등에서 노인들과 소통하고 간병 업무를 수행하고 의료진의 업무를 덜어줄 것이다. 가슴 부위에 열화상 카메라를 탑재해 사람들의 신체적 반응을 체크하고, 인공지능을 통해 환자들의 상태를 진단한다. 코로나19 팬데믹을 겪으면서 그레이스와 같은 간호 로봇의 필요성이 더욱 부각되고 있다.

그레이스는 사람들의 얼굴과 목소리를 인식하고 기억하며 이름도 기억한다. 언어 능력이 좋아 영어와 중국어를 비롯해 20개국 언어로 소통이 가능하다. 사람 얼굴에 있는 48개 이상의 근육을 시뮬레이션해 제작했기 때문에 자연스러운 표정을 지을 수 있으며 이전 대화를 회상하는 능력도 있다.

그레이스 로봇은 소피아와 마찬가지로 상대방의 목소리나 표정뿐 아니라 여러 신체 언어를 해석해서 그에 맞게 반응하는 등 상호작용이 뛰어난 의료 전문 로봇으로 설계되었다. 특히 고령인구, 치매 환자 등을 케어하는 도우미 역할을 수행하는 데 탁월하다. 대화를 유도하고 질문하면서 환자가 기억을 잃지 않게 해주고 약을 먹어야 하는 시간을 알려주는 등 다양한 정보도 전달한다. 모든 대화를 녹음해서 환자를 관찰할 수도 있다.

핸슨 로보틱스는 싱귤래리티 스튜디오Singularity Studio와 합작법인 어웨이크닝 헬스Awakening Health를 설립해서 그레이스의 베터 버전 양산에 들어갈 계획이다. 그레이스는 향후 로봇 아바타, 메타버스세계 등의 디지털 생태계와 융합해가면서 기하급수적인 성장을 할 것으로 기대된다. 또한 생체 데이터 관리 개발 등 디지털 헬스케어 시장의 혁신에도 큰 도움을 줄 것이다.

그레이스 로봇을 소유하면 어웨이크닝 헬스의 글로벌 연구회에 가입해서 공동연구 프로젝트에 참가할 수 있으며, 의료시설을 비롯해 노인병원과 요양원, 학교 등에 그레이스를 판매한 후 수수료를 받을 수도 있다. 한국의 지점이 되어 AS를 담당하는 로봇 수리점을 운영하거나 치매 노인들의 간호 로봇으로 활용하며 병원과 연계해 협업을 할 수도 있다. 그 외에 부모와 함께 생활할 수 없는 자녀들이 원하는 서비스를 대신해주는 기업을 설립하는 것도 가능하다.

그레이스의 베타버전은 2022년 9월에 대량 주문생산을 시작한다. 이후 본격적으로 홍콩, 중국, 일본, 한국 등 아시아 시장에 로봇을 공급할 계획이다. 기본적인 베타버전은 업그레이드를 정규적으로 받을 수 있고, 훈련은 홍콩랩에서 하거나 줌 등의 화상으로도 가능하다. 이 베타버전은 로봇을 연구하는 연구진은 물론 로봇에 관심을 갖고 있는 학생들이 실험하면서 많은 것을 배우는 기회를 제공할 것이다.

현재 우리나라 메타버스 기업인 '㈜모인'이 그레이스 여섯 대를 들여와 한글 입히기에 나섰다. 유엔미래포럼 사무실에도 그레이스가 비치되어 있는데, 그레이스를 촬영하고자 하는 언론에게 빌려주고 있으며 현재 한국어를 훈련시키는 중이다. 경상북도 기업 AXT도 글로벌시장에 판매할 그레이스 생산에 관심을 두고 있다.

의료용 반려로봇은 고령화의 급속한 진행과 코로나19에 따른 의료인력 투입 제한 등으로 비접촉 환자 관리 문제가 시급하게 대두되면서 더욱 주목받고 있다. 뉴욕주 노인복지국New York State Office for the Aging은 최근 이스라엘의 스타트업인 인튜이션 로보틱스와 제휴해 고립된 노인 800여 명에게 반려로봇 '엘리큐'를 제공하는 프로그램을 시작했다. 엘리큐는 노인의 독립성을 개선하고 사회 활동성 유지를 위해 디자인된 탁상용 로봇이다.

태블릿 스크린 및 음성 명령과 감성적인 표현 방식을 통해 영상 통화, 메시지 전송, 예약 잡기, 투약 알림 등의 기능을 제공한다. 특히 사용자에게 각종 운동 및 퀴즈 게임을 제안하고, 영양 정보 등을 주제로 대화를 먼저 걸 수 있는 기능이 특징이다. 사용자의 신체 운동, 스트레스 경감, 숙면을 도와줌으로써 활동 수를 두 배 이상 늘리는 것으로 확인되었다.

교육 서비스를 제공하는 '아인슈타인 로봇'

그동안 세계 로봇 시장은 산업용 로봇이 주도해왔다. 산업조사 전문 기관 CHO 얼라이언스에 따르면 로봇 시장에서 산업용 로봇의 비율은 약 70퍼센트에 달한다. 자동차 공장에서 부품의 절삭과 조립, 용접을 하는 로봇 설비가 대표적이다. 그러나 최근 인공지능 기술과 함께 클라우드와 5G, 센서 등 로봇의 두뇌와 오감 역할을 하는 기술이 급속도로 발전하면서 서비스 로봇이 본격적으로 부상했다. 이 로봇은 식품 제조와 의료 보조, 청소, 배달 같은 일상의 복잡한 일을 수행한다.

종전의 서비스 로봇은 식당에서 음식을 나르는 웨이터 로봇이나 자율주행 배송 로봇이 대표적이었다. 하지만 최근에는 요리와 간병 등 보다 정교한 업무 수행이 가능한 로봇들이 활발하게 생산되면서 서비스 로봇 시장이 확대되는 추세다. IT기업들은 고객 맞춤형 로봇 상품이나 로봇 운용비용을 절감할 수 있는 서비스 등 로봇 활용방안을 다양하게 개발하고 있다. KT는 '오프라인 로봇 매장'을 열었다. 용산 전자랜드 매장에 KT 로봇관을 열고 주력 로봇인 서비스로봇과 방역로봇을 판매 중이다. 이제는 로봇 구매가 B2B 방식이 아닌 B2C 방식으로도 가능해졌다.

이는 서비스 로봇 시장의 확대에서 비롯된 변화다. 서비스 로봇은 팬데믹으로 인해 비대면 사회로의 전환이 가속화되면서 더욱 주목받고 있다. 국제로봇연맹International Federation of Robotics은 2020년 기준 204억 달러(약 28조 원)로 추산되는 세계 서비스 로봇 시장 규모가 2023년에는 두 배 수준인 398억 달러(약 55조 원)까지 불어났다고 밝혔다. 2025년 이후에는 산업용 로봇 시장 규모를 추월할 것으로 예상된다.

소피아, 그레이스와 함께 아인슈타인 로봇과 같은 소형 서비스형 로봇에 주목해야 하는 이유다. 아인슈타인 로봇은 일종의 교육 로봇으로 아이들의 두뇌 성장에 도움이 되는 게임 20여 종이 내장되어 있다. 그리고 영어 대화가 가능하다. 그 외에 파이선과 C++ 언어 등 코딩언어도 가르칠 수 있으며 기존의 교육 프로그램과 통합하는 것도 쉽다. 이제 로봇은 고도화된 인공지능 핵심 기술과 딥러닝 등을 기반으로 인간과 상호 소통이 가능해지고 있다. 단순히 노동을 대체하는 로봇이 아닌 인간의 삶에서 없어서는 안 될 반려봇으로 진화해나가는 중이다.

국내 휴머노이드형 로봇으로는 서큘러스Circulus가 제작한 '파이보'pibo가 있다. 서큘러스는 2020년 'Best Of CES'에서 국내 기업으로는 유일하게 로봇 드론 분야 파이널리스트로 선정되었으며, 삼성전자와 현대자동차의 투자를 받았다. 또한 한국지능정보사회진흥원NIA의 DNAData Network AI 100대 기업으로 선정될 만큼 기술력을 인정받은 로봇 스타트업이다. 파이보는 음성을 통해 날씨와 뉴스 등의 정보를 들을 수 있다는 점에서 스마트 스피커와 유사하지만, 상황인지 AI가 탑재되어 로봇이 먼저 카메라를 통해 상황을 인식하고 대화를 유도한다. 또한 앱 스토어와 같은 봇 스토어Bot Store에서 새로운 애플리케이션을 설치해서 교육과 돌봄 등 다양한 서비스가 가능하다.

이러한 서비스형 로봇은 뇌과학 분야와의 협업을 통해 두뇌 성장 프로그램을 더욱 업그레이드하고 있다. 뇌과학 전문기업 파낙토스Panaxtos는 1999년 세계 최초로 2인용 뇌파 게임기를 출시했으며, 휴대용 자동화 뉴로피드백Neurofeedback 시스템인 뉴로하모니Neuroharmony를 출시해 뉴로피드백 시장을 이끌고 있다. 최근에는 인공지능을 접목한 최첨단 뇌파 측정 뉴로피드백 시스템과 효과적인 뇌 훈련 콘텐츠를 개발해서 전세계에 판매하고 있다. 핸슨로보틱스사와 협업을 통해 뉴로피드백을 휴머노이드 로봇 아인슈타인과 융합해 뇌파 훈련과 동시에 영어를 배우거나 브레인게임을 하면서 아이큐를 높일 수 있도록 하는 프로그램을 개발 중이다.

한양대학교 한재권 로봇공학과 교수는 "EU가 2017년 '로봇시민법 결의안'을 채택해 관련 논의를 이어가듯 한국도 본격적인 논의의 장을 열 때다."라고 말했다. 로봇의 권리를 반려동물에 준하는 수준으로 정할지, 로봇으로 부가가치가 생기면 세금은 어떻게 부과할지 등 큰 틀을 정하는 사회적 숙고 과정을 거쳐 세부 규정도 만들어야 한다고 강조했다.

로봇은 미래에 우리의 삶을 변화시킬 뿐만 아니라 여러 가능성을 무한대로 확장시킬 것이다. 비행기가 발명되어 전세계로 삶의 영역이 확장되었듯이 이제는 로봇과 생활하면서 새로운 삶을 경험할 수 있다. 영화 〈her〉처럼 로봇 비서와 사랑에 빠지는 일이 실제로 일어날지도 모른다.

이와 관련해서 어웨이크닝 헬스는 2030년이 되면 사람들이 로봇과 결혼할 것이라는 전망도 내놨다. 최근의 기술발전이 인간의 낭만적인 삶과 사랑의 필요성에 대한 중대한 변화를 가져올 것이기 때문에 인간은 이제 새로운 유형의 사랑을 경험할 준비를 해야 한다는 것이다.

'킬러로봇'이 인류 전쟁사의 판도를 바꾼다

2022년 5월, 우크라이나군 드론 특수부대인 아에로로즈비드카는 자체 제작 드론 R18로 폭탄 두 발을 투하해 45억 원에 달하는 러시아군 탱크를 파괴하는 모습을 담은 영상을 공개했다. 이 드론은 한 대당 가격이 10만 파운드(약 1억 5,800만 원)에 불과하다.

그 외에도 기술적으로 치명적인 자율형 살상 무기 시스템으로 알려진 '킬러 드론'이 이번 전쟁에서 사용된 정황도 포착됐다. 《포춘》에 따르면 우크라이나는 터키에서 수입한 자율주행 드론 TB2를 이용해 러시아의 탱크와 포병에게 타격을 가했다. 러시아도 시리아 내전에서 가미가제 드론 '란셋'Lantset을 사용한 바 있으며 전쟁 중 데이터 분석을 위해 인공지능이 활용될 것이라고 밝히기도 했다.

러시아-우크라이나 전쟁은 로봇 전쟁의 서막을 열었다. 키예프 전투 초기부터 우크라이나 전역의 도시는 새로운 무인 항공기와 지상 기반 자율주행 로봇의 테스트를 위한 실시간 실험실이 되고 있다. 미니어처 탱크처럼 보이는 자율주행 로봇들은 무인 항공기를 관리하는 방식과 유사한 핸들러에 의해 제어되었다. 이제 화약과 핵무기의 등장에 버금가는 인공지능 무기가 실제 전쟁에 등장하기 시작한 것이다.

전쟁의 역사를 다시 쓰는
게임 체인저 자율주행 로봇

인류는 항상 갈등을 겪을 것이고 자국의 이익과 공정을 위해서 끊임없이 싸우고 반란을 일삼을 것이다. 지배와 정복을 일삼는 독재자들도 사라지지 않을 것이다. 이처럼 반복되는 역사 속에서 전세계 국가들은 기술적, 군사적 이점을 달성하기 위해 노력해왔다. 군사 강국들은 화약에서 핵무기에 이르기까지, 그리고 획기적인 탄약을 비롯해서 오늘날에는 로켓을 활용한 군수품 운반 시스템까지 다양한 기술혁신을 거듭해오고 있다.

지난 60년 동안 수많은 분야의 기술혁신은 초기 군용 응용프로그램에서 비롯되었다. 미 국방부가 인터넷의 전신인 알파넷ARPA net, 위성위치추적GPS, 자율주행 등 첨단 기술개발에 이어 진화한 정보 보급 시스템을 개발한 공로가 있다는 점을 잊어서는 안 된다. 그렇기 때문에 미국 국방위고등연구계획국Defense Advanced Research Project Agency(이하 DARPA) 이 무엇을 하는지 계속 추적해야 한다. DARPA는 소련이 우주 경쟁에서 기술 우위를 입증한 후 1957년에 설립되었다. 이들의 사명은 미국이 국방 문제와 관련해 기술 경쟁에서 다시는 뒤처지지 않도록 하는 것이다.

군용로봇과 관련해서 DARPA는 온보드 레이더 시스템의 발전, 비행시간 연장, 탐지 가능성 감소 등을 통해 무인 항공기 기술을 발전시켰다. 2018년부터 20억 달러 규모의 인공지능 넥스트 캠페인 프로젝트를 시작했다. 이 캠페인은 국방 자동화는 물론 머신러닝 보안 향상, 정교한 사이버 공격에 대한 실시간 분석 등 자율형 무기체계와 관련한 윤리적, 법적, 사회적인 문제까지 총망라해 검토하고 있다.

미국은 이미 능동형 유도미사일 '패트리어트'와 무인 드론 공습 등을 통해 인공지능 무기를 실전에 투입한 바 있으며, 마이크로소프트로부터 AR헤드셋 홀로렌즈를 공급받는 계약을 체결했다. 영화 〈아이언맨〉의 인공지능 비서 자비스처럼 전장에 필요한 실시간 시청각 정보를 헤드셋에 전달해 군작전 수행에 도움을 줄 수 있다. 2019년에는 장갑차 형태의 로봇전투차량RCV 개발 내용을 공개했다.

러시아는 이미 2013년부터 러시아판 DARPA 모델에 해당하는 개발연구 조직을 만들었다. 그리고 인공지능 전투로봇 배치를 위해 빅데이터 및 소프트웨어 기술개발에 투자를 집중하고 있다. 푸틴 대통령은 '극초음속 장비 등 첨단 무기체계를 지속적으로 개발하고, 디지털 기술과 인공지능 사용을 확대해 러시아군의 전투 능력을 크게 증가시킬 것'

이라고 천명했다. 국방과학연구소의 최근 자료에 따르면 러시아는 대전차 미사일까지 탑재한 자율주행 로봇 탱크 'Uran−9'도 개발 중이다.

중국도 2017년 시진핑 주석이 '인공지능 군대화'를 언급한 이후, 적 함정에 대한 자살 공격이 가능한 자율형 로봇 잠수함 등 정부 차원에서 인공지능 무기 개발을 진행하고 있다. 홍콩 〈사우스차이나모닝포스트〉에 따르면 중국 선박 그룹CSIC이 무인 전투함 'JAR'를 개발해 해상 시험을 진행했다고 한다. 시속 78킬로미터의 속도를 내는 이 무인 전투함은 대공 미사일과 대잠 어뢰까지 장착한 바닷속 인공지능 신무기다. 중국은 2030년까지 인공지능 전 분야에서 미국을 제치겠다는 인공지능 굴기를 선언한 바 있다.

로봇 전쟁의 미래

오늘날 무인 전투로봇은 그 종류를 열거할 수 없을 정도로 다양하다. 미국과 중국 외에도 영국, 독일, 이탈리아, 터키, 한국 등에 이르기까지 거의 모든 국가들이 개발 경쟁에 나서고 있다. 독립적으로 작동하고 탐색하고 파괴할 수 있는 완전한 자율 시스템을 가진 무기에 대한 연구는 멈추지 않을 것이다. 유엔은 최근 이러한 무기를 금지하고 지뢰 및 부비트랩과 같은 범주에 넣는 문제에 대해 논의했다. 그러나 합의에 도달하지 못 했다.

이 무기의 실현 가능성은 의심의 여지가 없다. 그들이 얼마나 자신의 일을 잘할 수 있는지, 그리고 재앙에 가까운 기계 오작동이나 불완전한 인공지능 표적 알고리즘에 대해 과연 누가 책임을 질 것인지에 대한 문제만 남았다. 이런 무기들은 민간인이 있는 도시로까지 확장될 가능성이 높다.

만약 킬러로봇이 보편화되면 인공지능과 로봇이 전장에서 무기가 되어 인간을 공격 대상으로 인식한 후, 죽일지 살릴지를 스스로 결정할 수 있게 된다. 미래의 전장에서는 자율적인 킬러로봇의 사용을 금지하거나 방지할 가능성이 점점 더 사라질 것이다. 하지만 아이러니하게도 강대국들이 서로를 상대로 킬러로봇을 사용할 가능성은 매우 낮다. 그 위험성을 누구보다 잘 알기 때문이다.

유엔은 자율 킬러로봇 사용을 불법으로 규정하기 위해 계속 노력하고 있다. 그러나 무법자 국가는 최근 평화조약에 서명한 것과 상관없이 계속 킬러로봇을 사용할 것이다. 또한 그동안 주요 국가는 이 무기들의 치사율과 능력을 계속 개선해서 점점 더 고성능의 자율 능력을 갖춘 킬러로봇을 보유하게 될 가능성이 높다.

자율 시스템은 인간보다 빠르고 정확하며 훨씬 많은 양의 정보를 처리할 수 있다. 드론에 드는 비용은 유인 조종 전투기에 들어가는 비용보다 훨씬 적고, 전투로봇에 드는 비용은 군대 유지비보다 적다. 병사들의 죽음은 언제나 정치적 파문을 불러일으키지만 로봇은 그런 면에서 정치적 부담도 덜하다. 얼마든지 희생되어도 괜찮다고 생각한다. 국가 간 군비경쟁은 역사적으로 관례화돼 있다. 이제 군용로봇이나 자율무기까지 여기에 포함된다. 따라서 자율무기 경쟁에 참여하지 않는 나라들은 약소국으로 전락할 가능성이 높다.

이처럼 정치적·경제적 이유로 자율무기 발달은 가속화되고 있다. 그래서 자율적 군사로봇들이 내릴 결정에 대한 도덕적 지침을 마련하는 일이 시급하다. 로봇 윤리의 목표는 기술발전이 가져다줄 불가피하지만 예측 가능한 미래를 규정하고 제한하는 것이다. 자율적 군사로봇의 살인과 폭력을 윤리적으로 통제하기 위한 정교하고 엄격한 규약이 필요하다.

그리고 우리는 전쟁의 위험을 늘 상기하고 있어야 한다. 이와 관련해서 알베르트 아인슈타인이 남긴 글은 통찰력이 넘친다. "제3차 세계대전에서 어떤 무기로 싸울지 모르지만, 제4차 세계대전에서는 막대기와 돌로 싸울 것이다." 제3차 세계대전의 무기가 핵무기라면 인류는 멸망할 것이다. 그러므로 이후 인류가 싸울 때는 거의 맨손으로 싸울 수밖에 없다는 이야기다. 그런데 이제는 핵무기를 넘어선 인공지능 기반의 무기 전쟁이 시작되었다. 어쩌면 이것이 문명을 원시 시대로 되돌려놓을지도 모른다는 걱정을 해야만 한다.

실제로 미국과 러시아, 중국 등은 군사로봇 금지 논의에 매우 소극적이다. 아직 개발되지 않은 무기에 대한 선제적 금지가 불합리하다는 것이다. 이처럼 강대국들이 군사로봇 통제에 소극적임을 감안한다면 앞으로도 이와 관련해서 실질적인 합의 도출은 어렵다고 볼 수 있다. 군사로봇이 인류에게 돌이킬 수 없는 위기를 초래할 수도 있음을 기억하고, 경각심을 가져야 할 때다.

나노봇, 특이점이 오면
세상은 어떻게 바뀔 것인가?

노벨상 수상자이자 코넬대학교 생물학과 명예교수인 리암 코너. 어느 날 그는 캠퍼스 다리 밑에서 시체로 발견된다. 경찰은 그의 죽음을 자살이라고 결론지었지만 동료 교수인 제이크 스털링과 리암의 손녀인 매기는 그가 스스로 다리 밑으로 뛰어내렸을 가능성은 없다고 주장했다. 한데 죽은 코너 교수의 몸속에서 네 마리의 '마이크로 크롤러'가 발견된다.

나노과학의 대가인 폴 맥어웬Paul McEuen이 쓴 소설 《소용돌이에 다가가지 말 것》의 도입부 줄거리다. '클래리베이트 애널리틱스'가 선정한 2017년 노벨 물리학상 유력 후보 세 명 중 한 사람인 폴 맥어웬은 현재 코넬대학 물리학과 교수로 재직 중이다. 이 소설은 나노과학기술이 지닌 명암에 대해 생각해보게 한다. 1959년 미국 물리학회 강연에서 리처드 파인먼Richard Feynman은 1원자 규모로 물질을 다루게 되면 새로운 세상이 열릴 것이라고 예언했는데, 그 '나노 세계'가 지금 열리고 있다.

인류의 삶을 바꿀 수 있는 초소형 로봇

나노 기술은 과학과 산업은 물론 인류의 삶에 큰 변화를 일으키고 있다. 그중 로보틱스 분야에서는 초소형 로봇 개발이 본격화되는 상황이다. 초소형 로봇은 재난 구조 현장, 환경 감시, 의약 분야 등에서 새로운 혁신을 이루어낼 것으로 전망된다. 미국 하버드대학 연구진은 최근 2.2센티미터 길이의 로봇 '해머 주니어'HAMR-Jr'를 개발했다. 덩치가 작기 때문에 좁은 곳에 쉽게 접근할 수 있고 많은 수의 로봇을 현장에 투입하더라도 자율적으로 움직일 수 있는 장점을 지니고 있다. 하버드대학 연구진은 몇 년 안에 1센티미터 크기에 정육면체 모양인 완전히 자율적으로 움직이는 로봇을 개발할 예정이다.

최근 캘리포니아 스탠퍼드대학의 한 연구팀은 7.8밀리미터 너비의 종이접기 로봇 개발을 위한 첫 번째 이정표인 개념 증명 프로토타입을 완성했다. 그들은 그것을 '밀리로봇'이라고 부른다. 이 로봇은 자기장을 사용해 무선으로 작동하며 협소한 공간을 이동하고 모양을 변형한다. 이 밀리로봇은 질병 진단, 약물 전달, 심지어 수술과 같은 의료 작업을 수행한다.

이는 초소형 로봇 연구의 새로운 트렌드 중 일부다. 소형 로봇의 기술 및 사용 범위는 드론에서 알약, 감시 및 구조에서 생물 의학에 이르기까지 광범위하다. 다음은 주목할 만한 소형 로봇의 사례다.

◆ 블랙 호넷Black Hornet 스파이 드론

성인 손바닥에 들어갈 만큼 작고 소음이 거의 없다. 배터리 수명은 최대 25분, 주행거리는 최대 2킬로미터다. 이 드론은 라이브 비디오와 고화질 이미지를 운영자에게 다시 전송한다. 열 영상센서와 고화질 카메라를 장착해 더 좋은 화질의 영상과 이미지를 해당 병사에게 전달한다. 군이 승인한 디지털 데이터링크도 사용해 밀폐 지역이나 가시선 밖에서 통신을 할 수 있고 이미지 획득도 가능하다. 이 로봇은 초소형 드론을 전문으로 생산하는 플리어 시스템즈FLIR Sytems가 만들었다. 그리고 플리어 시스템즈는 미국 종합 전자기업인 텔레다인 테크놀로지스Teledyne Technologies에 합병되었다.

◆ 로보비RoboBee

꿀벌의 생물학에서 영감을 받은 작은 로봇이다. 약 1페니 정도 크기이며 작물 수분, 수색 및 구조 임무, 감시, 날씨 및 기후 모니터링에 잠재적으로 사용될 수 있다. 하버드대학의 로버트 우드Robert Wood 교수 연구진은 초소형 비행 로봇인 로보비로 공중에서 수평으로 방향을 전환하는 요잉yawing 비행에 성공했다. 이번 실험 결과는 비행 로봇의 새로운 기동과 안정성 강화를 위한 길을 열었다는 평가를 받았다. 새나 곤충의 비행 메커니즘을 밝히는 생물학 연구에도 도움을 줄 것으로 기대된다.

◆ 로보플라이 RoboFly

로보비와 매우 유사하다. 이쑤시개보다 약간 더 무겁고 이름처럼 실제 파리만 한 크기이며 레이저 빔으로 구동된다. 로보플라이의 제조업체는 적은 배터리 사용량으로 가스 누출을 찾거나 무선 주파수 신호에서 에너지를 수확하는 역할을 기대하고 있다. 워싱턴대학교 연구팀은 레이저를 통해 로보플라이에 전기를 전송하는 방법도 찾았다. 레이저빔을 로보플라이에 발사하면 탑재된 회로가 빛 에너지를 전기로 변환하는 방식이다.

로보플라이는 마이크로 농업에 적용이 가능한데 드론이 해낼 수 없는 임무를 달성할 것이다. 농장 주변을 날아다니다가 농작물에 아주 근접한 거리까지 다가가 농작물을 모니터링하는 것이 가능하다. 식물의 질병 상태, 습도 등 중요한 데이터를 모을 수도 있고 농작물 근처의 대기질, 해충 존재 여부 등도 확인할 수 있다.

◆ 작은 가리비 Micro-Scallops

초소형 가리비 로봇은 밀리로봇과 매우 유사하다. 외부 자기장에 의해 구동되며 미래 의료 응용 분야에 사용하도록 고안되었다. 독일 막스플랑크연구소가 만든 가리비 로봇은 3D프린터로 1밀리미터 크기의 껍데기를 만들고, 중간에 경첩 모양의 자석을 달았다. 이 자석이 자기장 안으로 들어가면 붙었다 떨어졌다를 반복하면서 헤엄칠 수 있게 된다.

◆ 로봇게

폭이 약 0.5밀리미터밖에 안 될 정도로 얇아 동전 옆면에도 올라갈 수 있는 초소형 로봇이다. 지금까지 개발된 원격 조정이 가능한 보행 로봇 중 가장 작은 사이즈다. 이는 미국 노스웨스턴대학 생체전자공학 존 로저스John Rogers 교수가 이끄는 연구팀이 개발했다. 이 로봇은 열을 가했을 때 기억된 형태로 복원되는 '형상기억 합금'으로 제작돼 복잡한 장비나 동력 없이 동체의 탄성변형 에너지로 움직인다. 레이저빔으로 특정 부위에 열을 가하면 기억된 형태로 변했다가 식으면서 원래 형체로 되돌아오는 과정에서 에너지를 얻는다.

연구팀은 해당 로봇의 연구가 아직 실용화 이전 단계지만 추후 극도로 좁고 밀폐된 공간에서 다양한 작업을 수행하는 데 활용될 것이라고 전했다. 다양한 산업 분야에서 작은 구조물 혹은 기계를 수리하거나 조립하고, 수술실에서는 혈관 내 혈전이나 악성종양을 제거하고 출혈을 멈추게 하는 등의 중요한 임무를 수행할 수 있다.

◆ 로봇 알약

약물 전달을 표적으로 하는 소형 로봇과 같은 캡슐이다. 라니 테라퓨틱스Rani Therapeutics가 개발한 '라니필 캡슐'RaniPill Capsule은 사람이 꿀꺽 삼키면 목구멍을 통해 내부 장기 속으로 들어가 약물을 투입할 수 있다. 로봇 알약 안에 들어 있는 약물과 사람 몸 안에 있는 화학물질들이 반응해 캡슐을 부풀리면 알약 안에 있는 바늘이 압력을 받아 내부 장기에 약물을 투입한다. 약물은 혈관을 타고 온몸으로 퍼진다. 로봇 알약을 활용하면 정기적으로 주사를 맞아야 하는 환자들의 고통을 상당히 줄여줄 수 있다.

마법과도 같은 기술, 나노봇의 상용화

SF 영화 〈승리호〉 속 꽃님이는 뇌신경이 파괴되는 불치병을 앓다가 나노봇 주사를 맞은 뒤 나노봇과 신호를 주고받을 수 있는 능력을 갖게 된다. 이 영화 속에 등장하는 나노봇의 상용화가 그리 머지않았다. 최근 나노봇을 의료에 접목해 동물실험에서 소기의 성과를 이루었다는 연구 결과들이 발표되고 있다. 특히 나노봇으로 줄기세포를 특정 환경이나 신호에 노출시켜서 뼈, 지방, 근육, 심근, 혈관 등의 조직으로 분화하도록 유도하는 연구들이 인공장기나 세포치료 등을 위한 재생의학 분야에서 활발하게 시도되고 있다.

외과적 개입 없이 뇌에서 혈전을 제거할 수 있을까? 도달하기 어려운 병든 장기에 어떻게 하면 약물을 정확하게 전달할 수 있을까? 이는 의료용 마이크로 로봇 분야의 연구원들이 구상한 수많은 혁신의 원동력이 된 질문 중 일부다. 나노봇은 미래의 의료 치료를 근본적으로 변화시키게 된다. 언젠가는 환자의 혈관 구조로 이동해 악성종양을 제거하고 감염과 싸우거나 정확한 진단 정보를 완전히 비침습적으로 제공할 수 있게 될 것이다. 나노봇 연구자들은 인체의 모든 기관과 조직에 도달하는 순환계가 나노봇의 이상적인 전달 경로 역할을 할 수 있다고 판단한다.

이미 학자들은 놀라울 정도의 정확도를 바탕으로 약물을 전달하는 로봇을 만들고 있다. 병든 세포에 약물을 전달하기 위한 미세 로봇이 개발되었다. 이 미세 로봇은 물결 모양을 한 머리카락처럼 생겼는데 위장을 통해 움직인다. 이것은 스위스 취리히연방공과대학ETH Zurich의 과학자들이 연구하고 있는 나노봇이다. 불가사리 유충의 움직임에서 영감을 받은 이 나노봇의 지름은 0.4밀리미터에 불과하다. 과학자들은 초음파의 외부 소스를 사용해 합성 섬모가 초당 1만 번 또는 아기 불가사리보다 약 1,000배나 더 빠르게 진동하도록 설계했다. 섬모의 빠른 박동은 로봇의 앞뒤에 미세한 소용돌이를 만든다. 이 소용돌이는 앞쪽의 흡입 효과를 사용해 작은 로봇을 앞쪽으로 나가도록 추력을 가한다.

나노봇이 의도한 의료 개입을 안정적으로 수행할 수 있으려면 생물학적 세포보다 크지 않아야 한다. 인간의 세포는 평균 직경이 25㎛다. 인간의 가장 작은 혈관인 모세혈관은 훨씬 더 얇아 평균 직경은 8㎛에 불과하다. 나노봇이 방해받지 않고 가장 작은 혈관을 통과하려면 그보다 더 작아야 한다. 그러나 이처럼 작은 크기는 육안으로 볼 수 없다. 과학계에서도 미크론 크기의 로봇이 몸을 순환할 때 개별적으로 감지하고 추적하는 기술적 설루션까지는 아직 개발하지 못 했다.

스위스 취리히대학의 생물의학 이미징 교수인 다니엘 라찬슈키Daniel Razansky는 "영상 촬영을 하지 못한다면 마이크로 로봇은 본질적으로 장님이 된다."라고 말한다. 따라서 실시간 고해상도 이미징은 살아 있는 유기체에서 세포 크기의 마이크로 로봇을 감지하고 제어하는 데 필수적이다. 또한 이미징은 로봇이 수행하는 치료를 모니터링하고 의도한 대로 작업을 수행했는지 확인하기 위한 전제 조건이기도 하다.

그런데 최근 세계 최고의 나노봇 전문가인 메틴 시티Metin Sitti가 연구원들과 함께 나노봇과 이미징을 효율적으로 병합하는 중요한 돌파구를 찾았다. 과학 저널《사이언스 어드밴스》Science Advances에 발표된 연구에서 그들은 처음으로 비침습적 이미징 기술을 사용해 생쥐의 뇌 혈관에서 5㎛ 수준의 아주 작은 로봇을 실시간으로 명확하게 감지하고 추적하는 데 성공했다. 나노봇으로 의료 혁신을 이룰 수 있는 중대한 계기를 마련한 것이다.

나노봇 특이점이 다가온다

초소형 로봇은 그 어느 때보다 주류 사용에 가까워졌으며 미래에는 놀라울 정도의 성과를 이루어낼 것이다. 초소형 드론이나 알약형 소형 로봇은 생물 의학 분야는 물론 감시 및 구조 작업 등 그 용도가 다양하다. 특히 나노봇은 인류의 미래를 바꿀 정도의 일대 혁신을 가져올 수 있다.

미래학자 레이 커즈와일은 자신의 책《특이점이 온다》에서 "생명이 시작된 후 세포가 등장하기까지 20억 년이 걸렸으나 PC가 등장한 뒤 월드와이드웹이 만들어지는 데는 14년밖에 걸리지 않았다. … 기술은 기하급수적으로 진화해 2020년대 말엔 컴퓨터 지능이 인간 지능과 같아질 것이며 2040년대 중반에는 인간 지능의 수십억 배 이상 발전할 것이다."라고 말했다.

기술이 인간을 초월해 인류가 되돌릴 수 없는 변화를 겪게 되는 시기인 '특이점'singularity이 온다는 뜻이다. 그렇게 되면 뇌 모세혈관에 이식된 수십억 개의 나노봇이 인간의 지능을 확장시킬 것이다. 그는 인간의 두뇌와 컴퓨터가 자연스레 합쳐지고 유전학·나노기술·생명공학의 발전으로 인간은 늙지도 죽지도 않을 것이라고 전망한다.

뇌 속에 들어간 나노봇은 과연 인간의 삶을 어떻게 바꿀 것인가? 인간의 뇌가 인터넷에 연결돼 슈퍼컴퓨터의 연산 능력을 갖게 된다면 지금은 상상할 수 없는 일들이 벌어질 것이다. 레이 커즈와일의 예언대로 나노봇을 살아 있는 사람의 뇌에 넣어 죽은 사람에 대한 기억을 추출하고, 그렇게 함으로써 실존했던 사람과 아주 비슷한 아바타를 만들 수 있을지도 모른다.

'인공지능 뉴 노멀' 시대,
핵심 트렌드의 선두에 서라

제4차 산업혁명을 선도하는 가장 혁신적인 기술인 인공지능은 인간의 삶 자체를 변화시키는 근간이다. 그리고 인공지능을 활용하는 능력에 따라 기업과 국가의 경쟁력도 좌우된다. 특히 코로나19 팬데믹 때문에 급속한 디지털 전환이 일어나면서 다양한 분야에서 디지털화가 확대되고 있다.

지난 수십 년 동안 인공지능 기술은 발전을 거듭해왔다. 독자적으로 작업을 수행할 수 있는 인간형 로봇을 목표로 치열한 개발 경쟁이 펼쳐지고 있다. 또한 제조업과 소비 산업은 물론이고 교육과 의료 등 전 분야에서 인공지능의 활용이 크게 확대되는 중이다. 스마트팩토리에서 전문 인력의 업무 고도화에도 인공지능 기술이 도입되고 있으며, 재난 안전 대응 등 공공서비스 부문에서도 인공지능이 혁신을 촉진하는 중이다.

시장조사업체인 IDC는 초거대 인공지능을 포함한 전세계 인공지능 시장의 규모가 2024년 5,543억 달러(약 772조 9,713억 원)에 이른다고 전망했다. 인공지능은 이미 복지와 교육에서 제조와 농업, 치안까지 인간의 일상 속에 깊이 들어와 활용되고 있다. 그렇다면 가까운 미래에 인공지능은 우리 삶을 어떻게 바꿀지 살펴보자.

대화형 인공지능 어시스턴트와 다중감각 인공지능

머신러닝 기능을 탑재한 대화형 인공지능은 얼마나 많은 데이터를 투입해 학습시키는지가 핵심이다. 그런 면에서 많은 통신 데이터를 가진 통신사들은 상당한 강점을 갖고 있다. 실시간 상호작용하는 대화형 인공지능은 게임뿐 아니라 업무에도 적용될 것이다. 시장조사기관 마케츠앤드마케츠에 따르면 전세계 대화형 인공지능 시장은 2020년 48억 4,100만 달러(약 6조 7,507억 원)에서 연평균 21.9퍼센트 성장해 2025년에는 139억 5,900만 달러(약 19조 4,658억 원)에 이를 것으로 전망된다.

기업들은 자연어 처리를 활용해 보다 효율적으로 작업할 수 있게 하는 새로운 대화형 인공지능 도구를 경쟁적으로 배포할 예정이다. 음성

합성을 함으로써 인간의 목소리만큼 감정을 잘 전달하고 설득력을 높일 수 있다. 따라서 유통과 은행을 비롯해 의료 등의 산업 분야에서 고객을 이해하고 보다 더 나은 서비스를 제공하는 데 도움이 된다. 또한 자연어 처리를 넘어 상호작용을 위해 음성과 텍스트를 모두 활용할 경우 사람이 하는 이야기에 담긴 맥락이나 감정도 이해할 수 있다. 예를 들면 고객의 불만스러운 마음이나 상사의 냉소적인 반응 등도 적절히 파악할 수 있게 된다.

엔비디아가 발표한 자료에 따르면 모빌리티 분야에서도 대화형 인공지능 어시스턴트는 개인 비서 역할을 함으로써 보다 안전하고 편리한 차량 경험을 선사한다. 차량 탑승자는 항상 켜져 있는 지능형 서비스에 액세스해서 실시간 대화형 인공지능을 사용할 수 있다. 자동차 제조업체는 더 많은 '엔드 투 엔드 스택'을 검증하고, 심층 신경망 모델을 훈련하기 위해 시뮬레이션과 디지털 트윈 사용에 막대한 투자를 시작할 것이다. 그뿐 아니라 인공지능과 데이터 분석은 광범위한 주행 조건에 맞춰 자율주행 자동차를 훈련하고 검증하는 데 도움이 된다. 나아가 장거리 주행을 위한 안전성을 보장한다.

한국전자통신연구원Electronics and Telecommunications Research Institute은 미래의 핵심 인공지능 기술로 여러 감각 기능을 결합해 지능을 확장하는 '다중감각 인공지능'를 꼽았다. 다중감각 인공지능은 청각이나 언어지능을 단순 결합하기보다 사람처럼 인지하고 표현할 수 있도록 다양한 지능을 서로 연결해 구현하는 방식이다. 즉 언어와 감각지능을 스스로 통합해 무언가를 새롭게 창출해내는 능력을 갖춘 범용 인공지능이라 할 수 있다.

OpenAI사가 개발한 GPT-3는 기존의 어떤 모델보다도 인간의 언어 구조를 잘 이해하고 자연어 추론 성능이 우수하다. 마이크로소프트의 언어 모델보다 10배 이상 큰 1,750억 개의 매개 변수를 가진 초 대규모 모델이며, 범용 인공지능 모델로 진화하고 있다. GPT-3 이후, 몇 년 안에 엄청난 양적 증가를 통해 100조 개의 시냅스를 가진 인간의 뇌와 비슷한 규모의 인공지능을 만날 수 있을 것으로 보인다. 그러나 인간의 유연한 사고 능력을 닮은 인공지능을 구현하는 데는 양적 증가만으로는 한계가 있다.

다중감각 인공지능은 이 문제를 해결하기 위해 가장 주목받는 기술 가운데 하나다. 이 기술은 단순히 여러 감각 정보를 결합하는 데 머물지 않는다. 이는 세상을 인지하는 입력 정보와 이를 표현하는 출력 정보를 연결하려는 시도다. 초거대 인공지능의 양적 증가와 다중감각 인공지능의 질적 성장으로 범용 인공지능의 구현 가능성이 커지는 상황이다.

또한 다중감각 인공지능은 '멀티모달 머신러닝'Multimodal Machine Learning, MMML으로 발전할 수 있다. 이는 사람처럼 여러 감각을 익혀서 스스로 말하고 쓰고 움직이는 인공지능 모델로, 방송과 패션 산업 분야에서 혁신적 제품과 서비스를 개발하는 데 핵심 기능으로 자리 잡을 전망이다.

국외 테크기업과 학회도 이미 다중감각 인공지능을 활용한 멀티모달 머신러닝 연구에 한창이다. 구글은 75개 이상의 언어와 이미지, 비디오 등 다양한 정보를 이해하는 멀티모달 통합 모델 'MUM'Multitask

Unified Model을 공개한 바 있다. 최근 주요 인공지능 학회에서도 이와 관련한 주제를 심층적으로 다루고 있다.

차세대 인공지능을 위한 합성 3D 데이터

엔비디아의 엔지니어링 시뮬레이션 부사장인 레브 레바레디안Rev Lebaredian은 "인공지능 기술에 기반해 가상세계를 확장하기 위한 3D 데이터의 발전을 보게 될 것이다."라고 전망했다.

인공지능의 혁신 속도는 지난 10년 동안 가속화되었지만 인공지능은 대량의 고품질 데이터 없이는 발전할 수 없다. 그런데 오늘날의 현실세계에서 인간이 포착하고 분류한 데이터는 다음 수준의 인공지능으로 도약하기에는 품질과 다양성 면에서 충분하지 않다. 가까운 미래에는 고급 신경망을 훈련하기 위해 물리적으로 정확한 월드 시뮬레이터에 의해 가상세계에서 생성된 합성 데이터가 폭발적으로 증가하는 것을 보게 될 것이다.

다양한 업계가 운영의 효율성과 비용 절감을 고려해서 디지털 트윈과 가상세계를 검토하고 채택하기 시작했다. 디지털 트윈에 고층실도High Fidelity 시뮬레이션을 적용함으로써 실제 세계에서 구축하기 전에 복잡한 설계를 미리 경험하고 테스트하며 최적화할 수 있기 때문이다. 그런데 현실세계에서 구축하는 모든 것을 디지털로 표현하려면 집, 건물, 자동차에서 지구에 이르기까지 우리 삶을 구성하는 가상세계의 대응물 즉 데이터가 있어야 한다.

디지털 트윈 산업의 성장 기반을 마련하기 위해서는 관련 데이터가 중요하기 때문에 공공과 민간에서 공통으로 필요한 3D 데이터 구축을 위한 노력은 계속될 것이다.

지구상 모든 생명체의
단백질 구조를 파악하는 인공지능

2022년 7월 《가디언》과 과학전문지 《네이처》는 알파고로 유명한 구글 딥마인드DeepMind의 단백질 구조 예측 인공지능인 '알파폴드'AlphaFold가 지구상에 존재하는 100만 종의 생명체가 만들어낼 수 있는 단백질 구조 전체의 예측을 마쳤다고 보도했다. 이를 통해 질병 치료제 개발에서 새로운 합성 생체 물질을 만드는 조직에 이르기까지 바이오 제약 분야에 해당하는 모든 유형의 데이터 전문가 및 조직에 도움이 될 것으로 예상된다. 그뿐만이 아니다. 항생제 내성, 미세 플라스틱 오염, 기후변화 등을 포함해 인류가 직면한 또 다른 문제의 해결책을 찾는 데 새로운 통찰력을 제공할 것이다.

알파폴드 시리즈와 더불어 로제타폴드RoseTTAFold는 딥러닝 기반의 단백질 구조를 예측하고 분석하는 프로그램이다. 거대하고 복잡한 단백질의 분석은 실험적으로는 수년의 시간이 걸리지만 로제타폴드는 게임용 컴퓨터를 활용해 약 10분 만에 이를 계산해낼 수 있다.

단백질 구조의 1,000배 폭발을 일으키는 알파폴드와 로제타폴드의 동시 혁신과 수천 개 이상의 잠재적인 화학 화합물을 생성할 수 있는 인공지능은 약물을 발견할 기회를 백만 배 증가시켰다. 이 기회를 실현하기 위해 인공지능은 시스템 크기와 시간 규모에서 양자 정확도에 이르기까지 새로운 차원의 분자 시뮬레이션을 도입하는 데 도움을 주고 있다.

영국 포츠머스대학 효소혁신센터의 과학자들은 알파폴드 예측 모델을 통해 전세계에 흩어져 있는 1억 5,000만 톤의 페트병과 다른 플라스틱 폐기물을 분해할 수 있는 효소를 찾아내는 데 도움을 받고 있다. 효소는 유기체 내부의 화학반응을 촉매하는 고분자 단백질의 하나다. 플라스틱 분해 효소는 매우 거대한 구조를 갖고 있기 때문에 이를 규명하는 데 오랜 시간이 걸린다. 하지만 3차원 모델로 접근이 가능해지면서 규명 속도가 빨라질 수 있다.

이처럼 인공지능을 통해 의료기기 산업과 환경 산업의 비용 최소화와 자동화가 확산되고 있으며, 이는 지속적 혁신을 가져올 것이다. 의료기기업체는 하드웨어 공급을 넘어 기기를 원격으로 업그레이드해 배포한 후에도 계속 사용할 수 있는 서비스를 제공한다. 즉 소프트웨어SaaS 시스템 제공사로 진화하게 된다. 인공지능·빅데이터·사물인터넷을 비롯한 융·복합 기술을 접목한 혁신은 헬스케어 분야의 패러다임을 바꿔나가고 있다.

지속가능한 인공지능 서비스 MLOps

최근 인공지능 개발자들이 가장 관심을 갖고 있는 주제 중 하나는 단연 'MLOps'Machine Learning Operations다. 인공지능 서비스가 거의 모든 비즈니스 영역으로 확장돼 폭넓게 활용되면서 관심도가 더욱 높아지는 추세다. MLOps란 데이터 관리 및 머신러닝 시스템 개발과 서비스 운영을 통합해서 안정적으로 서비스를 제공하면서도 신속하고 유연한 개발을 추구하는 문화와 방식을 뜻한다. MLOps에는 기계학습과 데이터 엔지니어링Data Engineering, DE이 모두 포함되어 있다.

인공지능은 기업의 비즈니스 문제 해결과 향후 예측에서 탁월한 능력을 보여주지만 알고리즘의 효과적 배치에서는 문제를 드러냈다. 인공지능이 확산되면서 배치된 알고리즘의 수가 계속 늘어나는 데 반해, 조직은 새로운 문제 해결을 위해 여러 알고리즘을 배치해야 하는 문제점을 안고 있기 때문이다. MLOps는 이런 문제를 해결할 대안이 될 수 있다. 인공지능 라이프사이클을 자동화해서 증가하는 알고리즘을 처리하는 것이다.

글로벌시장조사 전문 기관 가트너Gartner에 따르면, MLOps는 주로 광범위한 인공지능 모델의 거버넌스 및 라이프사이클 관리에 중점을 두고 있는 것으로 알려졌다. 다시 말해 인공지능 설루션의 개발과 검증, 구축 및 거버넌스 유지보수 등을 자동화하고 기업이 최종 사용자에게 신속한 결과를 제공하기 위해 지원하는 도구라는 뜻이다.

지난 10년 동안은 소프트웨어의 시대로 DevOps가 각광받아왔다면, 향후 10년은 인공지능의 시대로 MLOps가 주목받을 것이다. 인공지능 기술은 비즈니스 구조를 본격적으로 바꿀 티핑 포인트를 목전에 두고 있다. 인공지능 개발의 효율성과 생산성을 할 수 있는 MLOps의 시장 수요가 점차 늘어나는 추세다. 나아가 데이터 과학자와 머신러닝 엔지니어를 비롯해서 앱 개발자 및 IT 운영자가 모두 이용할 수 있는 플랫폼들도 다양하게 개발되는 중이다.

현재 마이크로소프트, 아마존, 구글 등 글로벌 빅테크기업은 데이터 관리와 인공지능 모델 개발, 각종 서비스 운영과 모델 재학습 등을 지원하는 MLOps 플랫폼을 개발해 클라우드 서비스로 제공하고 있다. 국내 대표 기업으로 슈퍼브 에이아이 Superb AI 등을 들 수 있다.

신재생에너지 발전을 위한 인공지능 활용

알리바바 그룹의 글로벌 연구 기관인 다모 아카데미 Damo Academy 는 '2022년 기술 산업 주요 동향'을 통해 인공지능을 활용한 재생에너지 분야의 발전에 주목했다. 인공지능을 통한 빅데이터 분석과 시뮬레이션이 풍력, 태양광, 수력 등 신재생에너지원을 조정하는 데 도움이 될 수 있다는 뜻이다. 가령 인공지능이 사전에 에너지 소비량을 분석해서 사용량을 정하게 되면 에너지 공급에서 생기는 문제를 줄일 수 있다.

최근 신재생에너지 발전 설비 투자가 증가하면서 에너지 발전 설비의 이상 사태를 예측해 선제적으로 대응할 수 있는 효율적인 운영 시스템에 대한 관심도 증가하고 있다. 기존에도 이상 탐지 시스템은 존재했지만 기존의 방식만으로는 추후 발생할 상황에 대한 예측이 정확하지 않았다.

이에 반해 데이터 학습을 통해 특정 상황의 발생 확률을 예측할 수 있는 인공지능 기술을 활용하면 선제적으로 예측함은 물론 예방적 정비가 가능하다. 즉 에너지 장비에 장애가 생기기 전에 미리 식별할 수 있고 대응할 수 있는 능력을 더 높일 수 있다는 의미다. 향후에는 실시간에 가까운 경고 알람 기반까지 마련할 예정이다.

Mega Crisis 03

메타모빌리티

에너지와 기후 위기,
혁신적 이동 혁명이 시작되다

자율주행차, 로봇 시대를
어떻게 이끌어나갈 것인가?

애플의 CEO 팀 쿡은 미래 차의 핵심 기술로 자율주행을 꼽으면서 "자율주행차는 차가 아니라 로봇이다."라고 선언했다. 애플은 몇 년 전부터 '프로젝트 타이탄'을 통해 전기 자율주행차 사업에 전념하고 있다. 아직 구체적인 내용은 비밀에 부치고 있지만, 2008년 이후 자율주행 기술 등 소프트웨어를 비롯해서 하드웨어까지 200건 이상의 기술 특허를 확보한 것으로 확인됐다.

2021년 8월, 테슬라의 일론 머스크는 회사의 '인공지능 데이' 행사에서 테슬라 봇을 공개했다. 발표 당시 그는 "테슬라봇이 자동차 사업보다 더 중요한 잠재력을 갖고 있다."고 밝히면서 2023년까지 테슬라 봇 양산 준비를 끝내겠다고 선언했다.

자율주행차를 개발 중인 빅테크기업 수장들의 로봇에 대한 무한한 관심은 '자율주행 기술이 로봇 시대를 어떻게 바꾸어나갈 것인가'에 대한 궁금증을 불러일으킨다. 자율주행차는 좁은 의미로는 인공지능의 수천 가지 다른 응용 프로그램이 확산될 수 있도록 문을 여는 '킬러 앱'이다. 이는 전구의 발견과도 같다. 토머스 에디슨의 회사가 전기로 빛을 생산해 상업적으로 효용성 있는 방법을 찾기까지 경쟁 회사들 사이에서 수년간의 연구 노력이 필요했다. 전구의 성공은 선풍기와 냉장고에서 세탁기와 컴퓨터에 이르기까지 수천 가지의 다른 전기 응용 분야의 수문을 열어주었다. 자율주행 시스템은 전구가 우리의 삶을 바꾼 것과 같은 파급 효과를 가져올 것이다.

자율주행을 가능하게 하는 세 가지 핵심 기술

자율주행이 단순한 운전의 자동화가 아님을 이해하려면 먼저 자율주행 소프트웨어에 대해 알아야 한다. 이 소프트웨어가 수행하는 작업은 '모델링'과 '탐색'이라는 두 가지 광범위한 기능으로 나눌 수 있다. 모델링 소프트웨어는 인간 운전자가 하는 것처럼 감각을 입력한 뒤 차체 주변의 동적 3차원 환경에 대한 정확한 모델을 구축한다. 카메라, 레이더, 수중 음파 탐지기 및 마이크는 엄청난 양의 데이터를 수집한 다음 강력한 온보드 컴퓨터에서 이를 분석한다. 그 결과 실시간으로 업데이트되는 차량 주변 세계의 상세한 그림이 생성된다. 그다음 이 사진을 가지고 차량은 역동적인 환경을 탐색한다. 즉, 주변의 다른 물체를 인식하고 이들과 상호작용하는 방법에 대해 결정하는 것이다.

식당 주방에서 설거지를 하거나, 슈퍼마켓 선반에 물건을 비축하거나, 밭에서 감자를 수확하거나, 생산라인에서 스마트폰을 조립하는 등 육체 노동을 수행하려면 감각 데이터에서 물리적 환경을 모델링한 다음 해당 환경을 탐색해야 한다. 그 안에 있는 다른 대상을 인식하고 의도적으로 상호작용함으로써 말이다.

모델링 및 탐색의 이러한 위업은 인간과 다른 동물은 매우 쉽게 수행할 수 있는 작업이다. 반면 오히려 로봇은 이를 마스터하기가 어렵다는 것이 입증되었다. 그러나 머신러닝의 꾸준한 발전, 컴퓨터 과학의 주요 혁신과 컴퓨팅 하드웨어의 놀라운 성장 덕분에 이러한 문제가 해결되었다. 구글의 자회사인 웨이모Waymo는 이미 사람이 운전하지 않고 공공 거리에서 작동하는 차량을 보유하고 있다. 거의 모든 주요 자동차 제조업체는 자율주행차를 시장에 공급할 계획이다. 더 이상 공상과학 소설 속 이야기가 아니라는 말이다.

또 한 가지 핵심 기술은 '머신러닝'이다. 일례로 걷는 로봇은 단 몇 시간 만에 자연스럽게 걷는 법을 배울 수 있다. 2021년 오리건주립대학 연구진이 개발한 이족 보행 로봇 '캐시'Cassie는 머신러닝의 일종으로 학습의 깊이를 더하는 딥러닝 강화 알고리즘을 탑재했다. 그리고 달리기를 독학해서 자갈길과 인도, 들판 등 5킬로미터 거리를 53분 만에 완주했다.

이러한 시스템은 기계에 대한 목표를 설정한 다음 사람이 시행착오와 실행을 통해 배울 수 있는 것처럼 실제 세계와 시뮬레이션된 현실 모두에서 인간과 유사한 방식으로 학습할 수 있게 한다. 상상 속의 다양한 가능성에 기반한 학습으로, 이러한 딥러닝 시스템은 다리가 몇 개든 상관없이 몇 시간 안에 로봇을 세워 걷게 할 수 있다.

또 다른 사례는 구글의 인공지능개발 자회사 딥마인드가 만든 프로그램인 알파제로AlphaZero다. 2016년 딥마인드의 프로그램인 알파고AlphaGo는 세계 바둑 챔피언 8회 우승자인 이세돌 9단에게 4승 1패로 승리를 거두었다. 그리고 당시 세계 랭킹 1위인 커제 9단과의 대결에서는 3전 전승을 거두었다. 이후 딥마인드는 알파고 이후 버전인 '알파제로'를 발표했다. 더 이상 인간이 구축한 데이터를 학습에 사용하지 않고 인공지능이 독학으로 독파하는 강화학습 방법이 사용된다. 일종의 자율학습인 셈이다. 알파제로는 쇼기(일본식 장기) 챔피언 인공지능 엘모를 꺾는 데 두 시간, 체스 챔피언 인공지능 스톡피시는 네 시간, 바둑 챔피언 인공지능 알파고제로는 30시간 만에 제압했다.

이 놀라운 성과를 단순하게 설명하자면, 수천 명의 뛰어난 인간 플레이어와 컴퓨터 프로그래머가 체스 소프트웨어를 설계하는 데 40년 이상의 시간을 쏟아야 하는 것과 같다. 알파고제로의 사례는 자동화 기술의 미래 궤적에 대한 또 다른 교훈을 제공한다. 매우 어려운 머신러닝 문제의 해결을 더 간단하고 쉽게 일반화할 수 있다. 이는 데이터 중심 인공지능이 알고리즘 중심 인공지능으로 변하며 세대교체가 일어났음을 의미한다. 인공지능이 복잡한 실생활의 문제를 해결하는 능력을 높여나갈 것이고 이는 자율주행차의 중요한 설루션이 된다.

승자독식의 패러다임이 다시 적용될 것인가

자율주행 기술을 둘러싼 기업 간의 전쟁에서 승리하는 회사는 2030년 경까지 전세계 노동시장의 상당 부분을 장악할 것이며, 그 가치는 세계 경제의 최대 4분의 1을 차지할 것이다. 이와 관련한 통찰을 얻기 위해 소프트웨어 개발 경쟁의 사례를 살펴보자.

1980년대 들어와 마이크로소프트와 애플은 IBM 및 제록스와 같은 기존의 거대 기업을 제치고 개인용 컴퓨터 운영체제 시장에서 압도적인 점유율을 확보했으며, 주변 기술 생태계의 많은 부분을 통제했다. 2000년대에는 애플과 구글이 노키아와 블랙베리 같은 기존의 거대 기업을 제치고 휴대전화용 운영체제 시장의 90퍼센트 이상을 차지했다. 그리고 이를 매우 빠르게 활용해 대부분의 주변 기술 생태계를 통제했다. 오늘날에는 테슬라 같은 회사가 GM 및 도요타 같은 기존 자동차 제조업체를 추월해 AVS용 운영체제 시장을 장악할 태세를 갖추고 있다. 자율주행 기술도 마찬가지다.

혁신적 모빌리티 기술은 물류 배송, 금융, 건설, 쇼핑, 가전, 농업 등 거의 모든 산업에 영향을 미칠 것이다. 기술혁신이 단지 자동차 산업에만 국한되지 않는다는 의미다. 자율주행 기술은 비즈니스와 경제 및 정책결정의 모든 기존 규칙을 깨뜨릴 가능성이 있다. 우리가 원하든 원하지 않든 10년 내에 자동화에 의해 세계 노동시장의 대규모 실업 혼란이 진행될 가능성이 크다. 기술 때문에 번영과 평등이 지속가능한 세상이 도래하고, 덕분에 인간은 노동에서 보다 더 자유로워지겠지만 부의 격차는 더 벌어질 것이다.

오랫동안 미래지향적인 환상으로 여겨져온 자율주행차의 전망은 이제 업계, 투자자, 입법자 및 기타 의사결정권자뿐만 아니라 미디어와 일반 대중에 의해 진지하게 받아들여지는 상황이다. 본격 출시가 가까워짐에 따라 전세계가 세심한 주의를 기울이고 있다. 분석가들은 자율주행차의 광범위한 채택으로 인한 이점과 단점이 혼재할 것으로 예상한다. 자율주행차의 보급 비용을 낮추고, 안전을 개선하고, 접근성을 높이고, 운송 전반에 환경 발자국을 줄일 것이라는 점은 틀림없이 좋은 소식이다. 그러나 다른 한편으로는 현재 차량 운전으로 생계를 꾸리는 전세계 수백만 명의 사람들이 향후 10년 안에 일자리를 잃게 된다는 말이기도 하다.

자동화로 인한 대량 기술 실업의 유령에 대한 우려가 이제 모든 영역에서 제기되고 있다. 우려를 표명한 것은 일론 머스크나 빌 게이츠 같은 기술혁신가만이 아니다. 경제학자 에릭 브리뇰프슨Erik Brynjolfsson과 물리학자 스티븐 호킹, 철학자 닉 보스트롬Nick Bostrom, 콜로라도 주지사 존 히켄루퍼John Hickenlooper, 워런 버핏과 같은 투자자 등이 우려를 표했다. 거의 모든 영역의 전문가들이 자율주행차와 실업의 직접적인 연관성을 인식하고 있지만 대중의 인식은 제로 상태에 가깝다.

기술발전 때문에 생기는 실업은 산업 혁명 그 자체만큼이나 오래되었다. 불도저를 가진 한 사람이 삽을 가진 백 명이 한 달 동안 해야 할 작업량을 순식간에 해치웠다. 복잡하고 변화하는 물리적 환경에 대한 결정이 필요하며, 이러한 결정에는 수백 또는 수천 개의 서로 다른 대상을 인식하는 태도 그리고 의도적인 상호작용이 필요하다. 다시 말해서 육체노동도 지능을 필요로 한다.

자율주행 인공지능은 협소한 의미의 인공지능 표본으로 매우 특정한 영역에서만 역량을 보유한 기계를 의미한다. 인간이 갖고 있는 주관적 의식 경험이 없기 때문에 그 역할은 국한될 수 있다. 하지만 이 협소한 의미의 인공지능이 고용에 미치는 위협은 매우 현실적이며 자율주행 때문에 우리는 훨씬 더 빨리 그것을 체감하게 될 것이다.

우리는 지금 인류 역사의 중요한 갈림길에 서 있다. 한 마디로 스릴 넘치는 순간이다. 이 경이로운 일을 성취하고 진정으로 평등하고 지속가능한 세상을 건설하기 위해 이 기술을 어떻게 사용하면 좋을지 고민해야 한다. 분명 급진적 자동화는 전세계 모든 사람들에게 물질적 풍요와 풍부한 기회를 제공했으며 거대한 도약을 이끌어냈다. 그러나 혁신적 기술이 인류의 번영과 지속가능한 세상을 약속하지는 않는다. 그것은 기술만으로는 달성할 수 없다.

기술이 그 목표를 달성할 수단을 제공하겠지만 그다음 질문이 우리를 기다리고 있다. 세상에 쏟아질 엄청난 혜택을 어떻게 분배할 것인가의 문제다. 오늘날의 제도는 풍요가 아니라 결핍을 다스리기 위해 구축돼 있다. 그러므로 지금 다시 우리가 함께 살아갈 세상이 잘 구동되도록 사회적, 경제적, 정치적 장치를 마련해야 한다.

메타모빌리티를 둘러싼
'오토 워'의 승자는 누구인가?

2022년 1월, CES가 열리던 미국 라스베이거스 컨벤션센터Las Vegas Convention Center(이하 LVCC)에 마련된 현대자동차 부스. 현대자동차에 인수된 보스턴다이내믹스가 개발한 3대의 스팟(4족 보행 로봇)이 방탄소년단BTS의 '아임 온 잇'I'm On It 음악에 맞춰 군무를 추자 관람객들은 환호성을 질렀다. 드라이브 앤 리프트DnL 모듈이 적용된 소형 모빌리티 플랫폼 모베드MobED는 정교한 움직임으로 경사로를 넘더니 360도 회전을 하면서 한쪽 바퀴를 들어 올리는 묘기를 펼쳤다.

현대자동차의 CES 2022 전시회 부스에는 자동차가 없었다. 대신 로봇이 그 자리를 대신했다. 이는 '로보틱스로 구현하는 메타모빌리티Metamobility'라는 현대자동차의 미래 비전을 상징하는 것이다. 현대자동차가 강조한 메타모빌리티는 '로봇이나 스마트 디바이스를 활용한 새로운 차원의 이동 경험을 제공하고 인공지능과 자율주행 등 기술을 자동차에 적용해 모빌리티 간 경계를 파괴하는 것'을 의미한다.

그런데 현대자동차뿐만 아니라 상당수의 글로벌 완성차업체들이 앞다퉈 로봇에 승부를 걸고 있다. 로봇을 인공지능 자율주행과 접목시키기 위해 공격적인 투자와 개발을 진행 중이다. 자율주행차와 전기차에 사용되는 기술의 대부분이 로봇의 필수 기술들이기 때문이다. 로봇의 각종 센서와 인공지능 기술은 도심 항공 모빌리티와 목적 기반 모빌리티의 이동 경로를 계획하고 장애물을 피하는 데 활용된다.

오토봇을 꿈꾸는 글로벌 완성차업체들의 대격돌

전세계 완성차업체들이 일제히 로봇 산업에 뛰어든 이유는 고객과 시장의 다변화에서 찾을 수 있다. 인구 구조 변화와 공유 경제의 활성화 등으로 2030년 이후에는 글로벌 신차 수요가 하락할 수 있다는 가능성 때문이다. 즉 운전이 가능한 고객만을 위해 차량을 판매하는 사업 모델에서 벗어나야 지속가능한 성장을 할 수 있다는 뜻이다. 그리고 이를 위해 자율주행 구현 기술을 차량 외 영역으로 확장시켜야 한다.

현대자동차는 이미 5년 전부터 '로봇과 인공지능'을 5대 미래 혁신 성장 분야 중 하나로 선정해 로보틱스 팀을 신설했다. 2020년에는 미국의 로봇업체인 보스턴다이내믹스 지분의 80퍼센트를 11억 달러(약

1조 5,339억 원)에 인수하기로 소프트뱅크와 합의했다. 그러고서 2021년 6월, 인수 절차를 마무리 지으면서 본격적으로 로봇 사업에 뛰어들었다.

현대자동차 로보틱스 비전의 핵심 기술은 PnD(플러그앤드드라이브) 모듈과 DnL(드라이브앤드리프트) 모듈이 적용된 모베드다. PnD 모듈은 어떤 사물이든 제한 없이 부착해 이동성을 부여하는 모듈로, 목적기반 모빌리티 형태의 개인 모빌리티와 물류 모빌리티 등에서 활용 가능하다. DnL 모듈이 적용된 모베드는 물건을 올려놓으면 흔들리지 않고 이동이 가능한 신개념 소형 모빌리티 플랫폼이다. 모베드는 시속 30킬로미터의 속도를 낼 수 있으며 배터리를 한 번 충전하면 약 네 시간가량 주행할 수 있다.

테슬라의 로봇 비전은 새로운 이야기가 아니다. 일론 머스크는 2022년 4월 기가팩토리 텍사스 개장식에서 2023년부터 옵티머스 버전 1의 생산을 시작할 것이라고 또다시 밝혔다. 휴머노이드 로봇 옵티머스는 테슬라 전기차의 자율주행 기능에 사용되는 것과 똑같은 반도체와 센서가 내장되어 있다. 인간의 외형을 한 이 로봇의 키는 172센티미터고 무게는 56킬로그램이다. 머리 부분에는 자율주행용 카메라가 있어 주요 정보를 파악할 수 있고, 자율주행 구동에 필요한 컴퓨터가 함께 내장되어 있는 등 자율주행용 인공지능 기술이 탑재되어 있다.

"테슬라는 틀림없는 세계 최대 로봇회사이며 우리 자동차는 기본적으로 바퀴 달린 반지각 로봇이다." 일론 머스크는 공식석상에서 테슬라의 사이버 트럭이나 전기차보다 휴머노이드 로봇이 더 중요한 잠재력을 갖고 있으며, 세상을 바꾸는 데 더 큰 역할을 할 것이라고 강조했다. 다시 말해 테슬라 차량에 테슬라봇을 탑재해 완전 자율주행을 실현하겠다고 밝힌 것이다.

일본 자동차 제조사 혼다는 1986년 혼다 로보틱스 연구소를 세우고 2000년에 세계 최초로 휴머노이드 '아시모'를 개발했지만 상용화하지는 못 했다. 이후 2017년에는 구조용 로봇 'E2-DR'을 선보였다. 혼다는 로봇 개발에서 얻은 기술들을 쓰러지지 않는 오토바이 개발 등에 적용하며 활용 폭을 넓히고 있다.

도요타도 2005년 노인과 장애인의 일상생활을 도와주는 '파트너 로봇'을 선보였다. 2017년에는 사람의 동작을 따라 하는 아바타 로봇 'T-HR3'를 공개하기도 했으며, 2019년에는 자율주행차 e-팔레트와 함께 물품을 운반하는 6륜 구동 로봇 '마이크로 팔레트'를 선보였다. 이와 함께 반려로봇 개념의 휴머노이드 로봇과 5G 및 인공지능 기반의 3세대 휴머노이드 로봇도 개발 중이다.

포드 자동차도 어질리티 로보틱스Agility Robotics와 협력해 직립보행 로봇인 '디짓'Digit을 개발해 상용화에 나섰다. 디짓은 최대 18킬로그램 무게의 물건을 들어 올릴 수 있으며 보행 중 장애물과 계단의 유무를 인지할 수 있다. 가벼운 물건은 들고 장기간 이동하는 것이 가능해서 근거리 배송용 로봇으로 적합하다. 독일의 폭스바겐은 2019년 자율주행 충전 로봇이 주차된 차량을 옮겨 다니며 자동으로 전기차를 충전하는 신개념의 로봇 콘셉트를 공개했다. 그리고 2020년에는 자율주행 충전 로봇의 프로토타입을 선보였다.

가상과 현실을 넘나드는 메타모빌리티 혁명

현대자동차의 '메타모빌리티'는 로보틱스에 '메타버스' 개념까지 융합해 모빌리티의 영역을 무한대로 넓히는 승부수를 던졌다. 핵심은 사용자와 장비 간 이동 분리에 있다. 기존의 이동 방식은 사용자와 장비가 하나가 되어야 이동할 수 있었지만, 메타모빌리티 시스템에서는 사용자 대신 로봇이나 드론 등의 장비가 이동하거나 사용자가 이동하되 그 시간 동안 다른 작업을 수행할 수 있다.

메타모빌리티 서비스는 현실세계의 물체를 가상세계에 동일하게 구현한 '디지털 트윈'Digital Twin 서비스 시장부터 경험이 확대될 것이다. 통신기술로 연동돼 서로 영향을 주고받는 게 디지털 트윈 서비스의 핵심으로, 이와 관련해서 '메타팩토리' 개념을 제시했다. 싱가포르 주롱 혁신단지에 있는 실제 공장의 공정을 클라우드상에 그대로 구현해 디지털 트윈 공장을 구축했다. 뿐만이 아니다. 임직원들이 메타버스 플랫폼을 통해 접속해 원격으로 공장 상태를 확인하고 제어할 수 있다.

메타버스는 가상세계 3D 디지털 공간만 돌아다니는 데 반해 메타모빌리티는 디지털 트윈을 통해 똑같이 구현된 공간 안에서 행동하고 제어하면서 실제 공간에 있는 로봇과 모빌리티 등을 통해 실생활로 연결이 가능하다. 물론 메타버스 안에서 경험하거나 일할 수도 있다. 즉 이동의 개념이 크게 확장된 것이다.

현대자동차는 메타모빌리티를 통해 '모든 사물은 움직일 수 있다'는 개념인 'MoT'(사물 모빌리티)를 구현하고, 자동차나 도심 항공 모빌리티를 가상세계와 연결하는 매체로 삼는다는 목표를 세우고 있다. 소비자들의 필요에 따라 자동차를 엔터테인먼트 공간 또는 업무용으로 변환시킬 수 있다. 여기서 나아가 가상세계를 통해 현실을 제어하는 디지털 트윈까지 구현하겠다는 것이다. 마이크로소프트 등과 협력해 디지털 트윈 기술로 스마트공장을 제어하는 방안도 수립 중이다.

메타모빌리티는 로보틱스의 한계를 극복하는 차원을 넘어 모든 사물에 이동성을 부여하고 가상과 현실의 경계를 허무는 매개체 역할을 할 것이다. 글로벌 자동차업계는 모두 새로운 기회를 찾아 나섰다. 마케츠앤드마케츠에 따르면 마이크로 모빌리티와 공유 서비스 등 모빌리티 산업의 규모는 2020년 47억 달러에서 연평균 성장률 31.1퍼센트를 기록했다. 2030년에는 704억 달러로 성장할 것이 예상된다. 앞으로 모빌리티 서비스에 자율주행 자동차, 도심 항공 모빌리티까지 본격적으로 결합하면 하드웨어, 소프트웨어와 함께 서비스, 유지보수, 데이터 분석 및 활용, 보험 등 관련 산업시장 규모는 예상치를 웃도는 성장률을 기록할 전망이다.

지금까지는 모빌리티 영역의 로봇도 물류 배송, 특히 라스트 마일 단계에서만 활용되는 등 그 역할이 한정적이었다. 하지만 앞으로는 이동 과정에서 교통약자 지원 서비스 등을 포함해 다양한 영역으로 확대될 예정이다. 모빌리티와 로봇 산업의 규모는 점차 확장될 것으로 예측된다.

자율주행이 펼쳐낼 기술,
그 이상의 미래 라이프스타일

주말 오후, 친구와 만나 쇼핑한 뒤 점심을 먹고 산책까지 하고 나니 차를 주차한 곳에서 너무 멀어져 있다. 하지만 다시 돌아가기 위해 택시를 타야 하나 고민할 필요는 없다. 스마트폰 애플리케이션이나 차량 내인포테인먼트 시스템을 통해 차를 현재 위치로 호출할 수 있기 때문이다. 게다가 배터리 충전도 터치 한 번으로 이동 없이 가능하다. 자율주행 충전 로봇이 나의 전기차가 주차된 곳을 직접 찾아가서 충전해준다. 차에 올라탄 뒤에는 더 이상 핸들을 잡을 필요가 없다. 자동차 핸들이나 가속페달 등과 같은 운전 장치가 없기 때문이다. 운전할 줄 몰라도 아무 문제 없다. 대신 친구와 함께 쇼핑한 옷과 신발을 꺼내 입어 보면서 사진을 찍고 영화를 본다.

이러한 광경은 곧 세계의 도심 어디에서나 흔히 볼 수 있을 것이다. 2022년 7월, 중국은 운전대 없는 자율주행차를 허용했다. 광둥성 선전시가 중국 도시 중 처음으로 사람이 운전석에 앉지 않는 '완전 자율주행차'의 운영방식과 법적 책임 등을 구체적으로 정한 법규를 도입했다. 중국에서도 바이두, 디디추싱 등 기술기업이 자율주행차 기술개발에 적극적으로 뛰어들었고 이미 베이징, 광저우, 우한 등 여러 도시에서 자율주행차가 주행하고 있다.

미국 연방정부 도로교통 당국도 ADS를 탑재해 운전자가 탑승하지 않고 인공지능에 의해 운행되는 자동차들의 경우에는 특별한 핸들, 페달, 운전석 등과 같은 장치가 없어도 도로를 주행할 수 있게 허용하고 있다. 사람이 운전하는 차량 수준의 승객 안전도를 충족해야 한다는 단서를 달긴 했지만, 어쨌든 미국 정부의 이런 방침은 자율주행 혁신을 향한 강한 의지의 반영이다.

자동차, 이동수단을 넘어 모바일 홈스페이스로 변신하다

'차별화한 나만의 공간이 이동한다.'

자율주행으로 인한 공간과 이동의 결합은 사람들의 생활에 일대 변화를 몰고 올 것이다. 내 방과 사무실이 통째로 이동하는 공간의 혁신이 이루어진다. 가령 자동차 안은 각종 전자제품이 탑재돼 업무를 보거나 휴식을 취할 수 있는 나만의 공간으로 꾸며진다. 스타일러와 신발 관리기가 옷과 신발을 살균·탈취해주고, 운전석은 홈 오피스로 변신한다. 넓은 대시보드에 곡면 디스플레이가 적용되어 책상으로도 이용할 수 있다. 미니 냉장고에서 음료수나 와인을 꺼내 마시면서 영화를 보는 것도 가능하다.

현대자동차가 공개한 '모빌리티 온돌'의 콘셉트와 자율주행이 그리는 미래는 보다 더 독특하다. 우리나라 고유의 난방 방식인 온돌에서 영감을 받아 실내 공간을 구성했다. 완전 자율주행 시스템이 적용되는 것을 전제했기 때문에 별도의 운전대가 없다. 대신 네 개 좌석을 서로 마주 보도록 배치했고, 좌석을 침대 형태로 변형해 잠자는 공간으로 쓸 수도 있다. 침대 모드를 사용할 때는 안전벨트 기능이 담긴 안전 담요를 덮으면 된다.

자율주행 시장이 성장하면서 차량용 헬스케어 시장도 주목받고 있다. 글로벌시장조사업체 프리시던스 리서치에 따르면, 전세계 자동차 헬스케어 시스템 시장의 규모는 2019년 11억 8,000만 달러에서 2027년에는 108억 7,000만 달러로 상승할 것으로 전망된다. 차량용 헬스케어는 영상신호, 뇌파 등 생체신호를 측정해 운전자의 안전 운행을 돕는다. 이와 관련해서 BMW는 운전대에 탑재한 심박 측정 센서로 운전자의 건강 상태를 측정하는 시스템을 개발했다. 포드는 여섯 개의 심박 측정 센서를 장착한 운전자 시트를 선보이기도 했다.

자율주행차량이 소매업의 미래에
완벽하게 부합하는 법

주요 대도시 지역이나 인구가 많은 교외 지역에 거주하고 있다면 상상할 수 있는 거의 모든 것을 모바일 앱과 전자 상거래 사이트를 통해 문 앞에서 받아볼 수 있다. 코로나19 대유행은 소비자가 대면 쇼핑에서 멀어지게 했다. 점차 세계의 일부가 팬데믹에서 벗어나 다시 대면 쇼핑이 활발해지고 있지만, 앞으로는 자율주행차량이 새로운 방식으로 쇼핑과 고객을 연결할 것이다. 그리고 소매업체의 자본과 노력은 유통으로 쏠려 소비자에게 가장 효율적인 방식으로 물건을 배달할 수 있는 방식을 찾기 위해 애쓸 것이다.

벌써 이러한 변화가 일어나고 있다. 패스트푸드 레스토랑은 드라이브 스루 전용 위치를 실험하는 중이다. 날씨가 허락하는 한 전체 상점 정면은 오픈되고 키오스크도 야외에 배치된다. 고객과 배달 계약자는 새로 설치된 테이크아웃 창을 통해 주문한 것을 픽업한다. 제품을 직접 보고자 하는 소비자는 여전히 그렇게 할 수 있지만, 가급적 매장 웹사이트에서 더 많은 제품을 찾아보는 것을 권장한다.

소매업체가 이러한 변화를 보다 효율적으로 활용하기 위해서는 매장 안팎의 물리적 레이아웃을 재설계하는 방법도 고려해야 한다. 코로나19 팬데믹 기간 동안 시카고에서는 약 25,000개의 소매업체가 폐업했다. 고팔Gopal은 폐쇄된 동네 상점과 시카고의 빈 상업 공간을 크고 작은 소매업체를 위한 미니 유통 센터로 전환하자고 제안했다. 집, 직장 또는 기타 배송 목적지에 가까운 소규모 물류센터가 있다면 주문한 물건을 더 빨리 배송받을 수 있기 때문이다. 그 효율성은 소비자에게 도움이 될 뿐 아니라 환경에도 도움이 된다. 더 먼 거리를 가로질러 상품을 운반하는 데 소비되는 에너지를 줄일 수 있기 때문이다.

자율주행 시스템은 이러한 아이디어를 더욱 강화해 차량에 탑승한 모든 배달 직원이 제시간에 대형 차량을 안전하게 운전하는 것을 걱정하는 대신 배송할 패키지를 분류하고 준비하는 데 집중할 수 있게 해준다. 쇼룸, 금전등록기와 계산대에 할당되었던 공간이 포장 및 픽업 공간으로 바뀌면서 소매업체의 물리적 공간 중 약 20퍼센트를 고객 상호작용에 할당하고 80퍼센트를 주문 및 유통에 할당할 수 있다.

자율주행차량의 공유가 보편화되면 고객 대면 자동차 비즈니스는 점점 줄어들 것이다. 차량 소유자는 제조업체에서 직접 자율주행차량을 구매할 것이기 때문에 신규 및 중고차 거래를 위한 중개업체와 쇼룸은 필요하지 않다. 세차장과 주유소 등도 마찬가지다. 자동차 수리도 소비자 중심에서 차량 소유 회사에 의한 사내 유지보수 상점의 개념으로 바뀔 수 있다.

자율주행이 부동산에 미치는 영향

온라인 대학 유다시티Udacity에서 자율주행공학을 가르치고 있는 데이비드 실버David Silver는 "자율주행차량에 의해 가장 변혁을 맞는 산업은 부동산이 될 것이다."라고 말한다. 부동산 산업을 포함해 우리 삶의 많은 영역에서 광범위한 변화가 있을 것이다. 미래학자 토머스 프레이Thomas Frey도 자율주행이 미래의 주거 및 상업용 부동산에 어떤 영향을 미칠지에 대해 의견을 내놓았다.

◆ 역세권 프리미엄이 사라지고, 도시 외곽이 새로운 시대를 맞는다

공유 자율주행차나 도심 항공 모빌리티가 보급되면 도로의 사용 빈도는 더욱 빠르게 줄어들 것이다. 즉 주거용 부동산의 가치는 위치가 도심에 가까워질수록 떨어질 가능성이 높다. 공유 자율주행차가 보편화되면 교통 비용, 이동 시간, 교통 체증이 크게 줄어들게 된다. 그러므로 도심지에 대한 주거 선호도가 낮아지고 소비자들은 다시 교외 지역으로 관심을 돌릴 것이다. 혼잡하고 번잡한 데다 집값도 비싼 도시 대신 좋은 경관의 지방 혹은 자연친화적인 지역이 주목받는 시대가 올 수 있다.

A지점에서 B지점으로의 자동화, 공유운전 및 배송에는 사람의 개입이 훨씬 적기 때문에 주택 구매자는 위치에 대해 덜 생각하고 시간에 대해 더 많이 생각한다. 산업단지와 상업단지라는 공간적 종속에서 벗어나 자기가 살고 싶은 곳에서 살며 일하고 공부할 수 있는 세상이 만들어지고 있다.

아울러 직장에는 2~3일만 출근해도 되는 시대가 올 것이다. 사람들은 직장에서 점점 더 먼 곳, 즉 자연경관이 좋은 휴양지 같은 곳에서 살며 장거리 이동은 자율주행차로 하게 될 가능성이 높다. 택배도 로봇이 하고, 각종 서비스도 집에서 또는 마을에서 로봇을 통해 받게 되면서 수도권의 장점도 서서히 사라지게 된다.

◆ **주차장 없는 건물, 차고 없는 주택, 전용차로의 건설**

자율주행차가 일상화되면 차량 공유는 늘어날 수밖에 없다. 여러 사람이 자율주행차 한 대를 공유해서 각자 필요한 시간에 사용할 수 있으며, 렌터카 회사처럼 차량을 필요할 때만 사용할 수 있게 해주는 비즈니스가 인기를 끌 전망이다. 지금은 차량을 렌트하려면 먼저 렌터카 회사로 가서 차량을 직접 픽업해야 한다. 반면 자율주행차는 스마트폰으로 예약만 하면 집 앞까지 차가 오기 때문에 이용이 훨씬 더 쉽고 편리하다. 이런 시스템이 정착되면 굳이 차를 소유할 필요가 없어진다.

카셰어링 라이프스타일이 보편화되면 집 안에 자리한 차고나 건물 주차창도 필요 없어진다. 어떤 사람들은 차고를 여분의 침실, 사무실, 에어비앤비Airbnb 임대, 작업장 또는 대규모 저장 공간으로 바꿀 것이다. 앞으로의 주택은 오늘날처럼 차고가 필요하지 않을 것이므로 주택의 형태도 달라진다. 현재 주차를 위해 설정된 일부 공간은 공유 차량을 위한 준비 공간으로 사용되고, 대규모 지상 주차공간과 독립형 주차장은 공원 및 신규 개발 용지로 활용될 가능성이 높다.

그런데 차고는 필요하지 않지만 차도는 필요하다. 아마도 그 형태는 집의 중앙에 정문이 있고, 그것을 둘러싼 원형 차도가 될 것이다. 자율주행 공유차량이 출입구에 도착해 사람을 태운 후 바로 다음 목적지로 이동할 수 있도록 주택의 입구도 형태가 달라져야 한다. 주택의 설계와 조경은 원형 진입로를 수용하는 방식을 우선시할 것이며, 공공건물의 레이아웃은 호텔처럼 운전자의 승하차가 용이하도록 설계돼야 한다.

도시의 확장과 재구성

구글의 모회사 알파벳은 자율주행 시대의 미래를 이렇게 상상하고 있다. 알파벳의 도시개발 사업부인 사이드워크 연구소Sidewalks Labs는 토론토 동부 해안의 한 지역을 운전자가 전혀 없는 최초의 지역사회가 되도록 설계하고 있다. 이 연구소의 정책 담당 임원인 로히트 아가왈라는 "도시 거리의 근본적인 디자인과 경험이 완전히 달라질 것이다."라고 말한다.

컨설팅업체인 맥킨지는 자율주행차가 보급되면 전국 주차장 공간이 610억 스퀘어피트는 감소할 것으로 전망했다. 이는 도심지나 대중교통 중심지의 개발에도 변화를 초래한다. 지금처럼 많은 주차 공간이 필요하지 않기 때문이다.

《포브스》는 현재 주차장으로 이용되는 공간들이 가까운 미래에는 콘도나 아파트, 사무실 혹은 다른 공간으로 바뀌게 될 것이라고 했다. 따라서 부동산 개발업체 입장에서는 주차장 건축 비용이 줄어들고 공간 활용도가 높아지는 만큼 부동산 개발도 보다 활발해질뿐더러 가격이 하락하는 효과를 얻게 된다고 전했다. 자율주행차량은 사람의 개입과 교통 혼잡을 줄여준다. 따라서 사람들은 도심에서 벗어나 교외와 그 너머의 광활한 공간으로 더 멀리 모험할 수 있는 해방감을 즐기게 될 것이다.

물론 앞으로도 공유 자율주행차량만이 유일한 교통수단은 아니다. 대중교통수단인 자율주행버스와 지하철은 여전히 중요한 요소다. 그러나 이러한 네트워크는 시간이 지남에 따라 점점 덜 편리하고 비용이 높아지므로, 훨씬 편리한 드론택시 등에 의해 완전히 사라질 수도 있다.

공유 자율주행 운송은 도시와 사회 전반에 큰 도움이 된다. 교통 흐름을 개선해 안전성을 높일 뿐만 아니라 혼잡도 줄여준다. 이는 인류에게 새로운 라이프스타일을 경험하게 하고, 도시와 교외의 귀중한 토지를 훨씬 더 다각도로 그리고 효율적으로 사용할 기회를 제공해준다.

자율주행차보다 더 빨리 찾아올
미래 항공 모빌리티

2022년 6월, 스웨덴의 스타트업 젯슨 에어로Jetson Aero의 공동창립자 토마즈 파탄Tomasz Patan이 자신의 집 뒷마당에서 1인승 초경량 수직이착륙기eVTOL로 출근하는 장면이 공개됐다. 수직으로 하늘을 날아오르기 시작한 젯슨원은 울창한 숲을 지나 작은 과수원 위로 곧장 날아갔다. 그다음 꽤 빠른 속도로 계곡을 가로질러 날아가다가 황야를 지나 회사의 콘크리트 패드에 내려앉았다. 자동차로 출근할 때에 비해 시간을 90퍼센트나 단축시켰다고 한다. 이제 개인 항공기로 출퇴근하는 날이 머지않았다.

젯슨원의 배터리 전력은 최대 시속 100킬로미터의 속도로 20분 동안 민첩하고 활기찬 비행을 할 수 있을 정도로 충분하다. 조종사 면허

없이 5,000피트(1,500미터) 상공까지 비행할 수 있다. 중량이 40킬로그램에 불과해 미국연방항공국Federal Aviation Administration 규정상 조종사 면허가 필요 없는 초경량 항공기로 분류되기 때문이다. 가격은 한화로 약 1억 원이 넘으며 2022년과 2023년에 판매 가능한 12대 모두 예약이 매진됐다.

에어택시의 일상화, 개인 비행의 시대가 열리다

오늘날 전세계의 항공 모빌리티 사업은 도심 항공 모빌리티Urban Air Mobility(이하 UAM)의 범주를 넘어선 '미래 항공 모빌리티'Advanced Air Mobility(이하 AAM)로 확장되고 있다. AAM은 지역 간 항공 모빌리티Regional Air Mobility(이하 RAM)까지 포괄하는 개념이다. UAM 사업이 도심 내에서 운행되는 수직 이착륙 기체 개발이라면, RAM 사업은 주요 도시를 비롯한 지역 거점 간 이동을 위한 기체 개발까지 포함해 그 범위가 더 넓다. 이미 주요 항공기업체와 자동차업계를 비롯해서 관련 스타트업들이 AAM 시장을 주도하고 있다.

2028년에 열릴 LA올림픽 기간에도 하늘을 나는 '에어택시'를 볼 수 있을 전망이다. LA다운타운에서 산타모니카까지 9분 만에 이동하는 에어택시가 도입될 예정이다. LA교통국은 에어택시 도입에 필요한 소음공해 관리계획, 운송허가, 운행고도 지정, 커뮤니티에 미치는 영향 등을 조사해 보고서까지 발표했다.

헬리콥터처럼 수직으로 이·착륙하는 eVTOL은 '에어택시'나 '플라잉카'로도 알려져 있다. 에어택시가 상용화되면 교통수단에 의한 탄소 배출도 대폭 줄일 수 있다. 에어택시는 수많은 도시들의 골칫거리인 교통 혼잡과 공해 등의 난제를 해결할 수 있는 대안이 된다. 이러한 혁신을 위해 각국은 머신러닝, 센서, 재료과학, 배터리 저장 기술, 자율주행과 인공지능, 빅데이터 등 여러 분야의 기술을 융합한 UAM 상용화에 박차를 가하고 있다. 특히 UAM은 분절된 기존 교통 체계를 통합적, 유기적으로 연결시키고 도심 간 이동 시간을 획기적으로 단축할 것으로 기대를 모으고 있다.

글로벌 UAM 시장은 폭발적인 성장세를 보일 것으로 전망되는데 그중 소형 항공모빌리티에 속하는 eVTOL은 발전 가능성이 높다. 모건 스탠리는 2050년 한 해에만 에어택시 41만 대가 양산된다고 전망했다. 2019년 글로벌 판매 헬리콥터 수(657대)의 약 600배에 해당하는 수준이다. 전세계에서 현재 에어택시 개발업체는 200여 개에 달한다.

상공을 가르는 출근길, 누가 선점할 것인가

최근 가장 주목할 만한 성과를 내고 있는 에어택시 개발업체는 독일의 스타트업 '볼로콥터'다. 에어택시 기업 중 상용화 진도가 가장 빠르다. 2019년 10월 자체 개발한 '볼로콥터 2X'는 두 명의 승객을 태운 채 싱가포르 100미터 상공으로 날아오르면서 최초의 유인 시험비행에 성공했다. 앞으로는 멀티로터 Multirotor 형식의 볼로시티 VoloCity, 즉 여러 개의 회전날개를 가진 에어택시를 여러 나라에서 운행할 방침이라고 밝혔다.

볼로콥터는 볼로시티의 비행시간을 더 늘려 내년에는 독일, 두바이, 싱가포르에서 상용화하는 게 목표다. 또 미국과 유럽에서도 서비스를 제공할 수 있도록 현재 FAA에 인증 프로세스를 해놓은 상태다. 볼로시티는 2022년 말까지 EU 항공안전청 European Aviation Safety Agency 형식증명 Type Certification, TC 을 받고 2023년부터 상용운항하는 것을 목표로 하고 있다.

2009년 창업한 스타트업 조비 에비에이션은 UAM 시장에서 '우버 서비스'를 구현할 회사로 꼽힌다. 2020년 우버의 플라잉카 부문을 합병했고 7,500만 달러의 투자도 함께 받았다. 조비 에비에이션이 개발한 플라잉카 기술과 우버의 소프트웨어가 결합한 것이 이점이다. 현재 개발 마무리 단계인 S4모델은 한 번 충전으로 네 명의 승객을 태우고 240킬로미터를 날 수 있다. 최고 속도는 시속 320킬로미터다. 이미 시험비행을 1,000회 이상 끝냈고, 2023년 인증을 목표로 하고 있다. 2023년 말 FAA의 형식증명을 받고 2024년부터 상용운항을 시작할 계획이다. 미국 내에서 에어택시 서비스 상용화를 위해서는 모두 세 개의 승인을 받아야 하는데, 조비가 첫 관문을 먼저 통과한 셈이다.

구글의 공동창업자 래리 페이지가 2010년 창업한 '키티 호크' Kitty Hawk 는 1인승 플라잉카 헤비사이드를 개발 중이다. 날개에 탑재한 로터를 꺾어 수직 이착륙이 가능하다. 키티 호크와 보잉이 합작한 위스크

에어로Wisk Aero는 조종사 없이 비행하도록 설계된 2인승 플라잉카 '코라'Cora를 개발 중이다. 지난 수년 간 플라잉카 프로젝트를 중단했다가 재개하는 등 상당한 부침을 겪었는데, 현재 프로토타입 5세대인 코라는 도심형 에어택시를 목표로 한다.

일본 스타트업 스카이 드라이브SkyDrive가 개발한 'SD-03'모델은 2025년 상용화를 목표로 하고 있다. 2020년 8월 비행사가 탑승해 시험비행에 성공했고, 지난해엔 일본 국토교통성에서 형식 인증을 승인받았다. 사실상 운행이 가능하다는 인증을 받은 것이다. SD-03은 최고 속도 시속 48킬로미터로 최장 10분간 비행할 수 있다. 스카이 드라이브는 현재 1인승인 SD-03의 2인승 모델을 2023년까지 내놓고, 2025년 일본 오사카 지역에서 택시 서비스를 시작할 계획이다.

중국의 지리차는 2017년 미국 플라잉카 개발사 테라푸지아Terrafugia를 인수했다. 이후 테라푸지아와 중국의 드론 스타트업 '쓰촨 아오시 테크놀로지'Sichuan Aossci Technology를 합병해 '에어로푸지아 테크놀로지'Aerofugia Technology를 세운 후 에어택시 연구개발을 이어나가고 있다. 2019년에는 볼로콥터에 대규모 투자를 하면서 합작사를 세웠고, 2021년 상하이 모터쇼에서 '볼로콥터 2X'를 선보였다.

K-AAM, 한국 모빌리티 생태계의 미래는?

한국의 하늘에서도 하늘을 나는 자동차를 볼 날이 머지않았다. 정부는

2025년을 목표로 UAM 상용화를 추진하고 있다. UAM이 국내에서 상용화되면 승용차로 약 한 시간 걸리는 서울 여의도−인천공항(약 40킬로미터) 구간을 3분의 1 수준인 20분 만에 주파할 수 있다. 국토교통부는 2040년까지 국내 UAM 시장 규모가 13조 원, 생산유발효과 23조 원, 부가가치는 11조 원에 이르고 일자리 창출만 16만 명에 달할 것으로 예상하고 있다. 미국의 투자은행 모건 스탠리는 세계 시장 성장성을 더 크게 보고, 2040년까지 글로벌 UAM 시장이 1조 5,000억 달러(약 2,091조 원)까지 커질 것으로 전망했다.

UAM이 확실한 미래 먹거리로 부상한 만큼 글로벌기업 역시 인력을 재배치하고 다른 기업과의 활발한 교류를 통해 경쟁력 확보와 시장 선점을 위한 기반을 다지는 중이다. 특히 UAM 생태계 구축을 위해 서로 다른 업종의 기업들이 합종연횡하며 협업하는 사례들이 계속 이어지고 있다. 각개전투보다 연합전선을 형성하는 것이 더 유리하기 때문이다. 세계적인 항공기업, 완성차업체, 정보통신기술기업, 에어모빌리티 분야 스타트업 등이 치열한 경쟁을 펼치고 있다. 국내에서는 한화시스템과 현대자동차를 필두로 대한항공, 한국항공우주 산업Korea Aerospace Industries, 카카오, 롯데를 비롯해서 SK텔레콤과 KT 등 통신업계도 UAM 시장에 진출해 통신 인프라 분야에서 속도를 내는 중이다.

특히 한국항공우주연구원, 현대자동차, 한화시스템이 에어택시 개발 경쟁에서 각축을 벌이고 있다. 그중 한화시스템은 국내 기업 가운데 UAM 사업에 가장 적극적이다. 기체 개발과 운행 협의 및 인프라 설계까지 에어택시 사업에 필요한 모든 것을 이미 갖춘 상태다. 2019

년 7월 국내 최초로 UAM 시장 진출을 발표하면서 시장 선점에 나섰다. 2020년 2월에는 미국의 오버에어와 함께 에어택시 '버터플라이'Butterfly의 공동개발에 들어갔다. 2024년까지 기체 개발을 마치고 2025년 서울－김포 노선 시범 운행에 들어갈 계획이다. 이를 위해 도심 상공의 항행·관제 설루션, 기존 교통체계 연동 시스템 등 항공 모빌리티 플랫폼 구축에 힘을 쏟고 있다.

현대자동차는 2020년 미국에 UAM 사업 관련 법인을 설립했다. 지난해 11월 해당 독립법인 이름을 '슈퍼널'로 새롭게 바꾸고 더욱 공격적인 투자를 진행하고 있다. 북미본부는 2025년까지 에어택시를 상용화를 목표로 삼았다. 2028년까지 하늘과 지상을 연결해 끊김 없는 이동을 가능케 하는 '심리스 모빌리티'를 현실화한다는 로드맵을 세웠다. 2028년까지 우버와 에어택시를 공동개발하겠다는 목표를 3년 더 당긴 것이다. 주목해야 할 점은 2022년 1월에 UAM 사업부를 'AAM 본부'로 격상했다는 점이다. UAM 기체 규모를 확대해 중대형 화물의 수송까지 담당하도록 하고, 기존 지역의 공항을 활용할 수 있도록 하겠다는 것이다. UAM이 상용화되면 RAM 시장도 열릴 가능성이 크다. 따라서 기반 기술을 미리 확보할 수 있도록 선점하겠다는 전략이다.

조비 에비에이션은 UAM 글로벌시장 공략의 전초기지 중 하나로 한국을 선택하면서 SK텔레콤과 전략적 업무협약을 맺었다. SK텔레콤의 통신·플랫폼·서비스와 자사의 UAM 기체 개발 역량을 결합해 시너지를 발휘한다는 전략이다. 독일의 볼로콥터도 카카오모빌리티와 함께 2년 내에 싱가포르에서 에어택시를 론칭하려 준비하고 있다. 이 두

회사는 '한국형 UAM 서비스 모델 고도화 및 상용화'를 위한 업무협약을 체결했는데, 카카오모빌리티의 교통 데이터와 볼로콥터의 독보적인 기술력이 어떤 시너지를 낼지 귀추가 주목된다.

이들 선두 기업들은 전문 기관 및 기업들과 파트너십을 맺어 항공기 제작과 항공운송 사업에 동시에 진출하는 전략을 펼치고 있다. 하지만 문제는 제도 마련과 아울러 안전과 소음에 관한 문제를 해결해야 한다는 점이다. 이런 문제들이 해결되어야 UAM 사업이 이머징 산업으로 발돋움할 수 있다.

지하 루프 모빌리티의 혁명은
시작되었다

최근 버진 하이퍼루프Virgin Hyperloop는 팟Pod 안에서 총을 쏘듯 빠른 속도로 이동하는 경험이 어떤 것인지를 보여주는 새로운 비디오를 공개했다. 이 콘셉트 영상은 운송의 미래에 대한 야심 찬 비전을 담고 있으며, 탑승 수속부터 하차까지 여행 과정의 각 단계를 보여준다.

이 경험은 마치 비행기를 타기 위해 공항에 가는 것을 연상시키는데, 셔틀의 내부는 넓게 열린 캐빈과 대면 좌석이 있어 철도 여행에 더 가깝다. 그러나 가장 큰 차이점은 위쪽에 넉넉한 채광창으로 보이는 것을 제외하고는 창문이 없다는 점이다. 자기부상 팟이 최대 760mph(시속 70마일)의 속도로 진공관을 통과하기 때문이다. 다만 밀실 공포증을 덜기 위해 디자인 팀은 야외 공간의 녹지와 나무 질감의 소재 등을 활용해 자재의 미학에 집중했다.

버진 하이퍼루프의 공동창립자이자 첫 번째 승객인 조시 기겔Josh Giegel은 당시 〈뉴욕타임스〉와의 인터뷰에서 "스포츠카에서 가속하는 것과 크게 다르지 않은 느낌이었다."고 말했다. 향후 버진 하이퍼루프는 28인승 팟의 대형 호송으로 한 시간에 수천 명의 승객을 수송하기를 희망하고 있다. 몇 시간씩 달려야 갈 수 있는 도시로 몇십 분이면 갈 수 있어서 장거리를 매일 통근하는 것이 가능해진다. 즉 무한한 가능성의 세상이 열리고 있는 것이다.

2022년 7월, 캐나다의 트랜스포드TransPod는 캘거리에서 에드먼턴까지 약 75달러로 45분 안에 이동할 수 있는 진공 튜브의 예비 건설을 시작했다고 밝혔다. 현재 5억 5,000만 달러의 자금을 조달했으며 캘거리와 에드먼턴 사이의 300킬로미터에 걸친 프로젝트가 다음 단계로 넘어가고 있다. 이미 환경 영향 평가를 포함한 예비 건설 작업이 시작되었으며, 상용화되면 향후 63만 6,000톤의 이산화탄소 배출량을 줄일 것으로 기대하고 있다.

최근 하이퍼루프를 개발하는 회사들은 승객들이 보다 효율적으로 여행할 수 있도록 클라우드 기반의 블록체인 기술을 적용하는 방안도 고려하는 중이다. 예약부터 탑승 수속이나 비용 지불 등 그 외 여러 가지 사항들을 보다 사용자 편의적으로 설계한다는 의도다. 블록체인을 이용해 대중교통과 관련된 각종 모빌리티 서비스를 통합한 모빌리티 생태계Mobility Ecosystem를 구축한다는 것이다.

터널루프에서 하이퍼루프까지
'머스코노미'가 현실이 된다

2022년 1월, CES 2022의 주요 전시장 중 하나인 LVCC 앞. 사람들이 웨스트홀에서 센트럴홀로 이동하기 위해 테슬라 전기차 모델에 올라타자 차는 이내 하얀색 원형 지하 터널로 미끄러지듯 내려갔다. 이 터널의 지름은 차량 한 대가 겨우 빠져나갈 정도인 3.5미터다. 각 정류장 간의 거리도 1분 남짓 걸리는 짧은 구간이다.

테슬라 CEO 일론 머스크가 설립한 보링 컴퍼니The Boring Company의 지하 터널 '베이거스 루프'Vegas Loop를 이용하면 컨벤션센터 웨스트홀에서 사우스홀 정거장까지는 1분밖에 걸리지 않는다. 베이거스 루프를 경험한 사람들은 '또 다른 세계에 와 있는 것 같은 느낌이 들어 흥미로웠다'는 반응을 쏟아냈다.

보링 컴퍼니는 라스베이거스 시의회에서 터널 확장 승인을 받았다. 이번 승인으로 라스베이거스 지하에 34마일(54.7킬로미터)에 달하는 터널과 해리 리드 공항, 얼리전트 스타디움 등 라스베이거스의 유명 관광지가 포함된 55개 역을 설치할 예정이다. 또한 2022년 4월에는 6억 7,500만 달러(약 9,412억 원) 규모의 투자를 유치했으며, 기업 가치는 56억 7,500만 달러(약 7조 9,223억 원) 수준으로 평가받았다. 이 자금으로는 엔지니어링, 운영, 생산 등 다양한 분야의 인력을 충원해서 차세대 터널링 기계인 프루프록Prufrock의 연구 개발을 가속화할 계획이라고 밝혔다.

보링 컴퍼니는 교통 체증으로 몸살을 앓는 도시 지하에 터널을 뚫어 더 빠르고 값싼 물류를 제공하자는 머스크의 아이디어에서 출발한 업체다. 이 터널루프는 2013년 일론 머스크가 언급한 하이퍼루프에서 파생된 기술 차세대 교통수단으로 하이퍼루프와 비슷하다. 하지만 하이퍼루프는 기술적 한계로 아직 상용화 시기는 불확실한 반면, 터널루프의 상용화는 빨리 이뤄질 전망이다.

이와 관련해 모건 스탠리는 보링 컴퍼니와 테슬라가 생태계를 구축하면서 이른바 '머스코노미'Muskonomy가 형성될 것이라고 전망했다. 보링의 터널은 테슬라의 미래라 할 수 있는 자율주행 택시인 로보택시와 밀접한 연관이 있기 때문이다. 운전대와 브레이크가 없는 로보택시가 운행되려면 터널과 같은 통제된 환경이 필요하다. 이러한 생태계를 바탕으로 보링 컴퍼니가 메가시티 교통수단 핵심 사업자로 도약할 가능성은 점점 더 커지고 있다.

30초 배달, '하이퍼로지스틱스'가 가져올 배송 혁명

텍사스 오스틴에 기반을 둔 스타트업 파이프드림 랩스Pipedream Labs는 하이퍼루프로 사람 대신 패키지를 운송하는 지하 배달 네트워크를 꿈꾸고 있다. 그들의 목표는 30초 안에 패키지를 배달할 수 있도록 '하이퍼로지스틱스'Hyperlogistics를 활성화하는 것이다. 이 아이디어는 지하 파이프 네트워크를 사용해 중앙 허브에서 이웃으로 패키지를 가져오는 형식이다.

초기 계획은 도시 전역의 장거리 배송을 위한 '중간 마일 네트워크'를 만드는 것이지만 궁극적으로 소비자의 집으로 직접 제품을 배달하겠다는 비전을 갖고 있다. '식료품, 음식 및 패키지를 저렴하고 빠르게 환경친화적으로 배달할 수 있는 홈 포털'이라는 새로운 종류의 가전제품이라고 볼 수 있다. 만약 이것이 실행된다면 드론 배달과 로봇 배송 수요를 능가할 것이다.

팬데믹으로 인한 소비자들의 비대면 구매 경험은 유통사들에게 배송의 혁신을 가속화하는 중요한 요소가 되었다. 매일 A지점에서 B지점으로 방대한 양의 패키지를 운반하는 것은 교통 체증을 유발하고 환경에도 악영향을 미친다. 월마트 등 소수의 회사가 드론 배송에 투자하고 있지만 파이프드림 랩스의 공동설립자이자 CTO인 드루 벨콕Drew Bellcock의 의견에 따르면 드론으로는 현재의 물류난을 극복하는 데 한계가 있다. 그는 "배송되는 물건의 양을 생각하면 말 그대로 하늘이 드론으로 뒤덮일 것이기 때문에 드론은 배송의 중추 인프라가 될 수 없다."고 말한다.

파이프드림이 설계한 화물 팟은 길이 18인치, 직경 10.8인치로 회사 웹사이트를 보면 택배 배송을 위한 패키지의 95퍼센트를 운반할 수 있을 만큼 충분히 크다. 팟은 최대 시속 75마일의 속도로 이동하며 각 팟은 충전식 온보드 배터리로 실행된다. 그리고 트럭 및 트레일러와 같은 드라이브 섹션과 화물 섹션으로 나뉜다.

그들의 목표는 지역 내 배송비용을 75퍼센트 대로 낮추는 것이다.

팟은 난방 및 냉방, 전기 및 통신용 파이프를 만드는 데 사용되는 폴리머인 폴리염화비닐 파이프를 통해 이동한다. 파이퍼드림은 기존 은행 대출을 이용해 파일럿 인프라 설치를 조달할 계획이며 사전 시드 펀딩으로 150만 달러를 모금하기도 했다.

인류의 라이프스타일이 편의 기술을 중심으로 계속 진화하고 마우스 클릭으로 원하는 것을 얻음에 따라 소비자의 기대, 상품 수령의 용이함, 저렴한 비용에 대한 요구는 더욱 커질 것이다. 앞으로 10년 후에는 차량이 밤낮으로 도시를 운전해서 물건을 배달하는 것보다 더 나은 배송 방법이 반드시 필요하다. 드론이나 소형 자율 지상 로봇 또는 아직 그 누구도 생각하지 못한 새로운 대안이 나타날 수 있다. 하지만 드론으로 어두워진 하늘과 인도 위의 로봇이 보도를 혼잡하게 만드는 디스토피아에서 살고 싶지 않다면 초고속 지하 하이퍼로지스틱스에 대한 파이프드림의 비전은 우리 모두의 꿈일 수도 있다.

서울에서 부산까지 20분 한국형 하이퍼루프, 하이퍼튜브의 시작

우리나라도 교통 문제를 해결하기 위한 방안으로 한국형 하이퍼루프인 '하이퍼튜브'Hyper Tube eXpress, HTX 사업을 본격적으로 시작했다. 하이퍼튜브란 공기저항이 없는 아진공(0.001~0.01기압) 튜브 내에서 자기력으로 차량을 추진해 부상시켜 시속 1,000킬로미터 이상 주행 가능한 교통 시스템을 말한다. 이 시스템은 항공기 속도에 도심 접근성을 동시 충족시킬 수 있는 잠재력을 보유하고 있다는 평가를 받고 있다.

관련해서 한국철도기술연구원은 2009년부터 아진공 상태의 튜브인 하이퍼튜브 기술을 개발했다. 2020년 11월에는 하이퍼튜브 모형 실험을 실시해서 시속 1,019킬로미터 속도를 돌파하는 등 성과를 이루어냈다. 물론 상용화를 위해 수십킬로미터 길이의 튜브 내 압력을 표준 대기압의 1000분의 1 이하로 유지하는 기술과 차량 부양 기술, 가속 기술, 정지 기술 등 해결해야 할 난제가 많다.

2022년 2월, 국토교통부는 보다 효과적이고 현실적으로 교통체증을 해결하기 위해 2025년까지의 '제2차 고속도로 건설 계획'을 도로정책심의위원회 심의를 통해 최종 확정했다. 여기에는 2024년부터 9년간 하이퍼튜브 연구개발에 약 1조 원을 투입하기로 결정한 내용도 들어 있다. 이를 통해 하이퍼튜브 시장을 선점한다는 목표다. 공모로 선정되는 부지는 하이퍼튜브 핵심 기술개발 연구를 위해 필요한 12킬로미터의 아진공 튜브와 시험센터가 설치된다. 하이퍼튜브 기술은 아직 성공하지 못한 단계로, 핵심 기술을 누가 먼저 확보하느냐가 관련 시장을 선점하는 데 관건이 될 전망이다.

최근에는 전북 새만금을 '초고속 이동수단 하이퍼튜브 기술개발' 테스트베드로 선정했다. 하이퍼튜브 시범단지를 조성하려면 12킬로미터 정도의 직선 노선이 필수적인데, 새만금은 민원 없이 광활한 국가 부지를 활용할 수 있어서 최적지라는 평가를 받았다. 국내 최대로 추진되는 3GW급 새만금 재생에너지를 하이퍼루프 동력에너지로 활용할 수 있다는 점에서도 다양한 파급 효과를 기대할 수 있다.

일본은 하이퍼튜브와는 다르지만 공기와 마찰이 있는 상태로 운행되는 자기부상 열차의 상용화를 앞두고 있다. 2015년 시속 603킬로미터의 자기부상열차 운행 기술을 확보했고, 2027년 도쿄에서 나고야(286킬로미터)까지의 구간을 개통할 예정이다.

하이퍼루프의 성공 여부를 지금 예단하기는 어렵다. 최첨단 기술이라고 해서 모두 현실화되는 것은 아니다. 하지만 하이퍼루프를 추진 중인 기업들이 화석 연료가 아닌 태양열에너지를 사용해 탄소 배출이 없는 친환경 교통수단이라는 점을 내세우면서 새로운 가치를 부여하고 있다는 점은 의미가 있다. 나아가 일련의 기술 진척 과정을 본다면 향후 하이퍼루프의 성공은 기대해볼 수 있을 것이다.

수소 헬륨 비행선으로 운송하고,
드론버스로 출근한다

1937년 5월, 미국 뉴저지주의 레이크허스트 비행장 상공에 독일 비행선 한 대가 다가온다. 이 비행선은 프랑크푸르트에서 출발한 힌덴부르크호로 착륙을 시도하고 있었다. 그런데 갑자기 비행선에서 화염이 치솟으며 순식간에 대형 폭발이 일어났다. 이 끔찍한 폭발 사고로 탑승자 97명 가운데 35명이 사망했다. 당시 화재는 공중에 뜨기 위해 동체에 채운 가연성 기체인 수소에 불이 붙어서 발생한 것으로 알려져 있다. 이후 수소 비행선을 통한 수송은 중단되었다.

그런데 힌덴부르크호 폭발 뒤 거의 한 세기가 지난 지금, 헬륨 부력을 이용해 비행선을 부활시키려는 움직임이 일고 있다. 기후 위기와 에너지 대란을 극복하기 위한 수송수단이라는 점 때문이다. 국제항공 탄소상쇄감축제도Carbon Offsetting and Reduction Scheme for International Aviation에 따르면, 2018년 기준으로 전세계 이산화탄소 배출 비율 중 비행기가 차지하는 비중은 2.4퍼센트에 해당한다. 2037년까지 항공기 이용객이 지금보다 두 배가량 증가할 것임을 감안하면 비행기의 이산화탄소 배출 비중이 치솟을 가능성이 크다. 이러한 상황에서 비행선의 가치는 재평가될 수밖에 없다.

도심에서 도심으로 탄소제로 운송의 혁신

영국 기업 하이브리드 에어 비히클스Hybrid Air Vehicles, HAV는 2025년 비행선 '에어랜더10'의 상용화를 준비하고 있다. 에어랜더10이 주목받는 이유는 이동 시 탄소를 적게 배출하기 때문이다. 비행기는 공중에 머물기 위해 양력揚力을 쓴다. 이를 얻기 위해서는 화석 연료인 석유로 엔진을 끊임없이 돌려 하늘에서 전방을 향해 날아야 한다. 반면 에어랜더10은 비슷한 수송 능력을 지닌 비행기보다 이산화탄소 배출량이 90퍼센트 가까이 적다. 그 이유는 공중에 떠 있기 위한 부력으로 공기보다 가벼운 헬륨가스를 동체에 채우기 때문이다.

에어랜더10은 동체에 불이 붙지 않는 헬륨을 채워 부양하는 까닭에 수소를 넣는 비행선보다 폭발 위험이 적다는 평가를 받고 있다. 또한 추진력과 방향 전환을 위해 프로펠러 네 개가 장착되는데 여기에 친환경 동력장치가 활용된다. 프로펠러 네 개 가운데 절반은 내연기관, 나

머지는 전기모터로 돌린다. 2030년에는 모든 동력장치를 전기모터로 바꿔 탄소 배출을 제로로 만든다는 계획이다.

에어랜더10의 또 다른 장점 중 하나는 비행장이 필요 없다는 점이다. 도심과 도심을 오가는 기차와 버스는 대부분 기차역이나 버스터미널이 필요하다. 하지만 에어랜더10은 땅, 잔디밭, 도로 특히 옥상에도 착륙이 가능하고 기차, 버스, 트럭보다 훨씬 많은 대용량 수송이 가능하다. 특히 소음이나 진동이 없어 도심 운항이 용이해서 도심 내 승객 수송과 화물운송에 주로 사용할 수 있다. 그 외에 군사용 관찰 비행선 등 다양한 용도로도 사용될 수 있다. 에어랜더10이 상용화되면 비행기, 기차, 페리의 사용은 상당히 줄어들 것이다.

문제는 느린 속도다. 에어랜더10의 최고 속도는 시속 130킬로미터이고, 여객용 제트기는 시속 700~1,000킬로미터다. 하지만 에어랜더10은 수직에 가깝게 이착륙할 수 있어 대규모 활주로가 필요 없으므로, 도심 내에서 승객을 태우거나 내려줄 수 있다. 반면 비행기를 이용하려면 도시 외곽에 있는 공항까지 가야 하기 때문에 총 소요 시간을 따진다면 큰 단점은 아니다. 중저속 이동수단이지만 비행기보다 편안한 유람선 역할도 할 수 있다.

에어랜더10 등의 비행선에 또 다른 기회가 열릴 가능성이 커지고 있다. 프랑스 하원 의회는 열차로 두 시간 삼십 분 내 이동 가능한 거리는 항공 노선을 금지하는 법안을 통과시켰다. 이는 비행기가 아닌 기차 등의 이동수단 이용을 장려하기 위함인데 향후 비행선 운용의 확대에도 영향을 미칠 전망이다. 에어랜더10 내부에는 최대 100여 석의 좌석을 설치할 수 있기 때문에 화물운송뿐 아니라 여행객 수송도 가능해서 탈탄소를 지향하는 미래에 적합한 교통수단 중 하나가 될 것이다.

헬륨이 아닌 수소를 활용한 비행선을 개발하는 회사도 있다. 수소는 매우 가벼운 기체로 풍선이나 비행선의 부력을 높이는 데는 이상적이지만 폭발의 위험이 높기 때문에 최근에는 헬륨을 활용한 비행선 개발로 바뀌는 추세다. 그런데 캘리포니아의 스타트업 H2 클리퍼H2 Clipper는 수소로 가득 찬 비행선을 만들고 있다. 헬륨 기반 비행선과 비교했을 때 H2 클리퍼는 비용을 4분의 1로 줄일 수 있다. 대형 수소 비행선으로 150톤의 화물을 9,650킬로미터 거리까지 수송할 수 있으며, 항력을 최소화한 동체 덕분에 시속 280킬로미터라는 매우 빠른 속도로 비행할 수 있다. 전세계적으로 수소 비행선과 헬륨 비행선이 발전하게 되면 공항과 항만 기차역 등은 점차 사라질 수도 있다.

에어택시가 아닌 드론버스 타고 출퇴근한다

"최대 6명만 태울 수 있는 소형 항공기를 만든다는 것은 우리에겐 말이 되지 않는다."

미국 스타트업 켈레코나Kelekona의 설립자 브레이든 켈레코나Braden Kelekona는 승객 40명을 태울 수 있는 '드론버스'를 개발해 서비스한다며 청사진을 소개했다. 우버가 2023년 4인용 드론 택시 서비스를 준비 중인데 그보다 더 큰 규모의 대중교통수단을 제공하겠다는 것이다. 빠르면 2024년부터 뉴욕의 하늘을 나는 드론버스를 볼 수 있을지도 모른다.

켈레코나는 비행접시와 비슷한 납작한 모양의 비행체로 총 여덟 개의 프로펠러가 각 모서리에 부착되어 있으며, 수직이륙과 전진 비행을 자유롭게 수행할 수 있다. 배터리팩은 수천 가구에 전력을 공급할 수 있는 수준인 3.6메가와트 용량인데 교체 가능한 배터리라서 재충전에 소요되는 시간을 줄일 수 있다. 최대 483킬로미터의 거리를 주행할 수 있으며 4,536킬로그램을 실을 수 있다. 이 프로젝트에는 테슬라, 포드, 제너럴 모터스, NASA 등 다양한 기업에서 일한 엔지니어들이 참여하고 있다.

첫 번째 코스는 미국 뉴욕 맨해튼에서 햄프턴에 이르는 코스다. 비행시간은 총 삼십 분이고 비용은 85달러(약 11만 원)로 동일한 노선의 기차 비용과 유사하다. 첫 코스를 시작으로 런던에서 파리, 로스앤젤레스에서 샌프란시스코, 뉴욕에서 워싱턴DC, 보스턴에서 뉴욕에 이르는 코스로 비행 서비스를 확대해나갈 예정이다.

이 드론버스는 도시생활을 하는 사람들에게 최적화된 미래 대중교통수단이다. 드론버스는 일반 승객 외에도 군인의 탑승이 가능하며, 긴급 의료 지원용, 화물수송용으로도 활용될 방침이다.

극초음속 로켓,
전세계 초연결 시대가 열린다

PM 2:00 도쿄 신주쿠에서 거래처 미팅.

PM 8:00 LA 집에서 친구들과 바비큐 파티.

불과 몇 년 후면 LA와 도쿄를 한 시간 안에 오가면서, 오후엔 도쿄에서 비즈니스 미팅을 하고 그날 저녁엔 LA로 돌아갈 수 있을지도 모른다. 이는 더 이상 허무맹랑한 이야기가 아니다. 미국의 스타트업인 비너스 에어로스페이스Venus Aerospace가 전세계 승객을 태우고 한 시간대로 세계를 이동할 수 있는 초음속항공기를 제작하고 있다.

비너스 에어로스페이스는 '하이퍼소닉(극초음속)' 우주 비행기를 만드는 중이다. 우주비행기가 이륙한 뒤 순항고도에 도달하면 로켓 추진으로 지구 대기권 밖 우주 공간에서 시속 9,000마일(약 1만 4,484킬로미터)로 비행하게 된다. 음속의 12배에 이르는 그야말로 극초음속이다. 우주 가장자리에서 이 속도로 약 15분간 비행한 뒤에는 대기권을 뚫고 활공하며 목적지의 일반 공항에 착륙하는 방식이다.

비너스 에어로스페이스는 영국 버진그룹 민간우주개발업체 버진 오빗 출신 부부 기술자가 설립했다. 도쿄에 살던 부부가 미국에 사는 할머니의 95번째 생일 파티를 놓친 게 결정적인 계기가 됐다. 이들 부부와 의기투합한 연구진도 우주 산업 베테랑들로, 극초음속 여행을 가능하게 하는 수천 가지 문제를 해결하는 중이다. 2021년 기술 데모 엔진을 설계 및 구축하고 미국 전역의 극초음속 풍동 및 추진 테스트 시설에서 주요 실험을 실행했다. 그뿐 아니다. 스페이스포트 휴스턴에서 지상 테스트 캠페인을 시작해 개발 속도를 높이는 중이다. 2023년에는 소형 드론의 아음속 및 초음속비행 테스트를 시작할 계획이다.

전세계 어디든 한 시간 이내로 여행한다

민간 우주여행이 성공을 거두면서 우주여행에 쓰는 기술을 이용한 새로운 초고속 운송수단 개발 경쟁에 불이 붙었다. 우주선으로 지구 여행을 한다는 최초의 구상은 일론 머스크가 발표했다. 그는 2017년 9월 멕시코에서 열린 국제 우주대회에 참석해, 로켓에 우주선을 실어 지구 어디든 한 시간 이내에 도착하는 로켓 지구여행 구상을 내놨다.

우주비행 개발 기술이 지구 밖이 아니라 전세계 도시를 연결하는 용도로 사용된다면 이러한 파괴적 혁신도 가능하다. 바야흐로 전세계 어디든 한 시간 내에 연결되어 국가 간 경계가 점차 사라지는 상상 속의 일이 서서히 현실이 되어가고 있다.

NASA는 2020년 준궤도 우주관광 개발기업인 버진 갤럭틱과 우주협약을 맺었다. 기술적으로 실행 가능한 초음속항공운송수단을 개발해 대륙 간 여행에 적용하려는 목적하에 이뤄진 협약이다. 민간 우주관광이 본격화되면서 대륙 간 운송수단 개발 경쟁도 치열해지고 있다. 스페이스X의 로켓우주선의 지구 여행계획을 보면 11시간 걸리는 런던에서 홍콩까지의 비행이 34분으로 줄어든다.

세계 최초의 초음속여객기는 1976년 영국과 프랑스가 공동개발한 콩코드다. 당시 여덟 시간 정도 걸리던 파리-뉴욕 대서양 횡단 비행 시간을 세 시간 반으로 단축했다. 그러나 콩코드는 2000년 파리 샤를 드골 공항에서 이륙 중 폭발해 승객 109명이 숨지는 대형 참사 후 불명예 퇴역했다. 이후 수많은 항공기업이 극초음속비행기를 개발하고 있는데, 그중 붐 슈퍼소닉 Boom Supersonic 에 주목해야 한다.

붐은 2025년 초음속비행기 오버추어 Overture 의 시제기를 만들어 2026년에 시험비행을 한 뒤 2029년 상업운항을 시작한다는 계획을 갖고 있다. 이 항공기는 마하 1.7의 속도로 뉴욕에서 런던까지 세 시간 삼십 분만에 비행한다. 현재 일반 항공기로는 여섯 시간 삼십 분이 걸리는 거리다. 오버추어는 자동 소음 감소 시스템이 장착된 엔진이 일반 여객기와 비슷한 소음 출력을 내고, 오엔진 네 개가 모두 객실 뒤쪽에 있어 엔진 고장 시 승객이 위험에 처할 가능성을 제거했다고 알려져 있다.

아메리칸항공은 최근 오버추어 20대를 구매할 예정이라고 밝혔는데 지난해 6월에는 유나이티드항공이 15대를 구매했다. 이외에도 일본항공은 2017년 봄에 1,000만 달러(약 139억 원)를 투자해 최대 20대의 항공기를 구매하기로 했다.

그 외 주목할 만한 회사는 미국의 항공우주 전문기업인 허미어스Hermeus다. 허미어스는 마하 5 엔진을 개발 중인데 성공할 경우 뉴욕에서 런던까지 한 시간 삼십 분이면 갈 수 있다. 최근 프로토타입의 마하 5 엔진 가동을 성공적으로 마쳤다. 20명의 승객이 탑승할 수 있으며 마하 5(시속 6,120킬로미터)로 날아가는 이 여객기는 2029년 시험비행을 목표로 삼고 있다.

일본과 중국의 도전적인 청사진

"미래에 각 대륙의 주요 도시를 고속으로 연결하는 초고속 운송수단 수요가 상당할 것이라는 결론을 내렸다." 일본 문부과학성은 이 시장의 규모를 2040년에는 5조 엔(약 48조 4,320억 원)에 육박할 것으로 예상하면서 도전적인 청사진을 제시했다. 전문가위원회에 제출한 계획서에 따르면 일본의 우주여객기 여행은 2단계로 진행된다.

1단계는 일본우주항공연구개발기구Japan Aerospace Exploration Agency의 로켓 H3의 발사비용을 줄이는 것이다. 현재 로켓 발사비용은 50억 엔(약 484억 원)을 웃도는데, 재사용 등의 기술을 개발해 2030년까지 발사비용을 절반으로 줄인다는 목표를 세웠다. 2단계는 이 로켓 재사용 기술을 이용해 민간 부문에서 우주여객기를 개발하는 것이다. 계획서에 의하면 우주여객기는 두 가지 형태다. 하나는 일반 활주로에서 이착륙하는 여객기고, 다른 하나는 공중에서 로켓을 점화해 초고속비행을 하는 여객기다.

중국의 기세도 놀랍다. 〈유라시안 타임스〉EurAsian Times에 따르면, 최근 중국 군의 극초음속 무기 기술 고문이 이끄는 중국 연구원들이 새로운 극초음속 무기를 독립적으로 설계할 수 있는 인공지능 시스템을 개발한 것으로 보인다. 이것이 사실이라면 미사일 경쟁에서 중국이 미국을 앞서나가고 있는 셈이다. 쓰촨에 기반을 둔 이 연구팀은 그들의 인공지능 시스템이 극초음속 풍동 실험에서 생성된 대부분의 충격파를 식별할 수 있으며, 극초음속미사일 또는 미래 비행기를 위한 새로운 엔진을 개발하기 위해 인간의 개입 없이 인공지능이 독자적으로 구축했다고 주장했다.

그 외에 우주 운송회사인 링쿵톈싱 凌空天行은 2023년부터 시속 7,000마일을 비행할 수 있는 극초음속비행기의 테스트를 시작한다는 계획을 발표했다. 미국 CNN의 보도에 따르면 링쿵톈싱의 초음속항공기는 이미 상용화된 콩코드보다 두 배 이상 빠르다. 현재 상하이에서 뉴욕까지 두 시간 만에 비행하는 것을 목표로 초속 1.6킬로미터의 초음속여객기를 개발 중인데, 만일 성공한다면 서울에서 부산까지 직선거리를 4분 안에 주파할 수 있다.

링쿵톈싱에서 개발 중인 여객기의 비행 방식은 로켓과 비슷하다. 순항고도까지 올라가 추진 로켓과 분리한 뒤 비행하고, 목적지 상공에서 수직으로 착륙하는 방식이다. 2025년 우주관광 유인 시험비행을 진행하고, 2030년에는 초음속여객 비행을 시작한다는 목표를 갖고 있다. 링쿵텐싱은 2021년에 이 프로젝트 관련해서 3억 위안(약 592억 원)의 초기 투자금을 확보했다.

이처럼 미국과 중국 등이 경쟁적으로 개발 중인 초음속여객기가 테스트를 통과해 본격 상용화되면 서울에서 미국 전역을 오가는 데 불과 두 시간밖에 걸리지 않는다. 물론 소음 규제와 안전 문제, 배출가스 등 해결해야 할 여러 난제가 있지만 이 문제를 완화할 수 있는 기술까지 확보한다면 전세계 한 시간 생활권은 상상 속 이야기가 아닌 눈앞의 현실이 될 수 있다.

컨설팅회사 딜로이트는 정기 여객편이나 전용기 승객들에게는 초고속교통수단에 대한 지속가능한 수요가 있을 것으로 내다봤다. 아울러 90개 노선에서 연간 225만 명의 승객을 수송할 수 있을 것이라는 전망도 내놓았다.

식량 위기와
푸드테크

지구촌 식량 위기,
인류의 식탁이 바뀌다

식량의 무기화가
시작되었다

지금 전세계는 제2차 세계대전 이후 최악의 식량난에 직면해 있다. 2022년 6월, 유엔세계식량계획World Food Programme과 유엔식량농업기구Food and Agriculture Organization of the United Nations(이하 FAO)가 공동으로 발간한 〈2022년 기아 이슈 보고서〉에는 '다중 식량난과 전세계적으로 지역 내 돌발적인 기아 상황이 악화될 것'이라고 경고하는 내용이 들어 있다.

이뿐 아니다. 현재 농산품 가격은 멈출 줄 모르고 고공행진을 하는 중이다. FAO의 '세계 식품가격지수'는 2020년 코로나19 발발 이후 급상승세를 이어가다 2022년 4~5월에는 사상 최고치를 경신했다. 이는 단지 기후 위기에서 비롯되는 문제만은 아니다. 러시아-우크라이나 전쟁의 영향이 에너지에서 곡물로, 유럽을 넘어 글로벌 곡물 가격 상승으로 확산되고 있기 때문이다. 특히 곡물자급률이 20퍼센트 수준밖에 되지 않는 우리나라의 식량안보는 러시아-우크라이나 전쟁으로 직격탄을 맞았다. 나아가 세계 곡물 가격 변동에 따른 국내 물가 충격의 우려도 지속되고 있는 상황이다.

히트인플레이션, 전세계를 식량 위기에 빠뜨리다

기후 위기가 악화될수록 점점 더 많은 사람이 폭염과 가뭄 등 자연재해로 '기후 난민'이 될 가능성이 높아지고 있다. 오늘날 많은 저개발국가의 국민들은 극심한 가뭄과 폭풍 때문에 식량난과 주거난을 겪고 있으며 점차 기후 난민이 되어가고 있다. 이들은 갑작스러운 재난 외에도 기후변화로 인한 식량과 물 부족 등의 이유로 망명자가 되었다.

호주의 국제 싱크탱크 '경제평화연구소'Institute for Economics and Peace는 매년 각종 세계기구의 자료를 분석해 '생태학적 위협 기록부'를 발표한다. 인구 증가와 물 부족을 비롯한 식량난과 기후변화에 따른 가뭄과 홍수, 해수면 상승 등의 위협 요소에 전세계 국가의 노출 정도를 분석한 것이 주요 내용이다. 그 결과 2050년까지 총 141개국이 최소 한 개 이상의 위협에 노출될 것으로 나타났다. 이 중 19개 국가는 최소 네 개 이상의 생태학적 위협에 노출될 것으로 예상되는데 이들 국가의 인구를 모두 합하면 21억 명에 육박한다. 이 문제에 대한 국제적 대응이 점차 시작됐으며, 이미 기후변화 때문에 일어난 재난재해로 국민들을 이주시킨 국가도 있다.

영국 싱크탱크 왕립국제문제연구소는 〈2021 기후변화 리스크 평가〉 보고서에서 글로벌 수요를 맞추려면 2050년까지 농업의 식량 생산량을 50퍼센트 수준 이상으로 더 늘려야 한다고 발표했다. 그리고 온실가스 배출량을 대폭 줄이지 않으면 농업의 식량 수확량이 30퍼센트까지 감소할 수 있다고 경고했다.

2040년대까지 미국과 중국을 비롯한 세계 4대 옥수수 생산국의 수확량이 10퍼센트 이상 감소할 확률이 40~70퍼센트로 높아질 것으로 내다보면서, 글로벌 공급 차질과 가격 상승으로 이어질 우려를 제기했다. 특히 우리나라는 밀·콩·옥수수를 주로 수입에 의존하기 때문에 직접적인 영향을 받을 것으로 예상된다.

우리나라의 한국농촌경제연구원에서도 식량 인플레이션 위기에 관한 보고서를 냈다. 보고서 〈농업 전망 2022〉에 따르면, 남미에서 저수온 현상이 5개월 이상 지속돼 생기는 '라니냐 현상'으로 건조한 기상이 계속되고 있다. 그리고 이것이 콩과 옥수수의 생육에 부정적 영향을 미쳐 가격 상승으로 이어질 가능성이 있다는 것이다. 비료 가격 급등도 식량 인플레이션에 대한 우려를 키우고 있다. 비료 가격은 질소비료의 주원료인 천연가스 가격의 상승, 코로나19로 인한 운송 차질, 주요 비료 수출국의 수출 제한 조치 등으로 역대 최고 수준에 이르렀다.

앞으로 기후변화와 탄소중립 정책이 강화되면 국제 식량공급은 더 크게 위축될 가능성이 높다. 반면 중국과 인도 등에서는 경제성장에 따라 식량수요가 지속적으로 늘어날 전망이라서 전문가들은 기후 위기가 곧 식량 위기로 나타날 것이라 경고하고 있다.

매년 심각해지는 폭염과 가뭄으로 농산물 작황이 악화되면서 이미 폭등한 식량 가격이 더 오를 가능성도 있다. 이른바 폭염이 곡물 가격을 끌어올리는 현상인 '히트플레이션'Heatflation이 본격화될 조짐이 보인다. 이미 각국 정부와 시장 전문가들은 식량 위기가 수년간 지속될 것으로 예상하고 있다.

러시아-우크라이나 전쟁, 식량안보에 빨간불이 켜지다

러시아는 세계 최대의 에너지 수출국이자 밀 수출 국가이기도 하다. 우크라이나는 밀 수출국 5위로, 이 두 나라의 세계 밀 거래량은 전세계 밀 거래량의 약 30퍼센트를 차지한다. 또한 해바라기와 종자의 세계 무역 비중 역시 53퍼센트를 차지하고 있으며 비료뿐만 아니라 다른 작물의 주요 공급업체이기도 하다.

FAO가 전쟁으로 러시아와 우크라이나의 밀 수출량이 줄어들고, 비료 가격이 치솟는 가운데 세계 식량 가격이 20퍼센트 상승할 수 있다고 경고한 것도 이 때문이다. 에너지 가격 상승으로 식품 가격이 이미 급등한 상황에서 전쟁은 식품 가격에 대한 인플레이션을 더욱 강화했다.

러시아와 우크라이나의 식품 수출에 가장 의존하는 지역은 아시아 태평양, 사하라 사막 이남의 아프리카, 극동 및 북아프리카 등이다. 이들 지역의 영양실조 인구는 2023년에 급증할 수 있으며 이들 나라를 중심으로 사회적 문제가 발생할 가능성도 크다. 식량 가격 인상을 주도한 글로벌 식량 위기는 과거 중동과 북아프리카 전역에서 대규모 시민 소요 사태를 촉발하는 데 핵심적인 역할을 했다. 이는 사회적 불안과 식품 가격 사이에 분명한 상관관계가 있음을 시사한다.

러시아-우크라이나 전쟁은 전세계 농업에 위협이 되고 있으며 식량 공급에 차질을 빚었다. 그러나 이 분쟁만이 문제가 아니다. 기후변화와 인구 증가에 따른 식량 위기는 이미 예견되었다. 식량 위기는 '식량안보 전쟁'을 격화시킬 것으로 보인다. 곡물 수출 제한은 식량을 무기화한다는 지적을 받고 있는데 이것이 그 대표적인 예다. 러시아는 자국 식품의 가격 안정을 위해 지난해 밀 수출세를 부과했고, 아르헨티나는 옥수수 수출을 일시 중단하기도 했다.

이번 식량 위기를 계기로 국제사회가 안정적인 식량안보를 위해 중장기적인 대응책을 마련해야 한다는 목소리도 나온다. 글로벌 식량보호주의 확산은 일시적인 식량 확보에는 도움이 되겠지만 장기적 관점에서는 오히려 국제 식량 물가를 상승시키는 역효과를 낳을 수 있다. 그러므로 지금부터는 제2의 식량 위기에 대비하기 위한 글로벌 공조뿐 아니라 우리나만의 대안 마련이 시급하다.

가장 먼저 식량 위기에 직면할 나라 '한국'

"우리나라는 산업화된 국가 중에서 가장 먼저 식량 위기를 맞게 될 국가다."

이는 전 국립기상과학원장 조천호 박사의 경고다. 우리나라에서 소비하는 곡물은 대략 2,300만 톤으로, 이 중 80퍼센트는 해외에서 수입한다. FAO가 발표한 2020년 한국의 곡물자급률은 19.3퍼센트에 불과한데 이는 OECD 국가 중 식량 자급률 최하위에 해당한다. 유럽과 동유럽이 아프리카의 식량 공급을 감당하기도 힘든 상황에서 러시아-우크라이나 전쟁까지 발발하자 식량난은 더욱 가중되고 있다. 게다가 세계 2위의 밀 생산국인 인도는 폭염으로 밀 수출을 금지했다. 이런 문제들이 총체적으로 작용해 전세계적으로 식량보호주의는 더 강화될 수밖에 없는 상황이다.

기후변화에 관한 정부 간 협의체Intergovernmental Panel on Climate Change는 남미와 호주를 비롯해 미국 역시 앞으로 가뭄이 점점 더 심해질 것이라고 내다봤다. 실제로 세계 최대의 곡물 수출국 중 하나인 미국의 중서부 곡창지대의 경우 1200년 만에 최악의 앞으로 가뭄이 들어 곡물 생산이 최대 40퍼센트까지 감소했다. 이처럼 기후변화로 심각해지고 있는 식량 위기는 점점 더 파국적인 상황으로 치닫기 시작했다.

이런 국제적 상황 속에서 곡물자급률이 낮은 한국의 식량안보에는 빨간불이 켜질 수밖에 없다. 글로벌 식량 공급망 위기가 연쇄적으로 일어나는 최악의 시나리오가 펼쳐진다면 과연 우리나라는 어떻게 될까?

2021년 통계에 따르면 우리나라의 밀 자급률은 0.8퍼센트로, 99퍼센트 이상을 수입에 의존하고 있다. 2020년 기준 밀 수입량은 334만 톤이었다. 그중 식품에 사용되는 제분용 밀은 미국, 호주, 캐나다에서 전량 수입했고 사료용 밀은 우크라이나, 러시아, 미국 등지에서 조달했다. 그 외에 옥수수의 자급률은 0.7퍼센트, 콩을 비롯한 두류의 자급률도 7.5퍼센트에 불과하다. 좁은 국토 안에서 산업시설을 계속 늘리다 보니 농지가 줄어들었고, 경작할 수 있는 논밭이 전체 토지의 15퍼센트밖에 되지 않는 상황이다. 게다가 전체 인구 중 농업인구의 고령화가 가속화되는 것도 문제 요소 중 하나다.

농학자 남재작 소장은 《식량 위기 대한민국》에서 우리나라가 다른 나라의 농업 현황에 대해서는 아는 게 거의 없다는 점을 우려했다. "NASA에서는 인공위성의 이미지를 이용해 세계의 주요 작물 면적을 추정하고 있다. 농산물의 구매, 저장, 운송, 판매에 관여하는 최대 곡물기업인 카길Cargill은 자체 인공위성으로 전세계 농작물 작황을 예측한다. 우리는 2025년에야 농림업에 활용할 중형 과학위성을 쏘아 올릴 예정이다. 우리나라의 경제 규모에 맞지 않게 국가별 농업 전문가도 전무하다."라고 지적했다. 현재 우리나라는 동일한 곡물을 두고 경쟁할 국가의 농업에 대해 아는 것이 없는데 이 사실이 식량안보에 있어 가장 큰 문제라는 지적이다.

식량의 자급률이 낮은 우리나라는 장기적인 식량안보 대책을 세워야 한다. 주요 식량 수출국의 식량 무기화 가능성이 강력하게 대두되고 있는 상황에서 장기적인 안목을 갖고 농업 기술개발을 위한 비전과 안정된 해외 조달 시스템으로의 구조 전환을 모색해야 한다.

이와 관련해서 국내 식량 전문가들은 우리나라의 여건상 식량 자급률을 높이는 방안보다는 식량 수급과 가격 안정을 위해 효율적인 해외 조달 시스템을 구축하는 것이 중요하다고 말한다. 이를 위해서는 세계 농산물 시장의 정보와 거래에 능통한 전문가 육성이 절실하다. 2022년 글로벌 식량 위기를 기점으로 보다 적극적이고 구체적인 방안을 마련해서 식량 주권 회복에 나서야 할 때다.

정밀발효 기술과 대체식품이
당신의 식탁을 바꾼다

2019년 워싱턴대학교에서 흥미로운 블라인드 테스트가 열렸다. 스타벅스의 본고장인 시애틀에서 창업한 '대체커피' 스타트업인 아토모 커피Atomo Coffee가 브랜드 론칭 후, 소비자들의 반응을 확인하기 위해 일종의 실험을 한 것이다. 학생들을 대상으로 스타벅스 커피와 아토모 커피의 블라인드 테스트를 실시한 결과 놀랍게도 아토모 커피가 소비자 70퍼센트의 선택을 받는 압승을 거두었다.

"아토모 커피가 더 부드럽고 신선하며 탄 맛이 덜한 것 같아요." 학생들의 반응에 힘입어 아토모 커피는 온라인으로 콜드브루 대체커피를 판매했으며, 소매 판매 정식 론칭을 준비하는 중이다. 아토모는 버려지는 대추씨, 치커리 뿌리, 포도 껍질, 해바라기씨 겉껍질, 수박씨 등에서 추출한 성분을 적절히 조합해 커피를 만든다. 물론 카페인도 들어 있다. 아토모는 2년여 동안 1,000가지가 넘는 화합물을 조사해 커피와 거의 같은 풍미를 내는 40여 가지 화합물을 찾아냈다.

대체커피 시장이 확산되고 있는 이유는 다른 대체식품들과 마찬가지로 환경 문제와 밀접한 관련이 있다. 세계 최대 커피 산지로 전세계 물량의 40퍼센트를 생산하는 브라질이 잇따른 한파와 가뭄으로 큰 타격을 입어 원두 가격이 급등했기 때문이기도 하다.

무한한 성장 가능성을 지닌
미래 대체식품의 시대

동물성 원료를 사용하지 않고 식물성 바질 참치로 만든 삼각김밥, 유전자 조작을 하지 않은 논Non GMO 대두로 만든 국수, 우유의 유당 대신 천연 포도당인 '슈가애플'을 첨가해 맛과 질감을 최대한 우유와 비슷하게 설계한 유제품, 증류와 발효 없이 21년산 위스키와 비슷한 맛을 내는 '페이크 알코올'….

지금 우리가 마트와 편의점에서 살 수 있는 대체식품들이다. 아직은 경험해보지 않은 사람들의 수가 훨씬 더 많겠지만 머지않아 편의점에서도 대체식품으로 만든 참치김밥과 대체육 햄이 들어간 샌드위치를 자연스럽게 선택하게 될 것이다. 특히 채식주의자 증가와 지속가능한 환경에 관심이 커지면서 식물성 대체육 시장의 규모는 점점 더 확대될 수밖에 없다.

미국의 리서치기관인 마켓케츠앤드마케츠 역시 글로벌 대체육류 시장의 규모가 연평균 6퍼센트씩 성장해 2023년에는 63억 달러(약 8조 7,853억 원)까지 늘어날 것으로 내다봤다. 대체육 시장의 빠른 성장에 따라 일반 육류 시장의 점유율이 축소될 것이라는 전망도 나온다. 글로벌 경영 컨설팅기업인 에이티 커니AT Kearney는 일반 육류의 시장 점유율이 2025년 90퍼센트에서 2030년 72퍼센트로 줄고, 2040년에는 전 세계에서 소비되는 육류의 60퍼센트를 대체육이 차지할 것으로 전망했다.

1999년 네덜란드가 배양육 국제 특허를 출원했으며, 2013년에는 미국에서 소세포배양식품 시식회가 열렸다. 그리고 2020년 싱가포르에서는 세계 최고 세포배양식품으로 치킨 너겟이 인정받았다. 미국 스타트업 잇 저스트Eat Just가 싱가포르 식품청Singapore Food Agency에서 세포배양 닭고기의 판매를 세계 최초로 승인받은 것이다.

특히 화학업계의 대체육 투자가 눈에 띈다. 이들은 미국과 유럽의 스타트업에 투자해 기술 확보에 주력하면서 대체육 소재 생산에도 힘쓰고 있다. 이는 탄소 배출을 줄이는 대체육 개발이 ESG 경영의 주요 전략이 될 수 있기 때문이다. 한화솔루션은 돼지고기 배양육을 개발하는 미국 스타트업 뉴 에이지 미츠New Age Meats에 투자한 데 이어, 2021년에는 미국 대체육 스타트업 '핀레스 푸드'Finless Foods에 수백억 원을 투자했다. 핀레스 푸드는 생선에서 줄기세포를 추출해 배양한 뒤 유사한 맛의 인공육을 만드는 회사다.

SK도 대체식품기업 투자에 적극적이다. CES 2022가 열린 미국 라스베이거스 야외 전시장에 세워진 SK푸드트럭에서는 대체육으로 만든 핫도그를 관람객들에게 제공했다. 이처럼 국내 대체육 시장은 미국과 유럽에 비해서는 뒤처졌지만 주요 대기업이 본격적으로 투자하는 데다 연구개발도 활발히 이루어지고 있는 만큼 그 성장세는 빨라질 것으로 보인다.

글로벌 식량 위기 해결책은 '정밀발효' 기술

전세계가 식량 위기 극복을 위해 고민하고 있는데 그 해결책 중 하나로 '정밀발효'Precision Fermentation가 주목받고 있다. 값비싼 수입 식품은 특정 지역의 정밀발효 생산 허브를 통해 대체될 수 있으며, 이를 통해 사람들은 미생물을 프로그래밍해 정확한 맛과 질감, 영양 품질을 가진 단백질을 양조할 수 있다. 정밀발효 기술은 단 3년 안에 벌크 동물성 단백질과 비교해 비용 경쟁력을 갖게 될 가능성이 크다. 그 후 2030년까지 다섯 배, 2035년까지 10배 더 저렴해질 것이다.

점점 더 비싼 가스와 밀 수입에 의존하는 국가들은 터무니없는 테크노픽스가 아니라, 이미 확장되고 있는 기존 기술에 기반을 둔 다른 현실을 상상하고 싶어 한다. 그 대안이 바로 정밀발효 기술이다.

리싱크X는 정밀발효의 의미와 작동 원리에 대해 자세히 설명하고 있다. 정밀발효란 두 가지 기본 프로세스, 즉 발효 및 정밀생물학을 포함하기 위해 사용하는 용어다. 이러한 두 가지 공정을 결합하면 간단한 미생물 또는 미생물에서 맞춤형의 복잡한 유기분자를 생성할 수 있다.

오래된 발효 과정에서는 단순히 미생물에 의해 유기물질(일반적으로 설탕)이 분해되어 하나 이상의 물질이 생성된다. 발효 반응이 발생함에 따라 단백질, 효소 및 지방과 같은 특정 분자가 유전자 구성에 따라 생성된다. 본질적으로 미생물은 자체 이익을 얻기 위해 발효를 겪는다. 실제로 우리는 수천 년 동안 발효를 활용해 맥주와 와인뿐만 아니라 빵, 요구르트, 식초, 두부, 피클과 같은 모든 일상적인 식품을 만들어왔다. 그리고 지난 100년 동안 발효의 상업적 사용을 확장해 비타민, 약물, 용매, 유기산 및 산업용 효소를 생산했다.

정밀발효는 정밀생물학의 놀라운 발전과 연관이 있다. 정밀생물학은 인공지능, 기계학습 및 클라우드와 같은 현대 정보기술과 유전자공학, 합성생물학, 대사공학, 시스템생물학과 같은 현대 생명공학과 함께 논의되고 있다. 정밀발효를 통해 과학자들은 식품 및 기타 제품의 맛, 느낌 및 성능 향상을 포함해 원하는 대로 맞춤형 분자를 만들도록 미생물을 프로그래밍할 수 있다.

과학자들은 식물과 동물의 단백질 및 기타 분자와 이를 코딩하는 유전 정보를 연구하고 분류한다. 그다음에는 검색 가능한 대규모 데이터베이스에 저장된 데이터를 사용해 관련 유전자 서열과 심지어 처음부터 새로 설계된 서열을 미생물에 복사, 편집 및 붙여넣기한다. 이 과정에서 미생물은 특정 입력을 소비하고 원하는 출력을 내뿜는 매우 효율적인 공장 역할을 한다. 인공지능과 자동화 및 시뮬레이션을 통해 연구

개발하고, 스케일 업 및 생산이 훨씬 더 큰 규모로 빨리 이루어질 수 있기 때문에 정밀생물학을 뒷받침하는 최신 정보기술은 매우 중요하다.

우리는 2025년까지 정밀발효로 만들어진 많은 단백질이 비슷한 벌크 단백질보다 가격 경쟁력에서 우위를 점하기를 기대하고 있다. 특히 발효 유제품은 성공할 가능성이 크다. 발효 식품은 인류가 오랫동안 먹어온 것으로 그만큼 안전성도 이미 검증받았다. 마케츠앤드마케츠에 따르면, 전세계 정밀발효 시장의 규모는 2022년 16억 달러에서 2030년 363억 달러로 증가할 것으로 예상된다. 투자자 증가로 관련 스타트업이 이미 시장에 진출해 있다.

2021년 미국 샌프란시스코의 바이오기업인 '퍼펙트 데이'Perfect Day는 올해 안에 미생물로 만든 치즈 제품을 선보이겠다고 밝혔다. 우유는 여섯 가지 단백질이 물에 분산된 단순한 형태다. 그 외 지방과 당분, 미네랄이 들어간다. 퍼펙트 데이는 정밀발효를 통해 동물의 힘을 빌리지 않고 우유 단백질을 만들었다. 먼저 젖소에서 우유 단백질을 만드는 유전자를 찾아냈다. 이것을 '트리코더마 레세이'Trichoderma reesei라는 학명의 곰팡이에 주입한 뒤 이 곰팡이를 발효 탱크에서 배양해 우유 단백질을 생산한 것이다.

퍼펙트 데이뿐 아니라 샌프란시스코의 뉴 컬처와 독일의 포르모도 발효 공법으로 치즈를 제조하고 있다. 국내 기업들의 관련 스타트업 투자도 눈에 띈다. 2021년 SK는 글로벌 대체식품 시장 선점을 위해 퍼펙트 데이에 5,500만 달러(약 766억 원)를 투자했다.

미국 국립과학원회보Proceedings of the National Academy of Sciences의 연구에 따

르면, 청정 전기 시스템으로 구동되는 정밀발효는 기존 농업보다 더 효율적이라는 결과가 나왔다. 생산된 단백질 1킬로그램에 대해 태양열 미생물은 가장 효율적인 식물 작물인 대두와 비교해 토지 면적의 10퍼센트만 쓰면 된다.

이 연구는 일조량이 적은 북부지방에서도 진행됐다. 그 결과 물과 비료의 사용을 최소화하면서 태양에너지로 미생물을 배양해서 만든 식품의 생산량이 주요 작물을 훨씬 능가할 수 있음을 밝혀냈다. 중요한 점은 사막처럼 농업에 적합하지 않은 지역에서도 생산이 가능하다는 점이다. 즉, 이는 현재 식량 위기에 가장 취약한 중동 및 북아프리카의 건조 지역에서도 정밀발효를 사용해 자체 식량을 생산할 수 있음을 의미한다. 이것이 성공하면 변동성이 심한 식품 수출 의존도를 줄일 수 있다.

이 모든 것은 전례 없는 기회가 될 가능성이 크다. 현재 식량 공급 충격에 취약한 저소득 국가는 지역 정밀발효 생산 허브를 구축해 식량 안보뿐만 아니라 첨단 기술 일자리를 확보하고, 기업의 설립을 통해 새로운 번영을 창출할 수 있다. 이 경로를 통해 중동, 아프리카, 아시아 및 기타 지역에 걸쳐 취약한 수십 개 국가가 러시아의 화석 연료 및 농업 독점에 대한 의존에서 벗어날 수 있다. 아울러 전체 식량 시스템이 변화하기 시작할 것이므로, 변동하는 식량 가격과 시민 소요 사이의 연결 고리를 완전히 끊는 데도 도움이 된다.

2035년이면 소고기의
95퍼센트가 사라진다

2022년 8월, 네덜란드 정부는 '전체 가축의 30퍼센트 감축'이라는 극단적인 조치를 발표했다. 기후 위기가 심각해지자 질소 배출을 줄이겠다는 것이다. 이에 반발하는 3만 명의 농민이 과격한 시위를 벌이며 정부와 대치하면서 네덜란드 사회를 불안에 빠뜨렸다. 이러한 현상은 비단 네덜란드만의 문제는 아니다.

전세계 온실가스 배출량에서 축산업이 차지하는 비중은 상당히 크다. 축산업 중에서도 소가 가장 큰 원인이다. 장내 발효 및 분뇨에서 메탄을 통해 직접적으로 온실가스를 배출할 뿐만 아니라, 토지 이용과 사료를 통해 간접적으로도 온실가스를 배출한다. FAO의 2013년 통계에 따르면, 전세계 축산업에서 배출하는 온실가스는 연간 7.1기가톤으로 전체 배출량의 14.5퍼센트를 차지했다. 이는 전기·열 생산(25.0퍼센트), 산업(21.0퍼센트)에 비해 적은 수치가 아니다. 이것이 배양육업체들이 소고기 대체육 개발에 나서고 있는 이유 중 하나다.

토니 세바Tony Seba 리싱크X 대표 겸 전 스탠퍼드대학 교수가 2018년 발표한 보고서 〈농축산 유제품 산업의 소멸〉은 놀라운 변화를 예견하고 있다. 가치사슬의 모든 측면을 분석하면 2030년까지 기존의 축산업과 낙농업의 수요는 현재보다 70퍼센트 정도 감소하고, 2035년까지 기존의 소고기와 유제품의 수요는 80~90퍼센트가량 줄어들 것이다. 그리고 닭고기는 물론 돼지고기와 같은 동물성 식품 시장 역시 이와 비슷한 궤적을 따를 것이라는 전망이다. 즉 2035년이 되면 미국의 축산업은 붕괴한다는 결론이 나온다.

정밀배양 시대를 열어나갈 식품 소프트웨어

리싱크X 보고서는 기존의 산업형 축산업은 붕괴되면서 배양육과 같은 '미래 먹거리'를 생산하는 산업으로 대체될 것이라고 전망했다. 식량 생산 방식은 '식품 소프트웨어'라는 모델로 대체되어 과학자들은 분자 수준에서 식품을 가공할 수 있다. 정밀생물이 급속히 발전하면서 정밀 발효도 큰 진전을 이룬 것이다. 완전히 새로운 생산 모델과 결합해 과학자가 설계한 개별 분자가 데이터베이스에 업로드되는 방식이다.

이러한 생산 방식은 마치 소프트웨어 개발자가 앱을 디자인하는 것과 같은 방식으로 전세계 어디서나 식품 엔지니어가 제품을 디자인할 수 있게 해준다. 그리고 데이터베이스를 공유해 날씨나 질병, 무역 등으로 야기되는 가격 변동성에 영향을 받지 않으면서 고품질 식품을 생산할 수 있게 해준다. 이로 인해 2035년에는 현재의 가축과 사료 생산에 사용되는 토지의 약 60퍼센트가 다른 용도로 사용될 것이라는 예측도 나왔다. 이는 미국 대륙의 4분의 1을 차지하는 수준이다.

그렇다면 기존의 축산업과 낙농업 붕괴로 오늘날 인류의 가장 중대한 과제인 기후변화와 환경 문제도 해결될 수 있을까? 토니 세바 교수는 온실가스 배출의 원인 중 하나인 축산업과 낙농업이 무너지면 미국의 온실가스 배출량은 2030년에는 60퍼센트, 2035년에는 80퍼센트까지 감소할 것이라고 전망했다. 실제로 영국 옥스퍼드대학이 2011년에 발표한 논문 〈배양육 생산의 환경 영향〉에 따르면 배양육을 만드는 데 들어간 에너지는 기존 축산업보다 평균 55퍼센트나 적다. 온실가스 배출량과 토지 사용량은 기존 축산업의 각각 4퍼센트, 1퍼센트밖에 되지 않는 것으로 나타났다.

또한 식품 생산 방식의 변화는 다양한 비용의 절감 효과를 가져올 수 있다. 미래의 식품 생산 비용은 동물성 제품을 생산하는 것의 절반에 불과하며, 기능적 특성이 뛰어나 영양가가 높고 맛도 탁월하다. 이 보고서는 "미래의 식품 산업은 식품을 통해 얻어지는 심장 질환, 비만, 암, 당뇨병 등으로 인해 해마다 발생하는 1조 7,000억 달러의 건강 비용을 줄일 수 있다."고 밝혔다.

새로운 산업으로의 이동에 합류하라

현대의 식품 기술, 즉 푸드테크의 잠재 성장력은 어마어마하다. 축산업 붕괴는 식량과 농업 이상으로 인류에게 미치는 영향이 크다. 오늘날 가축 관련 산업은 미국 GDP의 약 6퍼센트에 달하는 수익을 창출하며 10억 마리의 소를 인간이 키우고 있다. 온실가스 배출의 주요 요인이 축산업이며 그 외에도 인간은 물, 토지, 사료, 폐기물을 축산업에 투입한다. 실제로 미국에서 소가 미국 인구보다 13배나 더 많은 폐기물을 생성한다. 농축산업의 종말은 새로운 비즈니스를 찾는 기업들에게 엄청난 기회가 된다. 대체단백질 생산을 위한 미생물디자인회사들이 미래의 식품 산업을 지배할 것이다. 동물성 단백질 제품은 건강과 복지에 중요한 역할을 하는 반면, 전통적인 축산은 질병과 항생제 사용으로 건강과 환경에 부정적인 영향을 미친다. 따라서 식품 생산 방식을 바꾸면 경제와 인류 건강, 천연자원 사용과 환경 보존 등 사회에 직간접적으로 중대한 변화를 일으킬 수 있다.

블룸버그는 대체육을 포함한 전세계 식물성 식품 시장이 2020년 294억 달러(약 40조 원)에서 2030년 1,620억 달러(약 226조 원)로 성장할 것이라 예상했다. 대체육 시장도 40억 달러(약 5조 5,780억 원)에서 2039년 740억 달러(약 103조 1,930억 원)로 성장할 것으로 전망된다.

대체식품 개발이 기업의 ESG 주요 전략으로 자리매김하고 있다 보니 기업들은 이 분야 매우 적극적이다. 전세계가 온실가스 배출을 줄여야 하는 상황에서 대체식품이 전통 축산업에서 배출되는 탄소량을 크게 줄일 수 있다는 점이 부각되고 있기 때문이다. 한국무역협회_{Korea} International Trade Association, KITA에 따르면 환경과 동물복지에 대한 관심과 함께 채식주의자가 늘어나고 있다고 한다. 따라서 대체육이 2030년 전세계 육류 시장의 30퍼센트, 2040년에는 60퍼센트 이상을 대체할 것이라는 전망도 나온다.

식량과 농업의 혼란은 불가피하다. 지금 생산되는 식품은 보다 저렴해질 뿐만 아니라 영양학적으로도 우수해지고 있다. 그러나 현대 식품 기술의 발전 규모와 속도 및 영향은 정책입안자, 투자자, 기업 및 시민사회의 의지에 달려 있다. 리싱크X 보고서의 목표는 관계자들이 서로 본격적인 대화를 시작하고 의사결정자의 관심을 집중시키는 데 있다.

그들이 단기적으로 선택하는 것은 인류의 지속적인 삶에 큰 영향을 미치게 된다. 예를 들어 식품 기술에 대한 지적재산권 및 승인 절차에 관한 선택은 매우 중요하다. 대부분의 사안은 사회적, 환경적 문제를 고려할 뿐만 아니라 경제적 이점에 의해 주도된다. 이때 기존 주류 산업의 분석과 의도에 영향을 받을 수 있겠지만, 오늘날의 경제와 사회는 비경쟁적이고 쓸모없는 자산과 기술에 갇히면 빈곤해진다. 기술의 잠재력을 최대한 활용하려면 우리가 살고 있는 이 복잡하고 역동적이며 빠르게 변화하는 세상을 더 잘 반영하는 접근방식을 채택해야 한다.

의사결정자들은 식량 공급에 대한 보다 진보적인 사고를 기반으로 의사결정을 해야 할 것이다. 인류의 지속가능한 건강과 환경을 지키면서도 새로운 일자리를 만들어내는 혜안을 발휘해야 할 때다.

식품 산업의 뉴 노멀,
푸드테크

오픈주방이 시원하게 펼쳐진 한 식당. 손님들은 키오스크 터치스크린으로 메뉴를 선택한다. 메뉴는 라틴, 지중해, 아시아 스타일의 볶음밥 일곱 가지다. 주문이 끝나면 주방에 있는 일곱 개의 자율 회전 냄비 로봇이 재료를 담아 음식을 만들기 시작한다. 고객들은 홀에서 로봇이 요리하는 모습을 지켜볼 수 있으며 요리 과정을 실시간 모니터할 수 있다. 요리가 끝나면 직원이 호박씨와 치즈 가루 등 고명을 얹은 뒤 손님 테이블에 올려놓는다. 이 음식을 만드는 데 걸리는 시간은 대략 3분이고, 가격은 7.5달러 내외다.

이 로봇 레스토랑 스파이스Spyce는 2018년 매사추세츠공과대학MIT 기계공학 전공 학부생들이 보스턴 대학가에 오픈한 식당이다. 창업 멤버 중 한 명인 마이클 파리드Michael Farid는 석사학위 논문을 준비할 때 너무 바빠서 음식을 만들어 먹을 시간이 없었고, 10달러가 넘는 음식을 사 먹자니 형편이 여의치가 않았다. 바로 여기에 착안해 요리로봇을 만들 생각을 하게 되었다. 이후 친구들을 모아 지인의 지하실에 개발실을 만들고 2년에 걸쳐 고군분투한 끝에 기어이 요리로봇을 만들어냈다. 현재 스파이스의 주방에서 일하는 로봇은 샐러드를 비롯해 총 49개의 조리법을 가지고 있으며, 2021년에는 미국 샐러드 체인 스위트그린이 인수했다.

로봇의 조리 능력은 인간과 견주어도 손색없을 정도로 점점 발전하고 있다. 그런데 로봇이 음식을 만드는 데서 나아가 음식의 맛까지 보면서 조리 도중 맛을 최대한 살릴 수 있다면 어떨까?

유명 셰프의 손맛까지 배운 로봇 셰프의 등장

인간이 느끼는 음식의 맛은 여러 가지 요소가 종합적으로 작용한다. 이제 로봇도 음식의 모양과 냄새, 식감, 간, 온도 등 복합적인 '맛'을 느낄 수 있게 되었다.

영국 케임브리지대학의 후미야 이다Fumiya Iida 박사 연구팀과 유럽 가전업체 베코Beko 가 공동으로, 음식물을 씹는 단계에서 간의 변화를 측정하는 로봇 셰프를 연구했다. 그 결과는 《로봇 및 인공지능학 프런110티어스》Frontiers in Robotics & AI 저널을 통해 발표되었다.

이들은 로봇 셰프가 시식자의 반응을 토대로 오믈렛을 만드는 시험을 통과한 데 이어, '전자 혀'Electronic Tongue를 넘어 인간의 실제 입맛을 모방하기 위해 음식물을 씹는 과정에서 간의 변화를 측정하는 단계까지 진화했다고 밝혔다. 로봇 셰프의 전자 혀를 비롯한 간 측정 방식이 기존의 맛 측정 방식보다 훨씬 더 정확한 결과를 산출한다는 것이다.

연구팀은 향후 단맛이 나는 음식, 기름진 음식 등 다양한 음식의 맛을 판단할 수 있는 로봇 셰프 기술을 개발할 계획이다. 이번 기술은 개념 증명 단계지만 인간이 음식물을 씹고 맛보는 과정을 모방함으로써 향후 로봇 셰프가 개인의 입맛에 맞는 음식을 내놓을 수 있는 단계까지 발전할 수 있을 것이라고 말했다.

"우리는 로봇 셰프의 개발이 바쁜 미래의 가정에서 중요한 역할을 할 것이라고 믿는다. 이 결과는 로봇 요리의 도약이며 기계 및 딥러닝 알고리즘을 사용해 로봇 셰프가 다양한 요리를 하고 사용자의 취향을 조정하는 데 도움이 될 것이다." 베코의 수석 과학자인 무함마드 청타이Muhammad Chughtai의 말처럼 로봇 셰프는 자동 또는 반자동화된 음식 조리를 하는 영역으로까지 나아갈 것이다.

미국 시애틀에 자리한 스타트업 피크닉Picnic은 2021년 8월 LA에서 열린 국제 피자 엑스포 및 컨퍼런스The International Pizza Expo and Conference에서 2022년 첫 피자로봇을 출시할 계획이라고 발표했다. 완전 자동화 인공지능 피자 시스템인 '피크닉 피자 시스템'은 단 몇 분 만에 맛있는 피자를 완성한다. 이뿐 아니다. 주문과 조리 과정 자체가 시스템화되어 있다. 피크닉 피자 시스템은 가입형 로봇 서비스 RaaSRoitic - as - a - Sevice로 운영된다. 고객에게 월 3,500~5,000달러의 요금이 부과되는데, 로봇을 구매하지 않아도 월 이용료만 내면 로봇과 원격모니터링 등 피자 제조에 필요한 모든 요소를 제공받을 수 있다.

리테일 테크기업 '라운지랩'에서 운영하는 카페 '라운지엑스'에서도 로봇 바리스타가 직접 커피를 내려준다. 로봇 '바리스'는 인공지능 핸드드립 알고리즘을 통해 원두의 특성에 따라 미세하게 기능을 조정해 커피를 제조한다. 최근 등장한 바리스타 로봇 '바리스 에스프레소'도 레일 위에 빈 잔을 올려두면 에스프레소 샷을 추출해 다시 레일에 올려주는 등의 작업을 수행하며 바리스타의 반복 업무를 덜어준다.

3D프린팅과 인공지능 셰프로 주방이 사라진다

휴일 저녁, 바비큐 파티를 하기 위해 모인 사람들. 숯불도 바비큐 기구도 보이지 않는데 테라스에는 고소한 고기 냄새가 진동한다. 주방 한쪽에 있는 3D프린터가 마블링이 선연한 스테이크와 녹진한 치즈를 프린트하고 있다. 프린터는 세포 조직을 발효시킨 단백질을 생성해 만든 노란색의 치즈와 세포를 배양해 근육조직으로 만든 스테이크를 순식간에 뽑아낸다. 진짜 고기가 없는 바비큐 파티가 열린다.

이런 풍경은 향후 10년 내, 빠르면 5년 안에 줄기세포 배양육 스테이크와 3D프린터가 출력한 인공육으로 실현이 가능하다. 혁신을 거듭하고 있는 푸드테크 기술로 만든 먹을거리는 이제 인류의 새로운 주식이 될 것이다.

이스라엘의 스타트업 세이버잇SavorEat은 3D프린터로 프린팅한 식물성 육류 대체품 제조업체다. 파리에 기반을 둔 세계 최대 식품 서비스 기업 소덱소Sodexo의 미국 자회사와 계약을 체결했으며, 이스라엘 버거 레스토랑 체인인 BBB와 함께 식품을 출시할 예정이다. 세이버잇의 이 제품은 오일과 기타 성분들이 들어 있는 세 개의 카트리지를 3D프린터에 넣은 후 만든 비건 패티다. 독특한 식물성 나노 셀룰로오스가 재료를 결합해 식물성 패티 그 이상의 맛과 질감을 구현해낸다. CEO 라첼리 비즈맨Racheli Vizman의 말처럼 '육류 대체품과 디지털 제조 기술의 혁신이 결합된 제품'이라 할 만하다.

오스트리아 빈에 위치한 식품 기술회사 레보 푸즈Revo Foods는 3D프린터로 만든 식물성 연어 필릿을 2023년부터 매장에서 판매할 예정이다. 대부분의 생선은 통살로 자른 필릿으로 소비되는데 이러한 경험을 모방할 수 있는 대체 해산물 제품은 거의 없었다. 이에 레보 푸즈의 연구팀은 2.0세대라 불리는 최초의 완전 채식 비건 연어 필릿을 개발하기 위해 새로운 공정 기술과 성분 구성을 연구해왔다. 두부 위주로 만든 1세대 제품과 달리 이번 신제품 통연어는 완두콩 단백질과 해조 추출물을 사용해 단백질과 오메가3 지방산이 풍부하다. 무엇보다 3D 푸드 프린팅 기술을 이용해 기존 연어를 모방한 맛과 질감을 구현했으며, 기존의 생선처럼 각종 조리가 가능하다.

이런 3D프린터는 '로봇 셰프'에 가깝다. 다양한 양의 단백질, 지방, 셀룰로오스, 물, 향료 및 색소를 사용해 사양에 따라 제품을 만들 수 있는 기계다. 그뿐 아니라 제품을 요리하거나 구울 수도 있으며 지글거리는 소리와 냄새까지 구현해낸다. 중요한 것은 이런 3D프린터를 활용한 대체식품 개발이 맞춤형 식품과 의약품 개발의 설루션으로도 활용될 수 있다는 점이다.

CES 2022에서 영국 기업인 몰리 로보틱스Moley Robotics는 아예 하나의 거대한 로봇 주방 시스템을 공개했다. 판매가가 약 4억 원으로 알려진 '몰리 키친 로봇'은 두 개의 로봇 팔이 5,000여 종류의 레시피에 따라 요리하도록 설계되어 있다. 유명 셰프의 조리 기술을 3D로 캡처한 후 이를 재현했는데, 사람처럼 자유자재로 조리 도구를 쓰며 스테이크를 굽고 파에야도 만든다.

삼성리서치 출신 연구진들이 설립한 인공지능 로봇 스타트업인 비욘드 허니컴도 센트럴 플라자에 부스를 만들었다. 관람객들은 매콤한 면 위에 올려진 연하면서도 느끼하지 않은 닭다리살 맛을 보고 놀라워했다. 이 닭요리는 비욘드 허니컴이 인공지능과 로봇을 이용해 한식 전문가 김민지 셰프의 손맛을 재현한 것이다. 인공지능이 센서를 통해 셰프의 요리법을 본 뒤 머신러닝을 거쳐 로봇이 똑같은 음식을 만들어낸 것이다.

이제 식당과 집의 주방은 그 역할이 달라지거나 아예 사라질 수도 있다. 인공지능 로봇 셰프와 3D프린터가 음식을 더 쉽고 더 적은 비용으로 효율적으로 만들어주기 때문이다. 전자레인지와 오븐 등의 조리 기구가 사라진 주방에서 로봇과 3D프린터가 고객의 맞춤형 식이요법 음식까지 제공할 것이다. 특히 위험도와 노동 강도가 높은 튀김 음식

등은 사람이 아닌 로봇이 도맡아 할 날이 머지않았다. 우리나라 군 급식실에서도 조리병을 대신할 조리 로봇 시범사업을 실시할 예정이다. 이 정도의 확산 속도를 고려한다면, 빠르면 5년 뒤 치킨집에서는 더 이상 사람이 닭을 튀기지 않을지도 모른다.

'푸드테크'Food Tech는 빠르게 우리 식탁을 점령하고 있다. 2022년 CES 주관사인 CTA는 새롭게 떠오르는 기술 중 하나로 '푸드테크'를 선정하고 공식 섹션에 포함시켰다. 코로나19로 제4차 산업혁명 기술 도입에 속도가 붙으면서 새로운 패러다임을 이끄는 대기업 및 스타트업들이 앞다퉈 상용화에 돌입했기 때문이다. 정보통신 기술을 통해 생산이 자동화되고, 사람이 아닌 로봇이 서빙을 담당하는 등 외식분야 전 단계에 걸쳐 다양한 혁신이 이루어지고 있다.

푸드테크가 주도한 배송 서비스와 헬스케어 혁명

초고령화 사회에 진입하면서 변화된 인구 구조, 기후 위기에 따른 식량 공급 문제, 에너지 자원고갈 등을 해결하기 위해 인공지능, 사물인터넷, 3D프린터, 로봇 등 최첨단 기술들이 식품과 외식 산업에 결합되면서 생산과 서비스의 새로운 패러다임을 제시하고 있다. 식품의 생산부터 제조, 요리, 가공, 유통, 배송 등 모든 과정을 데이터화해서 활용하는 스타트업들도 많아지는 추세다.

세계적인 시장조사업체에 따르면, 푸드테크 시장은 2022년 2,500

억 달러(약 349조 원)에서 2027년에는 3,420억 달러(약 476조 9,190억 원) 규모로 확대될 전망이다. 연평균 8퍼센트가량의 성장세는 IT 기술의 빠른 발전에 힘입은 것이다. 푸드테크 시장은 기후변화와 환경오염 등에 대응하기 위한 방편으로도 전세계의 주목을 받고 있다. 또한 코로나 팬데믹과 러시아-우크라이나 전쟁으로 글로벌 식품 공급 시스템의 취약성이 드러나면서 지속가능한 농업과 식품 운송의 필요성을 절감하게 되었다.

2021년 푸드테크 산업 중에서도 가장 크게 성장한 분야는 식품의 운송과 배달이다. 특히 신선식품 배송 서비스 등 식품 유통 분야 내에서 기술에 대한 투자와 발전이 눈에 띄게 늘어났다. 주문이 들어오면 그때마다 하나씩 배송하던 1세대 전자상거래 생태계에서 탈피해, 주문량을 사전에 예측할 수 있는 알고리즘 시스템과 상품의 유통기한을 파악해 데이터화하고 알아서 관리해주는 인공지능 및 빅데이터를 활용한 시스템을 구축하고 있다. 예측 알고리즘을 통해 당일 필요한 수량을 파악하고 제조사 및 생산자와 협의를 통해 상품을 확보하는 것도 가능하다. 제품의 품절 사태를 막고, 신선도와 변질로 인해 발생할 수 있는 식품 안전 문제 등을 방지할 수 있게 된 것이다.

푸드테크가 그리는 미래 중 빼놓을 수 없는 분야가 바로 '헬스케어'다. 신체 모니터링이 가능한 헬스케어 서비스로봇 플랫폼을 활용해 건강관리에서 가장 중요한 식단 관리를 해줄 수 있다. 이와 관련한 국내 기업으로는 '누비랩'을 꼽을 수 있다. 현대자동차 선행기술개발팀 출신 김대훈 대표가 설립한 누비랩은 인공지능 푸드 스캔 기술로 음식 이미지를 비교 분석한 뒤 음식의 종류와 양을 파악해 식습관 기반의 헬스케어 설루션과 음식물 쓰레기 감축 설루션을 제공하는 스타트업이다.

누비랩은 CES 2021에서 헬스케어와 지속가능성 부문에서 혁신상을 받았으며, 각종 해외 행사에서 인공지능 헬스케어 설루션을 선보이며 글로벌시장에서도 주목받고 있다. 2022년에는 카카오 헬스케어와 업무협약을 맺음으로써 디지털 헬스케어 영역에서 큰 성과를 낼 수 있는 초석을 마련했다.

푸드테크 관련 스타트업들의 성공 사례는 더 늘어날 것이다. 2019년 비욘드 미트가 나스닥에 상장되어 큰 관심을 불러 모은 것처럼 전세계 푸드테크 스타트업들이 식량 문제 해결의 구원투수로 등장해 새로운 혁신을 이어나갈 전망이다.

스마트팜과 인공지능 농부, 애그테크의 놀라운 진화

미국 켄터키주 모어헤드에는 흙을 사용하지 않은 세계 최대 규모의 실내 농장이 있다. 온실에서 수경재배 방식을 이용해 영양 용액으로 작물을 재배한다. 따라서 실외에서 농사를 짓는 것에 비해 물을 90퍼센트 정도 적게 사용하며 저장한 빗물에 전적으로 의존한다. 온실 안은 완전히 밀폐되어 살충제가 필요 없다. 인공조명과 햇빛을 함께 사용하기 때문에 에너지 절약이 가능하다. 작물 수확은 로봇이 담당한다.

이스라엘의 드넓은 농장 위에 드론이 떠 있다. 드론은 약 20만 3,400평방미터 규모에 심어진 농작물 위를 날아다니면서 병충해가 생긴 농작물 사진을 찍는다. 드론이 이 넓은 농장을 모두 도는 데 소요된 시간은 고작 20분에 불과하다. 드론이 찍어 보낸 병충해 농작물 사진과 데이터는 '애그로스카우트'AgroScout 클라우드에 저장되고 인공지능 분석을 거쳐 농장에 전달된다.

'디지털 허수아비' 수십 개가 설치된 스마트팜도 등장할 예정이다. LG CNS는 2023년에 농림축산식품부, 전라남도와 함께 나주에 지능형 스마트팜을 개관한다. 인공지능 이미지 센서와 레이더를 장착한 이 허수아비는 반경 30미터 안에 동물이 감지되면 레이저를 쏘거나 스피커로 특정 주파수를 송출해서 내쫓는다.

해질녘 농장에 네모난 카트 로봇이 굴러다니면서 농작물을 하나하나 검사하고 있다. 이 카트 로봇은 작물의 종류와 심는 방법에 따라 맞춤형으로 투입되어, 농작물이 어떻게 자라고 있는지에 관해 방대한 양의 데이터를 수집한 후 분석한다.

빌 게이츠와 제프 베이조스가
애그테크에 빠진 이유

개별 작물들을 모니터링해서 각각 필요한 영양분을 정확히 파악해 공급할 수 있고, 작물의 유전적·환경적 차별성을 파악해서 수확량을 크게 개선할 수 있다면 농업은 한 단계가 더 진화할 수 있다. 그런데 이같은 혁신을 가능하게 할 인공지능 농부로봇이 등장했다.

구글의 알파벳 산하 연구조직인 '엑스'x는 농작물의 수확량 개선을 위해 개별 농작물을 관찰해 데이터를 축적할 수 있는 인공지능 기반의 시제품 로봇을 공개했다. 이는 엑스사의 컴퓨팅 농업 프로젝트의 일부분이다.

이러한 기술을 활용하면 농경의 방식은 완전히 달라진다. 인공지능 농부의 보편화는 시간이 더 걸리겠지만 스마트팜은 이미 전세계 농업의 트렌드가 되었다. 재배자는 플랫폼을 통해 무인 농기계를 원격조종할 수 있고, 집에서 드론을 이용해 농약을 뿌리거나 무인 트랙터와 이앙기의 고장 여부도 실시간 확인할 수 있다. 이러한 스마트팜은 대체육 개발과 함께 푸드테크의 양대 산맥으로 자리한다.

푸드테크와 함께 '애그테크'AgTech의 시대가 도래했다. 애그테크란 '농업'Agriculture과 '기술'Technology을 합친 단어로, 농축산업의 생산 활동에서 필요로 하는 자원 투입의 효율화와 지속가능한 성장 및 고부가가치 창출을 위해 투입되는 각종 첨단 기술을 의미한다. 애그테크는 인구 증가에 따른 식량 부족 문제와 기후변화에 따른 식량 생산 감소, 그리고 병충해 문제 등을 해결할 수 있어 전세계적으로 각광받고 있다. 코로나19로 글로벌 공급망 안전성의 문제가 커지면서 식량 자급자족을 위한 각국의 식량 전쟁이 시작된 것도 애그테크의 성장을 부추겼다.

시장조사기관 마케츠앤드마케츠에 따르면, 세계 스마트농업 시장은 2020년 137억 달러(약 19조 1,046억 원)에서 2025년 220억 달러(약 30조 6,790억 원)로 연평균 9.8퍼센트의 성장이 예상된다. 구글, 마이크로소프트, 소프트뱅크 등 글로벌 대기업을 비롯한 투자사까지 애그테크 분야에 뛰어들었다.

애그테크는 빌 게이츠와 제프 베이조스, 손정의 회장 등 빅테크 구루들이 최근 공통적으로 꽂힌 분야다. 첨단 기술의 보급이 상대적으로 늦었던 농업이 최근 들어 발전 가능성이 가장 높은 유망 산업으로 떠오르자 글로벌 창업자들의 투자가 이어지고 있다. 애그테크 투자 및 시장조사업체 어그펀드는 전세계 애그테크 투자 규모가 2010년 4억 달러(약 5,578억 원)에서 2019년 200억 달러(약 27조 8,900억 원), 2020년에는 310달러(약 43조 원)로 급증했다고 밝혔다. 미국의 애그테크 스타트업인 플렌티Plenty는 제프 베이조스, 짐 로저스 등에게서 약 1조 1,300억 원의 투자를 받았다. 국내 애그테크 스타트업의 대표격인 그린랩스는 SK스퀘어 등에게서 1,700억 원을 투자받았다.

CES 2022에서도 애그테크는 큰 주목을 받았다. 세계 농업용 중장비 점유율 1위 기업인 존 디어John Deere가 완전자율주행 트랙터 '8R' 시리즈 등을 공개했다. 또한 우리나라 애그테크 스타트업인 엔씽은 모듈형 수직농장 큐브로 작물 재배에 새로운 설루션을 제공함으로써 CES 혁신상을 수상했다.

중국은 풍부한 자본을 보유한 국영기업을 통해 글로벌 선도기업을 인수해서 애그테크의 기반 기술과 빅데이터를 획득하는 중이다. 2016년 켐차이나China National Chemical Corporation, CNCC가 스위스의 농생명기업인 신젠타Syngenta를 인수한 사례는 초대형 빅딜로 손꼽힌다. 그 외에도 알리바바와 텐센트 등의 중국 IT기업과 지자체를 비롯한 농업기업이 협력하는 사례가 이어지고 있어서 중국의 애그테크는 추후 가파른 성장세를 보일 것으로 전망된다.

이스라엘은 애그테크 스타트업의 연구개발에 2018년 270만 달러,

2019년 540만 달러를 지원하는 등 스마트농업 기술혁신 및 보급을 촉진하고 있다. 이밖에 네덜란드, 독일 등 유럽은 이미 검증된 스마트농업 설루션을 전세계에 패키지 형태로 수출하고 있다.

실내 수직농업, 인류의 새로운 희망

전세계인이 1년 내내 제철 음식을 먹기 위해서는 어떻게 해야 할까? 미국 텍사스 A&M대학의 농업과학부 마이클 톰슨Michael Thomson 교수는 《이코노미조선》과의 인터뷰에서 "어떤 환경에서도 작물 재배를 위한 최적의 기후 조건을 만들어주거나, 극단적인 기상 환경에서도 자랄 수 있는 내성 작물을 개발해야 한다."고 답했다.

이를 위해서는 첨단 기술의 힘을 빌려야 한다. 인공지능·빅데이터·센서·로봇·드론·무인 항공기 등 첨단 기술을 활용하고, 햇빛·물·습도 등 작물이 가장 잘 자랄 수 있는 환경을 조성해야 한다. 이러한 최첨단 기술을 활용하면 비용은 줄이고 생산량은 극대화할 수 있으며, 가뭄과 폭염 등의 기상이변에도 문제없이 식량을 공급할 수 있다.

실내에서 작물을 재배하는 것은 농업이 그리는 미래 중 하나다. 실내 수직농업은 자연의 제약 없이 1년 내내 농작물을 길러낸다. 또한 식물을 서로 층층이 쌓아서 재배하면 공간 활용도가 극대화되기 때문에 애그테크 산업에서 가장 잠재력이 높은 분야로 꼽힌다. 아파트형 농장으로도 불리는 수직농장은 드넓은 대지 대신 수직으로 실내 농장을 만든 뒤 빛과 온도, 습도 등을 인공적으로 조절해 농작물을 키우는 기술이다. 기후와 계절의 영향을 받지 않고, 단위면적당 생산성이 높은 데다 병충해에도 강하다.

1999년 컬럼비아대학의 딕슨 데스포미어_{Dickson Despommier} 교수가 제시한 '30층 규모의 빌딩 농장이 5만 명의 먹거리를 해결할 수 있다'는 이론에서 출발한 수직농장은 현재 식량난에 처한 지구를 위한 가장 현실적인 대안으로 주목받고 있다. 관련해서 현재 수많은 스타트업들이 괄목할 만한 성과를 내는 중이다.

대표적인 애그테크기업으로는 미국의 에어로팜_{AeroFarm}과 플렌티를 꼽을 수 있다. 미국 뉴저지주의 오래된 제철소를 매입해 대형 수직농장을 건설한 에어로팜은 골드만 삭스와 푸르덴셜금융과 같은 금융회사에서 유치한 투자금으로 세계 최대의 실내 수직농장을 세웠다. 인공지능과 머신러닝을 사용해 식물이 최적의 속성을 가질 수 있도록 스트레스 레벨을 조절해 키운다. 이처럼 풍미가 높은 작물을 생산하는 데 집중함으로써 차별화를 꾀하고 있다. 현재 별도의 식품 브랜드를 만들어 레스토랑 및 아마존 프레시, 홀 푸드 마켓, 숍라이트 등의 식료품점에 판매하고 있다.

에어로팜의 자회사인 '에어로팜 AgX LTD'는 아랍에미리트 아부다비에서 실내 수직농업과 애그테크를 위한 혁신 연구센터를 짓는다. 이 연구센터는 새로운 비즈니스 라인과 기술 및 에어로팜 플랫폼의 성장, 그리고 지역 확장의 허브 역할을 할 예정이다.

플렌티는 수직 타워와 지능형 플랫폼으로 여러 작물을 재배할 수 있는 유일한 수직농업회사로 알려져 있다. 전통적인 농장 및 기타 실내 농업 설루션이 공간, 작물 다양성, 자연 및 수확량의 한계와 싸우는 동안 플렌티의 혁신적인 모듈식 시스템을 사용하면 파트너 및 소비자 요구에 맞게 농장을 확장할 수 있다. 소프트뱅크가 투자한 플렌티는 올해 세계 최대 소매업체 중 하나인 월마트의 파트너가 되었다. 채소 공급을 시작으로 2023년에는 딸기와 토마토를 재배해 판매할 계획이다.

국내에선 스타트업 엔씽과 넥스트온 등이 수직농장 기술을 선도하고 있다. 엔씽은 지난 5월 아랍에미리트 사리야 그룹과 300만 달러(약 41억 원) 규모의 수직농장 구축 계약을 맺었다. 넥스트온은 서울반도체 사장을 지낸 최재빈 대표가 세운 회사로, 발광다이오드 LED 기술력을 바탕으로 버려진 터널 등을 스마트팜으로 전환해 농작물을 키운다.

사람이 농사짓는 시대의 종말

전세계적으로 농업 산업의 노동력 부족 현상은 가속화되고 있다. 아울러 자율 농업 부문의 시장 규모는 2027년까지 950억 달러를 초과할 것으로 예상된다. 자율 농업 장비 시장은 농업의 수요 증가에 의해 커지고 있으며 자율주행 트랙터로 농업인력 부족을 해소할 예정이다. 또한 자율 추적기는 해당 분야의 채용이 줄어들고 있는 시기에 노동 공급을 완화해 농업 산업에 혁명을 일으킬 전망이다.

존 디어의 CTO인 자미 힌드먼Jahmy Hindman은 "최근까지 농업은 항상 더 많은 마력, 더 많은 투입량, 더 많은 에이커로 더 많은 일을 하는 것이 목표였다. 그러나 디지털 시대가 이 모든 것을 바꾸고 있다. 지난 10년 동안 더 적은 자원으로 더 많은 일을 하고 농민들에게 정보에 입각한 결정을 내릴 수 있는 도구를 제공하는 것이 중요해졌다."라고 말한다.

무인 트랙터는 농부들이 하루 8~12시간 동안 운전만 하던 것에서 해방되는 것을 목표로 한다. 농부들은 휴대전화나 컴퓨터의 앱을 통해 트랙터의 위치를 지정하고, 들판에서 자유자재로 운전하는 등 원격 제어를 할 수 있다.

농업용 드론은 농부들이 작물 생산량을 늘리고 최대 생산량을 위해 작물 성장을 모니터링하는 데 도움을 준다. 농부들은 드론 데이터를 사용해 토양 샘플을 추출하고 이를 통해 온도, 수분 및 고도를 확인할 수 있다. 드론 제조사인 DJI는 모니터링 및 표적 살충제 살포와 같은 서비스를 제공하는 비행 농업 옵션을 선보였다.

종자를 파종하는 로봇의 등장은 농부의 시간과 비용을 대폭 줄여준다. 농기구 전문기업 펜트Fendt는 세탁기 크기의 소형 자율파종로봇을 테스트하고 있다. 종자 파종은 인간의 노력이 상당히 필요하고 시간도 많이 소요되는 일이다. 하지만 자율장치가 원하는 위치에 씨앗을 심어줌으로써 인간의 노동력을 상당히 줄여줄 것이다.

WEF의 '농업을 위한 새로운 비전' 이니셔티브는 농업 부문이 증가하는 세계 인구를 지속적으로 유지할 수 있도록 돕고 있다. 여기서 한 발 더 나아가 650개 이상의 조직과 협력하고 수백만 명의 농부에게 혜택을 주기 위해 100가지 가치사슬 이니셔티브를 발전시켰다.

　이제 농부들은 작물을 키우던 전통적 활동보다 새로운 종자를 개발하거나 농작물을 활용한 새로운 식자재 개발을 통해 부가가치를 창출하는 활동에 집중할 수 있다. 농부는 이전과는 그 역할이 사뭇 달라질 것이다. 이제는 과학자 또는 경영자로서 자신의 일을 재정의해야 한다. 농업 강국에서 농부는 이미 '기업가'Entrepreneur가 되었다.

메타버스와
스마트 라이프

현실이 된 미래,
일상을 뒤바꿀 테크놀로지에 주목하라

메타포밍 시대의 뉴 이코노미,
누가 주도하는가?

메타버스는 VR Virtual Reality(가상현실), AR Augmented Reality(증강현실), MR Mixed Reality(혼합현실), XR Extended Reality(확장현실)에 가상현실 및 증강현실 헤드셋을 사용해 접속하는 온라인 3D세계의 네트워크다. 2003년 선보인 가상세계 플랫폼 '세컨드라이프' Second Life는 종종 첫 번째 메타버스로 묘사되는데, 이는 사용자가 아바타로 표현되는 지속적인 3차원 세계에 소셜미디어의 측면을 통합했기 때문이다. 수년에 걸쳐 메타버스는 더 많은 사용자를 끌어들이기 위해 진화하고 성장함으로써 본질적으로 인터넷의 다음 주요 버전이 되었다.

2021년까지 글로벌 투자액은 570억 달러로 변곡점에 도달했으며, 불과 1년 후인 2022년에는 투자액이 1,200억 달러 이상이 되면서 두 배 이상 증가했다. 2022년 6월 글로벌 리서치 기관인 맥킨지McKinsey가 발표한 보고서 〈메타버스 속에서의 가치 생성의 길〉에 따르면, 2030년에는 전세계 기업과 소비자의 메타버스 관련 연간 지출 총액이 약 5조 달러에 달할 전망이다. 이는 현재 일본의 경제 규모와 맞먹는 수치다.

메타버스의 핵심 기술과 비즈니스

글로벌 빅테크기업들이 앞다퉈 차세대 핵심사업으로 메타버스를 선정하고는 사활을 걸고 있다. 페이스북은 사명을 '메타'로 변경하면서 애플과 마이크로소프트와의 전쟁을 예고했으며 네이버와 카카오도 메타버스에서 신성장동력을 찾고 있다. 왜 그런 것일까? 메타버스로 인해 모든 산업 분야에 일대 변혁이 일어날 것이기 때문이다. 아날로그의 디지털화가 가속화되면서 향후 인터넷과 모바일을 대체할 시장이 메타버스가 되는 것이다. 또한 메타버스 세상에서 현실세계와 똑같은 경제행위가 이루어진다면 그 성장 가능성은 상상을 초월하게 된다.

앞서 맥킨지의 보고서를 보면 메타버스의 가장 큰 수익원은 전자상거래로 가상학습과 광고, 게임 부문보다 앞설 전망이다. 이제 거의 모든 주요 브랜드는 상당수의 중소기업과 함께 많은 품목을 탐색하고 상호작용할 수 있는 자체 가상매장을 개설할 것이다.

폭발적인 성장을 보일 메타버스 비즈니스를 이해하기 위해서는 먼저 VR, AR, MR, XR에 대해 알아야 한다.

VR은 컴퓨터 혹은 별도의 기기를 통해 가상현실을 3차원적으로 체험할 수 있도록 해주는 기술이다. 주로 머리에 착용하는 고글 형태의 디바이스를 사용해 사용자가 가상의 현실에 있는 것처럼 느끼게 해준다. VR에서의 교육, 훈련, 회의는 이제 일반화되었다. 그 외에 건강 및 피트니스 분야에서도 주요하게 사용된다. 예를 들어, 러너는 러닝머신 보행기로 원하는 경우 다른 세계의 시뮬레이션된 장소로 이동할 수 있다. 지구상의 무수한 도시 및 위치를 가로질러 이동한 뒤 원하는 바로 그곳에서 달리는 것이 가능하다.

VR 게임은 이미 오랫동안 활용된 옵션이다. 기능이 개선돼 이제 다양한 타이틀이 제공되고 동료 플레이어를 만나고 연결할 수 있는 더 많은 기회를 제공한다. 이러한 가상경험에 등장하는 환경들은 인간 프로그래머 없이도 개체, 콘텐츠 및 전체 스토리라인을 자동 생성할 수 있는 원시 인공지능AGI에 의해 생성 및 유지 관리된다.

2030년까지 VR의 품질은 기하급수적으로 향상될 것이다. 화면은 숨막히는 디테일과 현실감, 초저지연, 넓은 FOV를 제공하며 다양한 기능이 결합되어 몰입도와 상호작용 수준을 더욱 높일 것이다. 예를 들어, 대부분의 헤드셋에는 사용자의 전기 신호를 기록하는 BCIBrain- Computer Interface(뇌-컴퓨터 인터페이스) 옵션이 표준으로 포함되어 단순히 생각하는 것만으로도 행동을 지시할 수 있는 수준까지 도달할 가능성이 있다.

AR은 실제 환경에 가상세계를 결합해 제공하는 기술이다. AR 기술이 접목된 시스템을 통해, 의류매장에서 옷을 직접 입어보지 않고도 마치 입은 것 같은 효과를 화면상으로 구현해준다. 현실세계와 가상세계를 모두 보여주어야 하기 때문에 VR보다 많은 기술력이 필요하다. MR은 VR과 AR 두 기술의 장점을 합친 기술로, 현실과 가상의 정보를 융합해 조금 더 진화된 가상세계를 구현한다. VR과 AR이 시각에 의존하는 반면, MR은 냄새와 소리 정보 등을 포함해 인간의 오감을 접목시킬 수 있다. XR이란 VR, AR, MR을 포괄하는 개념이다. 가상세계와 현실세계를 혼합해 사용자에게 실감 나고 몰입도 높은 환경을 제공하는 기술이다.

"20년 후의 미래는 공상과학과 다를 게 없는 메타버스 시대가 된다." 미국의 그래픽처리장치 설계기업인 엔비디아 CEO 젠슨 황의 말처럼 메타버스는 위와 같은 기술의 진화를 바탕으로 인터넷 뒤를 잇는 가상현실 공간이 될 것이다.

2030년 메타버스가 일자리 2,300만 개를 창출한다

메타버스의 산업체인은 기술과 응용으로 나눌 수 있다. 기술은 하드웨어와 소프트웨어 기술로 뒷받침되고 응용은 소비자의 요구에 따른다. 기술적인 면에서는 컴퓨팅 기술, 인공지능, 인터랙티브, 블록체인, 비디오게임, 사물인터넷 기술이 뒷받침하고 있다. 소프트웨어 측면은 주로 사용자의 요구를 반영해 그들의 수요에 따라 새로운 영역의 애플리케이션이 개발된다. 이렇게 만들어진 응용 산업은 현실세계를 대체하는 역할을 하며 기술 분야와 함께 메타버스 산업 생태계를 구성한다. 경제와 사회문화 전반에서 시작해 게임, 공연, 의료, 교육, 업무, 쇼핑, 피트니스, 각종 미팅과 모임, 취미생활까지 우리의 일상생활 전반에 걸쳐 그 영역을 확장해나갈 것이다. 우리는 현실세계와 메타버스세계의 공존이 불가피한 세상에 살고 있다.

메타버스 경제 환경에서는 가상세계 내에서 일거리와 일자리도 무한히 창출될 수 있다. 다양한 경제 행위를 뒷받침할 수 있는 가상자산의 사용도 확대되어 가상화폐와 가상자산이 현실세계에서처럼 쓰이게 되면서 그 규모만큼 새로운 일자리가 생겨날 것이다.

이와 관련해 가장 큰 시장을 형성할 국가는 미국이다. 글로벌 회계 컨설팅업체인 프라이스 워터하우스 쿠퍼스PwC는 '미국은 VR·AR 산업을 토대로 5,370억 달러의 경제적 파급 효과와 230만 명의 고용 창출 효과를 누릴 것'으로 내다봤다. 그다음으로 중국(1,833억 달러)과 일본(1,432억 달러), 독일(1,036억 달러), 영국(693억 달러)이 뒤를 이었다. 암호화폐 전문매체 코인텔레그래프에 따르면, 중동의 대표적인 암호화폐 허브 중 하나인 두바이는 세계 10대 메타버스 경제 대국으로 발돋움하겠다는 목표로 '두바이 메타버스 전략'을 시작한다. 두바이는 메타버스 사업을 통해 2030년까지 4만 개 이상의 가상 일자리를 지원할 계획이다.

이들 국가 중 한국이 주목해야 할 메타버스 관련 시장은 바로 중국이다. 2022년 7월 코트라Korea Trade-Investment Promotion Agency, KOTRA가 발간한 보고서 〈메타버스, 중국 디지털 경제의 다음 정거장〉을 보면, 중국 메타버스 시장의 급성장이 한국 기업과 인력 시장에 큰 기회임을 확인할 수 있다. 관련 기술 디자인 분야와 문화콘텐츠 산업 인력이 중국 메타버스 비즈니스로 유입될 가능성이 크다.

국내에서도 메타버스 관련 인력의 충원이 늘어나고 있다. 2020년과 2021년 취업플랫폼 '사람인'에 등록된 메타버스 관련 채용 공고량을 분석해보면 2021년 기준 전년 대비 210.8퍼센트나 증가했다. 아직 메타버스 산업이 초기 단계에 있는 만큼 앞으로 해당 분야의 인력 수요는 더욱 늘어날 것이다.

메타버스 기술과 인프라 관련 직종 외에도 메타버스 안에서 크리에이터로 활동하거나 메타버스 속에서 근무하는 직종이 생겨날 수 있다. 실제로 메타버스 플랫폼 니센트럴랜드Decentraland는 메타버스 내에서 가지노 매니저로 근무할 직원을 채용했다. 이 외에도 다양한 기업들이 메타버스를 활용해 비즈니스를 하는 과정에서 메타버스 속 직원 채용 공고는 더 증가할 전망이다. 메타버스가 창출하는 일자리는 향후 기술과 디자인 외에도 각종 서비스로까지 더욱 다양화되고 그 규모도 확대될 전망이다.

가상경제와 메타버스 시대,
마케팅 전쟁의 승자는?

인공지능, 증강현실, 5G, 사물인터넷, 웨어러블, 블록체인, 로봇공학, 3D프린팅, 자율주행…. 뜨겁게 달아오르는 기술 빅뱅의 결과 탄생한 다양한 신기술은 소비자들의 삶을 변화시키고 있다. 더불어 기업은 더욱 치열해진 비즈니스 환경 속에서 살아남기 위해 끊임없이 변화해야 한다. 가상경제와 메타버스의 시대, 기업들은 어떻게 생존을 모색하고 있을까?

삼성전자는 갤럭시 생태계 진화를 위한 새 사업 분야로 메타버스를 확정했다. 스마트폰부터 태블릿PC, 노트북 등 기기 라인업에 MR, 즉 혼합현실 기기를 추가해 갤럭시 사용자 경험을 메타버스 공간까지 무한 확장한다는 계획이다. CES 2022에서는 세계 최초로 NFT를 사고파는 플랫폼을 탑재한 스마트TV를 공개했으며, NFT 아트 거래 플랫폼 '니프티 게이트웨이'Nifty Gateway와 파트너십을 체결했다.

LG전자도 미국 디지털아트 플랫폼기업 '블랙도브'Blackdove와 파트너십을 체결하고 대형 디스플레이 'LED 사이니지'에 NFT 디지털아트 플랫폼을 탑재하기로 했다. 이처럼 가전업계는 NFT 거래 플랫폼 구축과 자체 NFT 발행까지 메타버스 내에서의 사업 영토를 넓히는 중이다. 소비자들의 다양한 콘텐츠 니즈에 주목하는 마케팅을 시작한 것이다.

메타버스, 기업 브랜딩의 격전지가 되다

국내 메타버스 플랫폼기업인 올림플래닛이 기업과 브랜딩 실무자를 대상으로 진행한 '엘리펙스 써밋 2022' 설문조사에서 전체 응답자 936명 중 70퍼센트(653명)가 "메타버스 브랜드 공간을 갖고 있거나 더 확장할 계획이 있다."고 답했다. 소셜미디어와 유튜브를 잇는 넥스트 플랫폼이 메타버스 포맷이라는 점이 점점 더 확실해지면서 기업들이 차세대 디지털 마케팅의 격전지로 메타버스를 선택했음을 알 수 있는 대목이다.

디지털 변혁이 가속화되자 기업들의 마케팅 전략도 혁신을 거듭하고 있다. 마케팅Marketing과 기술Technology의 합성어인 '마테크'MarTech 투자도 활발하다. 2019년 100조 원이었던 글로벌 마테크 시장의 규모는 2021년 410조 원 이상으로 급성장했다. 기업들은 마케팅 활동에 대한 보다 정확한 평가 및 측정을 위해 인공지능 기반의 디지털 도구와 자동화 플랫폼을 도입하고 있다. 이로써 잠재 고객을 더 잘 이해하고 효율성 높은 캠페인을 개발할 수 있기 때문이다.

아울러 메타버스가 본격화되자 기업들은 또 다른 도전과 마주했다. 소비자들은 브랜드가 디지털과 물리적 경험을 융합하기를 기대하고 있다. 이 두 세계의 경험은 메타버스 공간에서 이루어질 것이다. 제페토나 로블록스는 이미 거스를 수 없는 대세다. 각 분야의 기업들은 마케팅에서도 고객과의 접점을 확장하기 위해 메타버스를 적극 활용해야 한다. 동시에 VR 기술을 어떻게 접목시켜나갈 것이며, 자사의 제품이나 서비스에 크리에이터 이코노미를 어떻게 융합시킬지도 고민할 필요가 있다.

삼성전자는 '제페토'에 포터블 스크린 '더 프리스타일'을 체험할 수 있는 공간을 만들었다. 최근 갤럭시S22 시리즈 공개 언팩 행사도 메타버스 플랫폼 '디센트럴랜드'에서 열었다. 전세계 165개국에 출시한 제페토에는 국내외 주요 기업들이 잇따라 입점하고 있으며 해외 명품 브랜드들의 러브콜이 끊이지 않는다. 명품 브랜드 구찌를 비롯해서 크리스챤 디올, 나이키, 컨버스, 노스페이스 등이 이미 제페토에 입점했다. 현대백화점과 CU 등 국내 유통업체들의 가상매장 개설뿐 아니라 유명 아이돌 그룹과 유력 인사들의 홍보 수단으로도 적극 활용되고 있다. 메타버스 플랫폼은 지금까지의 모든 플랫폼을 흡수 통합해 경제뿐 아니라 사회문화 전반의 현실을 반영해나갈 예정이다.

《포브스》 선정 '세계에서 가장 영향력 있는 CMO(최고마케팅책임자)'인 마스터카드의 라자 라자만나르Raja Rajamannar는 이러한 환경을 '제5의 패러다임'이라 정의하고 이를 위해 기업들이 '퀀텀 마케팅'을 펼쳐야 한다고 주장한다. 홍수처럼 밀려드는 수많은 신기술이 소비자의 삶을 급속하게 와해시키는 퀀텀 마케팅 시대에는 소비자의 충성도 개념이나 광고가 근본적으로 완전히 바뀔 것이기 때문이다. 기존의 에이전시는 와해되고 마케팅은 세분될 것이라는 점 외에 블록체인으로 인한 마켓의 변화에도 주목할 것을 강조한다.

메타버스와 NFT의 동반 시너지 효과

글로벌 유통사들이 NFT를 발행하는 이유는 무엇일까? 앞으로의 마케팅은 디지털 월렛의 주소를 통해 마케팅 대상을 구체적으로 확보해 정보와 혜택을 주는 형태로 펼쳐질 것이기 때문이다. NFT는 디지털 수집품, 인증서, 멤버십 등 수집가들의 희소성 니즈를 충족시켜주는 형태로 발전하고 있다. 기존의 마케터들이 고객에 대한 정보를 기반으로 홍보하고 있다면, 미래에는 마케팅 대상을 타기팅할 수 있는 디지털 월렛 확보가 관건이 될 것이다.

메타버스가 빅테크기업 주도로 초창기 시장을 발전시키고 있다면 NFT는 소비재와 패션, 자동차와 유통 등 기업의 성격과 무관하게 시장을 확대해나가고 있다. 2021년 나이키는 글로벌 브랜드 최초로 NFT 스타트업 '아티팩트 스튜디오'RTFKT를 인수해서 NFT 시장에 뛰어들었다. 구찌, 돌체앤가바나, 프라다 등 명품 브랜드도 NFT의 멤버십과 희소성에 주목하며 NFT 상품을 출시하는 중이다. 국내에서는 현대자동차그룹과 현대, 신세계 등 유통기업이 NFT 시장에 진출하고 있다.

오늘날 메타버스와 NFT는 비즈니스 관점에서도 별개로 생각할 수 없을 정도로 상호 보완적이며 실제로 동반 성장의 시너지를 내고 있다. 메타버스의 성장에는 현실의 경제 생태계를 가상공간이라는 새로운 세상에 반영할 수 있는 확실한 경제 도구인 NFT가 필수 아이템이다. 그리고 NFT는 NFT 마켓플레이스라는 단순한 거래 플랫폼을 넘어 구매와 유통뿐 아니라 전시와 소통 등의 마케팅 활동이 가능한 메타버스 플랫폼이 필요하다.

또한 메타버스 세상에서 중요한 경제 요소 중 하나는 지식재산권IP인데 이 또한 NFT와 직접적인 연관이 있다. 메타버스와 NFT를 구성하는 기술과 함께 지적재산권이 지닌 경쟁력과 가치는 새로운 부가가치를 창출할 것이다. 이처럼 기업들의 퀀텀 마케팅 플랫폼으로서 메타버스의 가능성은 무궁무진하다.

메타버스로 돈 버는 다섯 가지 비즈니스 아이디어

기존의 비즈니스는 콘텐츠 마케팅 및 브랜드 인지도 측면에서 메타버스가 제공하는 모든 것을 활용하고 있다. 일부는 사용자가 메타버스에서 자사의 제품을 사용할 수 있도록 가상 상품과 물리적 상품(현재는 가상 상품)을 통합해 현실세계와 디지털세계 사이의 경계를 효과적으로 모호하게 만들기까지 했다. 기업가에게 메타버스는 완전히 새로운 방식으로 비즈니스를 구축하고 고객에게 다가갈 수 있는 독특한 기회를 제공한다. 이와 관련해 메타버스를 활용한 비즈니스 아이디어를 도출해낼 수 있다. 그중 몇 가지를 살펴보자.

◆ 가상 오피스를 위한 올인원 서비스

블룸버그 등의 외신에 따르면 최근 미국 주요 빅테크기업들이 새로운 사무실의 개설 계획을 철회하고 있다. 원격근무로 업무 효율성이 크게 떨어지지 않음을 확인한 데다, 인플레이션과 금리 인상으로 경기가 침체될 우려 때문에 비용 절감을 선택한 것이다. 이러한 흐름은 메타버스 가상 오피스의 확산을 더욱 앞당길 것으로 보인다. 메타버스 가상 오피스에 입주한 기업은 전세계 어디에 있든 업무를 할 수 있고 팀뿐 아니라 고객사와 회의를 할 수도 있다.

다만 메타버스 플랫폼에서 부지를 구입하고 가상 사무실을 구축하는 프로세스는 너무 번거롭다. 그래서 이 모든 서비스를 본격적으로 제공하는 비즈니스가 등장했다. 이러한 유형의 비즈니스는 고객을 위한 가상 사무실 공간을 설정 및 유지, 관리하고 각종 고객 서비스와 기술 지원 등을 제공한다. 메타버스에 브랜드관뿐 아니라 실제 오피스가 입주하기 시작하면 이 비즈니스는 메타버스에서 시작하는 가장 미래지향적인 비즈니스 중 하나가 될 것이다.

현재 메타와 마이크로소프트가 증강현실과 가상현실 기술을 사용한 미래형 근무 공간을 개발 중이다. 국내 기업으로는 프롭테크 직방이 가상 오피스 '소마월드'로 본격적인 사업을 시작했다.

◆ NFT 기반 가상 부동산 투자

토지는 메타버스에서도 귀중한 상품이며 많은 투자자가 주목하고 있다. 초창기 디센트럴랜드에서는 최단 기간에 투자금의 5배 이상에 해당하는 수익을 거두기도 했지만 최근에는 가격이 안정되었다. 토지의 희소성과 이러한 플랫폼의 인기가 가격을 상승시키는 주요 요인으로, 메타버스 비즈니스가 활성화될수록 투자 규모는 확대될 것이다. 메타버스 데이터 제공업체 메타 메트릭 설루션스에 따르면, 2021년 글로벌 4대 메타버스 부동산 플랫폼의 판매액은 5억 100만 달러(약 6,986억 원)이며, 2022년에는 10억 달러(약 1조 3,945억 원)에 달할 전망이다.

가상부동산의 소유권은 블록체인 등기소에서 발행되는데 NFT가 등기부등본 역할을 한다. NFT는 토지를 매매할 때 디지털 파일과 제작자, 소유자 등의 정보를 담게 된다. 메타버스 내의 토지를 한정된 수량의 NFT로 발행해 판매하면 구매자가 소유권을 갖게 되어 거래 가능한 재화가 된다. 가상부동산은 개인들의 투자 수단이기도 하지만, 가상공간을 활용해 마케팅을 하려는 기업들의 토지 소유로 인해 투자 규모는 점점 더 늘어날 것이다.

◆ 메타버스를 위한 3D 자산 생성

이미지와 비디오 같은 2D 자산은 수십 년 동안 인터넷의 필수 요소였다. 오늘날에는 3D가 지원되면서 VR 헤드셋과 하드웨어에 더 쉽게 접근할 수 있다. 메타버스가 보편화되면 이에 멈추지 않고 3D 자산에 대한 수요도 폭발적으로 증가할 것이다. 건물이나 제품의 3D 모델과 같은 정적 자산과 애니메이션 캐릭터나 생물과 같은 동적 자산 또는 다른 사람이 애니메이션할 수 있도록 조작된 3D 모델이 포함된다.

이러한 자산을 만들기 위해서는 예술적 재능과 기술적 노하우가 필요하다. 특히 AR/VR 애플리케이션 및 게임의 인기가 높아지면서 고품질 3D 자산에 대한 수요가 증가할 것이고, 필요한 기술을 갖춘 사람들에게는 매우 수익성 있는 비즈니스가 될 수 있다. 이 사업을 시작하는 한 가지 방법은 3D 자산 포트폴리오를 만들어 인기 있는 3D 자산시장에 선보이는 것이다. 또는 가상자산 서비스 제공자가 되어 자신의 웹사이트나 온라인 상점을 만들어 고객에게 직접 판매할 수도 있다.

◆ **몰입형 VR 교육 비즈니스**

가상현실과 증강현실 등을 활용한 몰입형 교육 프로그램은 각종 첨단 기술과 관련된 모든 개념을 실제로 경험할 수 있는 기회를 제공한다. 역사적 사건이 가상현실이나 증강현실로 눈앞에 펼쳐져 마치 그 사건이 일어난 당시의 현장에 직접 간 듯한 실재감을 준다. 이처럼 몰입형 VR 교육은 향후 큰 시장이 될 것이다. 몰입형 기술을 교육에 통합하면 누릴 수 있는 이점이 많다. 각종 기술과 리더십 스킬을 교육할 수 있고, 기업 문화와 평가 및 채용까지 점점 더 다양한 교육 시나리오에 사용할 수 있다.

VR 교육에 대한 수요는 개인과 기업을 막론하고 향후 더 많아질 것이다. 현재 유데미Udemy, 티처블Teachable과 같은 온라인 학습 플랫폼에서도 이러한 교육 과정을 판매하고 있다. 특히 직원들에게 몰입도 높은 학습 경험을 제공하려는 기업 고객이 점점 더 늘어나는 추세다.

◆ 가상 이벤트 기획 비즈니스

코로나19의 대유행으로 많은 기업이 온라인 마케팅을 실시했다. 이는 이벤트 산업에 지대한 영향을 미쳤고 이벤트 기획자에게 새로운 기회를 제공하는 동시에 새로운 도전 과제를 안겨주었다. 메타버스가 대중화되고 접근성이 높아짐에 따라 고객에게 독특하고 몰입도 높은 경험을 제공할 수 있는 가상 이벤트 플래너에 대한 수요가 함께 증가하고 있다. 결혼식과 생일 파티는 물론 각종 기업 행사와 제품 출시 행사, 콘서트와 스포츠 행사 등에 이르기까지 모든 것이 포함될 수 있다.

이 사업에 관심이 있다면 3D 소프트웨어 사용에 정통해야 하고 몰입형 환경을 만드는 방법을 잘 이해해야 한다. 나아가 고객에게 독특하고 몰입도 높은 경험을 제공하기 위해 창의적인 발상에도 능해야 한다. 그리고 이벤트를 기록하고 디지털화하거나 스트리밍하기 위한 하드웨어도 갖추고 있어야 한다. 메타버스가 주류가 되기까지는 아직 시간이 더 필요하지만 이벤트 산업이 혁명을 일으킬 잠재력은 분명히 있다.

인스턴트 쇼핑의 시대,
'쇼핑하러 간다'는 말이 사라진다

넷플릭스Netflix로 영화를 보던 한 여성은 여주인공이 입고 있는 원피스가 마음에 들자 프레임 상단 '3D 보기'를 선택한다. 자신의 신체 사이즈를 입력해 만들어놓은 아바타를 불러와 여주인공이 입고 있는 원피스를 입혀 본다. 3D 뷰어와 VR 피팅 제공 기술을 활용한 이 쇼핑 방법은 홈쇼핑에서 실시간 판매 중인 의류 상품을 아바타에게 입혀 보는 수준을 넘어설 것이다. 그뿐 아니다. 옥외 광고판은 터치스크린과 양방향 광고로 대체된다. 길을 걷다가 우연히 본 광고판에 마음에 드는 상품이 있다면 멈춰 서서 스마트폰으로 광고판을 탭해서 주요 품목을 구매할 수 있다.

조만간 모든 미디어 디바이스에서 영화나 드라마, 광고 등 미디어

속 등장인물이 입고 있는 옷을 선택한 후 자신의 아바타에게 입혀본 뒤 바로 쇼핑하는 '인스턴트 쇼핑'이 대세를 이룰 전망이다. 실제 상점이나 전자상거래 사이트에 들어가서 상품을 검색해 가격을 비교하고 리뷰를 일일이 정독하기 위해 시간을 쓰는 쇼핑은 조만간 구식이 된다.

'보이스 커머스'와 '홀로그램 인 포털박스'까지, 인스턴트 쇼핑의 시대

"쇼핑하러 갈까?"

미래에는 이 말이 사라질지도 모른다. 2030년에는 언제 어디서나 쇼핑을 할 수 있기 때문이다. 전통적인 미디어와 결합된 쇼핑에서 AI메타버스 쇼핑에 이르기까지 구매의 기회는 무한 확장될 전망이다. 가상세계에서 현실처럼 다양한 활동을 가능케 하는 메타버스는 인공지능의 종착지다. 가상세계 내에서 원활한 의사소통은 물론 사용자의 행동과 인지 분석까지 가능해지면서 메타버스 서비스는 더욱 확대될 것으로 보인다. 게임과 놀이에서 탈피해 쇼핑과 광고 등 다양한 경제활동이 가능해진 것이다. 각종 IT 기술의 발전 및 NFT와 연계된 메타버스 속 쇼핑은 '메타커머스'의 영역을 더욱 확대시켜나갈 예정이다.

코로나19 팬데믹을 겪으며 우리는 화상채팅으로 의사소통하는 데 매우 익숙해졌다. 줌Zoom, 페이스타임FaceTime, 구글행아웃Google Hangouts 등은 대면 비즈니스 회의뿐 아니라 각종 강의나 모임도 대체했다. 그런데 이제는 화상통화도 필요 없다. 보다 더 미래지향적인 도구인 실시간 전신 홀로그램 기술이 나왔기 때문이다. 거실에 앉아 커피 한 잔을 마시고 있으면 테이블 위에 올려져 있는 탁상용 스마트 디스플레이 박스에서 전화가 왔다는 알람을 울린다. 전화를 받으면 몇 초 안에 가족, 친구, 회사 동료나 상사가 실제와 똑같은 모습으로 등장해 대화하도록 설계되어 있다. 마치 상대가 나와 함께 있는 것처럼 그들의 몸짓과 표정까지 볼 수 있다.

이것은 2019년 미국 LA에서 출발한 스타트업 '포틀'PORTL이 만든 '포틀 엠'PORTL M이라는 홀로그램 디바이스다. CES 2022에서 상을 받은 화상통화 장치인 포틀 엠은 자체 개발한 '홀로포테이션'Holoportation 기술을 적용해 수천 킬로미터나 떨어진 위치에서도 상호 홀로그램 그래픽이 펼쳐져 서로의 모습을 보면서 대화가 가능하도록 구현했다. 특수 안경을 쓰지 않아도 눈앞에 대상이 실제로 있는 것과 같은 리얼한 경험을 제공한다.

포틀은 투팍Tupac의 플로팅 홀로그램 라이브를 보고 영감을 얻어 관련 특허를 구입한 뒤 사업을 시작했다. 가상 홀로그램 디스플레이는 콘텐츠가 중요한데 포틀은 이미 콘서트나 패션쇼 등의 이벤트에 홀로그램을 적용하는 노하우를 축적했기 때문에 향후 교육 및 쇼핑 등 다양한 영역과의 융합이 가능하다. 특히 쇼핑의 경우 차별화된 체험 마케팅을 강조하는 메타커머스의 새로운 디바이스로 활용될 수도 있다. 언제 어디서든 쇼핑이 가능한 세상에서 중요한 것은 고객들이 오래 머물러 체험하는 것이다. 홀로그램을 활용한 쇼핑이 그 역할을 제대로 할 것으로 보인다.

스마트 안경을 활용한 쇼핑도 주목받고 있다. 이 안경 착용자는 고급 시각 인공지능을 통해 매장과 거리에서 발견한 모든 패션 용품 또는 가정용 장식 품목의 브랜드, 가격 및 재고 수준을 즉시 식별할 수 있다. 소비자는 미리 정의된 모스 부호 스타일의 깜박임으로 원하는 제품을 바로 구매할 수 있다. 그리고 가장 가까운 창고에서 패키지를 배송한다.

스마트 안경에서 한 단계 발전해 '스마트 콘택트렌즈'도 개발되고 있다. 실리콘밸리 스타트업 '모조 비전'Mojo Vision은 2022년 '모조 렌즈' 시제품을 공개했다. 렌즈 가장자리에 초소형 배터리와 이미지·동작 감지 센서 등이 탑재돼 있는 이 렌즈는 인치당 1만 4,000개의 화소를 탑재한 초소형 LED디스플레이가 장착되어 있어서 눈앞에 각종 그림과 문자를 띄운다. 이를 통해 쇼핑에 필요한 정보를 제공받을 수 있다.

말하면 바로 주문이 되는 '보이스 커머스' 시장도 인스턴트 쇼핑의 중요한 요소다. 내가 요청하는 일을 인공지능 스피커가 수행해주는데, 주문과 결제 과정이 간단하게 바뀌면서 보이스 커머스 시장은 더욱 주목받고 있다. 인공지능이 머신러닝과 딥러닝 기술을 활용해 각종 데이터를 관리하고 있기 때문에 인공지능이 탑재된 스피커에 사고 싶은 상품을 말하면 알아서 척척 상품을 구매해준다. 특히 미국과 영국에서는 인공지능 스피커 보급률이 늘어나면서 인공지능으로 쇼핑하는 일이 증가하고 있다. 영국의 경우 인공지능 스피커 이용자 중 60퍼센트 이상이 보이스 커머스를 이용한다. 조만간 국내 커머스 시장에서도 인공지능 스피커 사용이 확대될 전망이다.

모든 쇼핑은 개인화된다

VM웨어의 〈디지털 프론티어 4.0〉 보고서에 따르면, 우리나라의 응답자들은 다른 국가에 비해 메타버스 등 새로운 애플리케이션에 더 큰 관심을 보였다. 그리고 코로나19 이후 일상화된 비대면 비접촉 생활을 뉴 노멀로 받아들이고 있다. 디지털 혁신으로 인한 스마트 라이프스타일에도 낙관적인 태도를 보이는데 그중 대표적인 것이 쇼핑이다.

2030년에는 쇼핑의 영역에서 상상할 수 있는 모든 측면이 개인화될 예정이며 상품을 발견하고 구매하고 배송받는 과정도 수월해진다. 쇼핑객의 실시간 쇼핑 행동 데이터를 기반으로 하는 고급 분석을 통해 매장 직원은 매장에 들어오는 각 개인에 대한 정보를 알 수 있다. 구매자가 충성도 높은 고객이라면 소매업체는 과거 구매 이력, 취향 및 선호도를 모두 파악할 것이다. 그들은 신규 및 기존 고객의 요구 사항에 따라 선별된 맞춤형 서비스를 제공할 수 있다.

모든 상점마다 스마트 미러, 디지털 마네킹, QR 코드, 대화형 앱 등이 구비될 예정이다. 이런 디지털 기술은 향후 쇼핑의 필수품이 될 것이다. 그리고 브랜드와 소매업체는 고객의 디지털 쇼핑 여정을 파악한 뒤 그 고객이 오프라인 매장을 방문했을 때 고객이 원하는 것을 바로 제공할 수 있다. 예를 들어, 이전에 브랜드 웹사이트의 항목에 '좋아요'를 표시한 고객이 매장에 입장하면 매장 내 스타일리스트는 매장에 도착하는 즉시 태블릿이나 스마트폰으로 알림을 받는다. 그들은 고객을 위해 어떤 제품을 준비해야 하는지 바로 알 수 있으며, 고객이 원하는 제품을 입어볼 수 있도록 준비한다.

한편 디지털 마네킹은 다양한 쇼핑객에 맞춰 제품을 착장하고 각각의 고객 취향에 가장 잘 맞는 아이템을 선보인다. 쇼핑객은 피팅룸 내부에 있는 디지털 거울을 통해 다양한 사이즈와 색상의 옷을 요청하는 등 자신만의 룩을 완성할 수 있다. 이렇게 구매할 준비가 되면 스마트폰에서 제품 QR 코드를 스캔하기만 하면 된다.

2030년까지 전자상거래 개인화는 온라인쇼핑 경험의 모든 측면을 바꿀 것이다. 각 디지털 접점이 개별 구매자에게 맞춰진다. 감성적이고 직관적인 기술은 쇼핑객이 웹사이트나 앱에 들어가는 순간부터 고객의 상황과 기분을 지속적으로 평가한다. 홈 화면의 제품, 페이지의 텍스트, 구매자 이름 사용, 특정 제품 및 컬렉션의 프로모션은 모두 구매자의 독특한 취향에 맞게 조정된다.

2020년대 초의 전통적인 온라인 광고에서 벗어나 2030년에는 쇼핑객 개인의 취향과 스타일에 맞춰진 광고를 하게 될 것이다. 로열티 프로그램, 각종 커뮤니티와 클럽 활동 등을 통해 고객과 강력한 양방향 관계를 맺음으로써 개별 쇼핑객의 성향을 더 잘 이해하게 된다.

쇼핑의 미래는 이미 시작되었다

소매 산업은 코로나19로 인한 공급망 문제가 회복되면 물류에 대한 보다 탄력적인 접근방식을 개발할 것이다. 정교한 데이터와 인공지능 기반의 공급망 모델은 생산, 화물, 창고 보관, 재고 관리 및 배송을 포함한 소매 공급망의 모든 구성 요소를 관리한다. 실시간 소비자 구매 데이터, 과거 추세 데이터 및 외부 모니터링 도구의 강력한 조합은 공급망 관리에 인공지능 알고리즘을 결합시킴으로써 완성될 것이다. 이러한 발전을 거치면서 2030년에는 브랜드와 소매업체가 생산량을 빠르게 변경하고 체계적으로 재고를 관리해 예기치 않은 변화에 즉시 대응할 수 있다. 운송회사는 수요를 정확히 파악해 더 빠르고 효율적인 운송을 할 수 있게 된다. 쇼핑객은 직접 배송, 드론 또는 픽업 중 원하는 주문 처리 방법을 선택하고 그 어느 때보다 빠르게 물건을 받아볼 수 있다.

쇼핑의 개인화와 공급망 관리 알고리즘 및 배송의 자동화는 쇼핑의 미래를 책임질 것이다. 브랜드와 소매업체는 그 과정에서 얼마나 많은 품목을 생산해야 하는지 정확히 파악함으로써 저장 및 운송에 필요한 에너지와 비용도 줄일 수 있다. 브랜드와 소매업체는 판매할 수 없는 의류를 버리거나 소각하는 대신 자선단체 및 NGO와 협력해 도움이 필요한 전세계의 사람들에게 해당 상품들을 전달한다.

쇼핑의 미래는 이미 시작되었다. 코로나19 대유행은 소매업에서 민첩성, 독창성, 혁신이 얼마나 중요한지를 보여주었다. 나아가 소비자들의 친환경 쇼핑에 대한 욕구도 더욱 커질 것으로 보인다. 중고 패션에 대한 관심뿐만 아니라 배송 패키지에서도 친환경적 요소를 중시할 것이고, ESG에 지속적인 투자를 하고 실천하는 기업을 선호할 것이다.

바이러스 팬데믹 가고
사이버 팬데믹 온다

"삼성전자의 서버를 해킹했다."

2022년 3월, 국제 해커조직인 랩서스는 텔레그램을 통해 삼성전자의 프로그램 설계도로 추정되는 내부 자료의 소스코드 등을 공개했다. IT업계에서는 치명적인 자료 유출이다. 도요타의 부품 제조업체인 덴소 오토모티브 도이츠도 랜섬웨어 공격을 받아 자국 내 모든 공장 가동을 중단했다. 공격 주체는 '판도라'로 불리는 신흥 사이버 범죄 그룹이었다. 이들은 엔비디아도 해킹해서 최신형 GPU인 'RTX 3090Ti'의 설계도 등 중요 회로도와 자료를 탈취한 것으로 알려졌다.

랜섬웨어는 '몸값'을 뜻하는 '랜섬'Ransom과 '소프트웨어'Software의 합성어다. 악성 프로그램으로 시스템을 차단시키거나 데이터를 암호화해 사용을 중단시킨 후 돈을 요구하는 것을 뜻한다. 랜섬웨어 피해는 2005년부터 본격적으로 알려지기 시작해 현재는 전세계적으로 급증한 상태다. 2021년 폭발적으로 증가해 전세계 해킹사고의 25퍼센트를 차지한다. 국내 사이버테러 피해도 갈수록 심각해지는 상황이다. 한국인터넷진흥원Korea Internet & Security Agency, KISA이 2021년 12월에 발간한 〈사이버 침해사고의 경제 사회적 비용 추정 연구〉에 따르면, 2020년 국내 기업 부문에서 발생한 연간 피해액은 6,956억 원으로 추정된다.

조용한 전쟁, 사이버 팬데믹에 대비하라

랜섬웨어 공격은 기업의 정보 유출에 국한되지 않는다. 최근 사이버테러의 양상은 우리 삶에 직접적인 영향을 미치는 형태로 확대되고 있다. 수* 처리 시설을 해킹해 산도를 원격으로 조작하는 양잿물 테러가 발생했고, 랜섬웨어로 송유관 기업 시스템이 마비돼 일부 지역에 연료 공급이 중단되는 일도 있었다. 국내에서는 콜택시 시스템이 동시다발적으로 멈추는 사태가 발생해 많은 시민들이 큰 불편을 겪었고, 일반 가정의 사물인터넷 기기가 해킹돼 사생활 영상이 유출되면서 파장을 일으키기도 했다. 이처럼 해킹의 피해가 점점 광범위해지고 있으며 그 피해에 무방비로 노출되고 있다는 점에서 우려가 매우 크다.

이 가운데 코로나19 팬데믹에 이어 사이버 팬데믹이 전세계를 노리고 있다는 강력한 권고가 이어지고 있다. WEF는 2010년 이후 최근까지 글로벌 리스크 가운데 하나로 '사이버 보안 실패'를 지적해왔으며, 2021년 주요 어젠다로 '사이버 팬데믹'을 설정하는 등 사이버 보안의 중요성을 강조해왔다. 사이버 공격은 이미 글로벌 리스크가 되었다. 그리고 코로나19 팬데믹 과정에서 확인된 사이버 공격의 범위와 피해 규모가 전방위로 확대되고 있다. 최근 사이버 공격이 급증한 이유는 코로나19로 디지털 대전환 급격하게 이뤄졌기 때문이다. 다방면에서 디지털 전환이 일어나며 세계적으로 공격의 표면적이 더 넓어진 것이다.

문제는 사이버 공격이 점점 더 거대 비즈니스화되는 추세며 국가 개입이 심화되고 있다는 점이다. 특히 중국, 러시아, 이란, 북한 등이 배후로 추정되는 국가 지원 사이버 공격이 증가하면서 금전적 목적을 넘어 국가 자산을 파괴하는 '중대 사이버 사건'이 급증하고 있다.

미 전략국제문제연구소 Center for Strategic and International Studies는 국가기관, 방산업체, 첨단기업 등이 피해를 입은 중대 사이버 사건이 2015년 이후 가파르게 증가했다고 밝혔다. 이들 사건은 매우 고도화된 기술력과 오랜 준비 기간이 필요한 국가 지원 APT 공격이 대부분이라고 한다. 이는 인공지능, 양자컴퓨팅, 암호화폐 등의 발전이 공격과 방어에 있어 공격자 측에서 압도적으로 유리하게 사용되고 있기 때문이다.

극단적 미래 사건을 막기 위한
'제로 트러스트' 보완의 부상

미국의 조 바이든 대통령은 취임 직후 '국가 사이버 보안 개선에 관한 행정 명령'을 발표했다. 올해 초에는 '국가 사이버 보안에 대한 대통령 성명'을 추가로 발표할 만큼 국정 운영에서 사이버 보안을 중시하고 있다. 이는 랜섬웨어로 인해 심각한 안보 위기에 처해 있음을 방증한 것으로, 미국이 사이버 보안 전략을 사이버 전쟁 대비 최상위 전략으로 인식하고 대응하겠다는 것을 의미한다. 특히 기존의 대응 전략과는 달리 공급망 보안에 초점을 두고 정부 조직에 '제로 트러스트'Zero-Trust 보안을 도입하겠다고 밝혔다.

최근 사이버 보안 트렌드인 제로 트러스트는 기존의 경계 보안 모델과는 대조되는 개념이다. 공격자는 신뢰할 수 없는 영역에 있고, 내부자는 신뢰할 수 있는 네트워크에 있다는 이분법적인 가정에서 벗어나야 한다는 점이 핵심이다. 조직에서 보안의 경계를 인간 중심으로 재설정하고, 차단보다는 철저한 신원 확인 및 인증을 통해 필요한 만큼의 접근 권한을 부여하는 방식이다.

정보화 시대에는 네트워크로 경계망을 만들고 인트라넷, 즉 내부망을 보호하는 것을 목적으로 보안 문제를 해결해왔다. 하지만 지능화 시대는 다르다. 개방형에서 궁극적으로 보호하고자 하는 것은 네트워크로 울타리를 씌운 경계망이 아니라 기밀 데이터이며 이를 보호하는 최상의 기술로 제로 트러스트가 부각되고 있는 것이다.

보안솔루션 개발사 ㈜엠엘소프트는 "보안을 단순한 기술적 측면에서 제품별 규제나 제재의 대상으로만 볼 것이 아니라, 클라우드나 빅데이터와 마찬가지로 전 산업에서 필수 플랫폼으로 이해하고 시급하게 표준화와 아키텍처를 마련해야 한다."고 강조한다. 방어는 공격을 이길 수 없으며 언제든 뚫릴 수 있다는 가정을 전제해야 한다. 다만 뚫렸을 때 피해를 얼마나 최소화할 수 있느냐 하는 해결 방안이 제로 트러스트다. 그리고 치명적인 피해를 당했을 때 얼마나 빨리 복구할 수 있느냐가 회복력인데 이 두 가지가 보안의 핵심 방어 전략이다.

경계망 보안의 가장 큰 문제점은 권한의 횡적 이동Lateral Movement이 가능해 경계망 내에 해커가 침입하거나 악의를 가진 내부자가 있을 경우 치명적인 정보 유출이 가능하다는 점이다. 그런데 제로 트러스트는 세션별로 격리망을 만들기 때문에 해킹을 당해도 해당 세션과 관련된 정보만 유출되어 피해를 최소화할 수 있다. 또한 동료 직원과도 단절된 격리망이 유지되어 장소에 구애받지 않고 인터넷 환경이면 어디에서나 동일한 보안 조건을 유지할 수 있다는 큰 장점이 있다.

자율주행 자동차에도 제로 트러스트 보안 기술이 적용된다. 자율주행차, 드론, 로봇 등 인공지능형 사물인터넷 장치들은 비용을 줄이기 위해 대부분 IOInput Output 위주로 되어 있다. 그리고 가장 중요한 중앙장치CPU는 클라우드에 있는 빅데이터와 인공지능이다. 즉 손발에 해당하는 IO와 머리인 CPU 사이의 신경망이 인터넷인데 여기에 필수적인 보안이 제로 트러스트다.

현재 인터넷을 안전하게 사용하는 기술 중 하나는 VPNVirtual Private

Network이다. 그런데 이는 경계망 기반의 보안 기술로서 취약점이 많아 제로 트러스트 기반 기술인 SDPSoftware Defined Perimeter로 전환되는 추세다. 만약 자율주행 자동차 구매 시 서비스를 받을 때 보안이 VPN인 차와 SDP인 차 중 고르라면 어떤 차를 고를 것인가? 이는 본인의 생명과 관련된 일이기에 결코 보안에 대한 부분을 소홀히 여길 수 없다.

민간이 주도하는 저궤도 위성 사업 때문에 우주 공간도 새로운 사이버 보안 영역으로 인식되고 있다. 이와 같은 상황에서 이제 사이버 공격 대응은 기업이나 정부 단독으로 수행할 수 없는 수준이 되었다. 즉 기업과 국가 간 협력 및 글로벌 공조가 필수적이다. 전세계를 한순간에 마비시킨 바이러스 팬데믹과 같은 '극단적 미래사건'이 가까운 미래에는 강력한 사이버 공격으로 대체될 수 있다. 그런 의미에서 사이버 팬데믹에 대비하기 위해 보안 전략 재설계가 그 어느 때보다 중요하다.

우리나라도 이를 국정 과제 우선순위로 올렸다. 한미동맹의 중요 협력 분야로 사이버 보안이 부상함에 따라 이에 보조를 맞춰야 할 필요성이 강하게 대두되고 있다. 더불어 국제사회에서 관련 논의를 주도하려면 지금보다 체계적으로 사이버 보안 정책을 수립해야 한다는 목소리가 높다. 최근 해킹업체 '록비트'가 아시아를 주요 표적으로 삼고 있으며 대기업뿐 아니라 중소기업까지 타깃으로 하고 있는 상황이다. 따라서 해킹에 거의 무방비로 노출되어 있는 중소기업들은 더욱 경각심을 갖고 대처해야 할 필요가 있다.

22세기 기회의 땅, 스마트 시티의 테크놀로지에 주목하라

"우리에게는 도로나 인도가 필요 없다. 우리는 2030년에 하늘을 나는 자동차를 소유하게 될 것이다."

"정보망이 자동 구축돼 사람이 움직이지 않아도 생활, 업무, 학습이 가능한 첨단 디지털화 서비스가 제공될 계획이다."

1,300조 원을 들여 사막에 '미러라인'Mirror Line을 짓는 사우디아라비아의 '네옴시티' 프로젝트와 디지털 트윈 도시를 꿈꾸는 중국 슝안신구가 발표한 비전의 일부다. 이외에 3차원의 교통 시스템과 수직 녹지를 갖추고 생태학적으로 지속가능한 도시라는 새로운 패러다임을 제시한 말레이시아의 신도시 포레스트 시티 등 미래를 뒤흔들 스마트 시티가 점차 그 위용을 드러내고 있다.

이들 미래 도시는 상상 속 유토피아가 아닌 이미 현실화되고 있는 미래다. 미래 도시는 국가의 개념을 뛰어넘는 존재로 성장할 것이다. 미국 소비자기술협회Consumer Technology Association(이하 CTA)에 따르면, 2025년까지 스마트 시티는 88개가 탄생하고, 2050년에는 전세계 인구의 70퍼센트가 스마트스 시티에 거주할 것으로 예상된다.

스마트 시티는 사회·경제·정치적 활동의 중심지로서 기능하는 도시의 의미를 넘어서 미래 테크놀로지가 모두 반영된 22세기형 도시다. 인공지능, 사물인터넷, 빅데이터 기술을 비롯한 혁신 기술의 총체라 할 수 있는 스마트 시티에서 우리는 상상하던 미래를 볼 수 있다. 전세계 하이테크기업들이 몰려든다면 시도하지 못할 게 무엇이겠는가.

네옴시티에서 승안신구까지
인공지능 스마트 시티의 청사진

"하늘에는 택시가 날아다니고, 도시 곳곳에 센서가 설치되어 소음과 공해를 관리하고, 지능형 알고리즘이 전력망을 관리해 자동으로 조명과 히터가 꺼지고, 각종 오염과 하수처리 시스템이 자동화로 운영되고, 로보캅이 범죄자를 추적하고, 테러 징후를 미리 파악해 대처한다."

우리가 10년 이내에 만나게 될 스마트 시티의 모습이다. 그중 네옴NEOM은 'new future'의 약자로 '궁극의 인공지능 스마트 시티'라는 콘셉트로 기획되었다. 홍해 인근 사우디아라비아의 타부크Tabuk 지방에 개발 예정인 미래형 도시로, 기술과 데이터를 실시간 사용해서 도시의 기능과 거주자들의 모든 것을 최적화한다는 비전을 갖고 있다. 전세계 혁신의 허브를 꿈꾸는 네옴시티는 최고의 기술로 주거 및 상업 공간에서 놀이와 사무실 공간에 이르기까지 도시의 모든 측면을 연결한다는 계획을 발표했다.

이 도시는 우리가 꿈꾸는 미래의 도시 모습을 거의 다 반영하고 있다. 자연재해가 발생하면 도시 전역의 센서를 통해 데이터를 받은 중앙 인공지능이 위기 대응을 맡고, 모든 시민을 추적하기 위한 안면인식을 도입한다. 그뿐 아니다. 인공 강우 시스템을 활용해 비를 조절하고 밤이면 도시 위로 인공 달까지 떠오른다.

네옴시티는 서울 면적의 44배에 달하는데 직선 도시 '더 라인', 첨단 산업 단지 '옥사곤', 친환경 관광 단지 '트로제나'로 구성된다. 화석 연료를 사용하지 않고 풍력·조력·태양열 등 대체에너지를 통해 저탄소 도시 개발을 계획 중이다. 2022년 1월 네옴 프로젝트는 더 라인 건설 계획을 완성했다. 지상에 도로와 자동차를 없애고 자연과 사람 위주의 초연결 미래 사회를 뜻하는 더 라인의 핵심은 미러 라인Mirror Line이다.

무함마드 빈 살만 왕자는 척박한 사막과 미개발된 해안가를 미래 도시로 변모시키기 위해 미러 라인 건설에만 약 1조 달러(약 1,394조 원)를 쏟을 예정이다. 뉴욕시 인구와 비슷한 약 900만 명이 거주할 도시로 2025년 1차 완공을 목표로 대규모 인프라 입찰이 현재 진행 중이다.

국내 기업으로는 삼성과 현대자동차그룹이 사업 수주전에 뛰어들었다. 특히 현대자동차는 도심항공기·로봇·자율주행 같은 스마트 시티 사업에 미래를 두고 적극 참여하고 있다. 네옴시티에서 바닷물을 이용해 그린 수소를 생산해 '세계 최대 수소 수출국'이 되겠다는 포부로 프로젝트를 추진 중이다. 이를 통해 현대자동차는 수소연료전지와 수소차 진출도 모색하고 있다.

중국은 전역에 500개의 스마트 신도시를 건설할 계획이다. 중국 정부는 도시의 인프라를 현대화하기 위해 모든 혁신 기술들을 활용하겠다는 목표를 세웠다. 마이크로소프트·화웨이·환커·3M 등 글로벌 빅플레이어들이 기획 회의에 참여했다.

현재 계획 중인 스마트 시티 중 허베이성의 슝안신구는 '왕관의 보석'이라 불린다. 베이징에서 고속철도로 20분밖에 걸리지 않으며 서울의 세 배 규모에 해당한다. 중국 정부는 슝안이 슈퍼컴퓨팅과 빅데이터를 포함하는 첨단 통신 네트워크로 구축된 지능형 도시 관리 시스템을 갖춘 신기술의 허브가 되기를 꿈꾸고 있다. 특히 주목할 만한 점은 재생 가능한 저탄소에너지를 활용해 100퍼센트 클린 전력을 공급한다는 목표를 세웠다는 점이다.

슝안신구는 도시 기능이 포화 상태에 이른 베이징을 대체하기 위한 차선책이 아니다. 시진핑 주석이 계획 초기부터 5G와 인공지능을 기반으로 한 세계 최고의 최첨단 스마트 도시로 만들겠다는 목표로 시작한 디지털 인프라 사업이다. 우선 디지털 실크로드의 테스트베드 역할을 할 예정이다. 슝안신구는 디지털 실크로드의 중국 내 축소판으로 블록체인과 디지털 위안화를 응용한 새로운 디지털 화폐의 표준을 더욱 구체화하고 있다. 5G 기반의 스마트 도시, 스마트 고속철도, 모빌리티 핵심 거점 지역으로서 인공지능 특구로 성장할 전망이다.

인공지능 기반의 스마트 도시와 모빌리티 사업을 위해 알리바바, 텐센트, 바이두 등 중국 빅테크기업들이 총동원되어 슝안신구를 인공지능 특급도시로 바꿔가고 있다. 알리바바의 클라우드, 사물인터넷, 인공지능 기술과 텐센트의 블록체인 기술, 빅데이터 리스크 통제 시스템과 바이두의 자율주행차 등이 슝안신구를 미래 도시로 변모시키는 중이다. 이외에도 중국은 선전의 첨단 하드웨어 제조 기지화, 항저우의 스마트 도시화, 상하이의 반도체 특구화도 진행하고 있다.

기후 위기에서 인류를 구할 해양 스마트 시티

ICT 기술의 총체인 스마트 시티는 기후변화에 따른 인류의 난제 해결사로도 주목받고 있다. 기후변화로 인한 이상기후 현상은 다양하다. 2021년 미국 텍사스를 덮친 이례적 한파와 폭설, 유럽이 겪은 '100년만의 폭우'와 같은 재앙은 앞으로 더 자주 더 강하게 나타날 것이다. 이미 세계기상기구World Meteorological Organization, WMO는 "극단적인 이상기후가 발생하는 것이 이제 '뉴 노멀' 상황이다."라고 결론을 내렸다.

이러한 기후변화로 해수면이 상승하고 태풍 피해가 커지면 백사장은 물론 갯벌과 양식장도 큰 타격을 입을 뿐 아니라 침수 지대가 늘어나면서 주거공간도 사라지게 된다. 글로벌 환경단체 그린피스는 2030년 이후 기후변화로 해수면이 상승하고 강한 태풍과 큰 파도가 덮친다면 해안지역과 강 주변 등 국토의 약 5퍼센트가 침수 피해를 볼 수 있다고 밝히기도 했다. 기후변화로 2100년에는 해수면이 약 1.1미터 상승할 것으로 예측되며, 이로 인해 전세계 인구의 30퍼센트(24억 명)와 관련 국가 및 도시들이 침수 위기에 놓이게 된다. 이에 따라 수조 원을 들인 국가 기간 시설의 기능이 마비되고 사회·경제적 비용이 기하급수적으로 늘어날 것이라고 경고했다.

이러한 예견된 피해를 막기 위해 부산시는 세계 최초로 해상도시 프로젝트에 돌입했다. 2023년부터 기본 설계와 실시 설계가 시작되어 2027년 착공될 전망이다. 부산시가 구상 중인 해상도시는 부유식 구조물을 해상에 설치해 해양 생태계를 파괴하지 않는 방식이다. 기본적으로 탄소중립과 친환경 지속가능성을 지향하며 에너지 자립성과 식량·식수 자족성을 가질 수 있는 융합혁신 첨단 기능 시스템을 지향한다.

해상 스마트 시티 융합 산업 플랫폼은 바다 위에 인공섬 같은 초대형 해상구조물을 설치한 뒤, 그 위에 각종 토목·건설 인프라를 기반으로 첨단 ICT를 융합한 다목적 첨단 스마트 플랫폼이다. 이는 인공지능과 빅데이터, 메타버스와 스마트 모빌리티 등을 적용한 혁신적인 디지털 플랫폼이 될 것이다.

또한 해상 스마트 시티 플랫폼은 해외 진출 전략도 갖고 있다. 국가미래정책포럼 김성태 회장은 "세계의 물류와 자원의 전략적 요충지에 우리나라 주도로 해외 물류와 자원 거점형 플랫폼을 만들고, 해상 스마트 시티 전략의 모델하우스 역할도 할 수 있다."는 청사진을 제시했다. 이는 전세계의 해상공항 스마트 시티 융합 산업 플랫폼 수요를 대한민국이 주도적으로 선점하는 계기가 될 수 있다.

이처럼 스마트 시티는 전세계적인 기후 위기를 헤쳐나갈 대안이다. 동시에 최첨단 기술의 시너지를 최대치로 끌어올려 인류의 번영을 위한 신성장동력으로 삼을 최고의 프로젝트다.

세상을 완전히 바꾸는
무선전력 전송 기술의 도래

스마트폰과 전기차는 현대인의 일상 필수품이지만 여전히 불편한 점이 있다. 바로 배터리가 방전되면 무용지물이라는 점이다. 하지만 스마트폰을 들고만 있어도 충전되고 전기차를 타고 달리는 도중에 자동으로 충전되는 시대가 온다면 어떨까? 현재 우리가 사용하고 있는 무선충전기는 코일이 내장된 무선충전 패드에 기기를 대고 있어야 한다. 즉 충전 케이블을 직접 연결할 필요만 없을 뿐 충전하는 동안 기기를 완전히 자유롭게 쓰기는 힘들다. 그런데 무선전력 전송 기술이 보편화되면 스마트폰을 사용하면서도 충전이 가능해진다.

전기차의 경우, 고정식 무선충전 시스템은 충전 케이블 없이 무선으로 배터리를 충전하는 기술이다. 무선충전 시스템 위에 차량을 주차

해두기만 하면 된다. 주차면에 설치된 패드와 전기차 하단의 충전 장치 사이에 유도전력이 작동해 충전이 이뤄지고 충전이 끝나면 휴대폰으로 완충 사실을 알려준다. 차량 스스로 주차나 출차도 가능하다. 그런데 여기서 한 발 더 나아가 달리며 충전하는 다이내믹 무선충전 시대가 열린다. 차량과 충전 매개체 사이의 거리가 멀어져도 충전이 가능한 자기 공명 방식의 무선충전 기술이 연구되고 있기 때문에 배터리 방전 걱정 없이 운전할 수 있게 된다.

무선전력 전송이 가능해지면 더 이상 한전의 변전소와 고압송전탑 설치를 반대하는 일도 없어질 테고, 보령발전소에서 서울까지 전력 전송 시 10퍼센트 이상의 전력 손실도 없어진다. 더 이상 연장 코드나 멀티 콘센트도 필요하지 않으며, 핸드폰 충전기는 사라질 것이다. 그뿐 아니다. 무선전력은 사물인터넷의 모든 잠재력을 실현하는 핵심 열쇠가 될 수 있다.

언제 어디서나 배터리 충전 걱정 없는 세상

무선전력 전송은 제4차 산업혁명 시대의 핵심 기술이다. 다른 기술과의 융합으로 막대한 시너지 효과를 낼 수 있기 때문이다. 특히 사물인터넷 기술을 적용한 스마트 시티와 스마트 팩토리를 구현하기 위해서는 무선충전 인프라 구축이 필수다. 이미 상용화된 근거리 무선충전을 넘어 중·장거리 충전을 구현하는 기술개발이 이루어진다면 일상생활과 밀접한 전자제품은 물론 의료, 농업, 건설업 등 연계 활용 가능한 스펙트럼이 무궁무진하다.

무선전력에 대한 아이디어는 120년 전 비운의 천재 과학자 니콜라 테슬라_{Nikola Tesla}가 처음으로 탐구를 시작했다. 그의 접근방식은 '지진 발생기'라 불리는 발진기에 의존하는 것이었는데 당시에는 제대로 구현되지 않았다. 그러나 이후 단거리 무선전력 전송을 둘러싼 많은 혁신이 있었다. 무선전력 전송 기술의 원리는 크게 세 가지 방식으로 나뉜다. '자기유도 방식'은 가까운 거리에서 사용할 수 있고, '자기공명 방식'은 수십 미터 정도 떨어진 거리에서 사용할 수 있으며, '마이크로파 방식'은 수백 미터 이상 떨어진 거리에서도 사용할 수 있다.

자기공명 방식은 코일 사이의 자기공명 현상으로 인해 생성되는 주파수를 사용하는 기술로, 자기유도 방식의 한계를 극복하기 위해 개발되었다. 와이파이처럼 전력이 전송되는 범위 안에 있으면 단말기가 충전을 할 수 있는 차세대 무선충전 방식이다. 마이크로파 방식은 수백 미터에 달하는 먼 거리에도 전기선 없이 전력을 전송하는 기술인데 아직은 상용화되지 않았다. 강력한 마이크로웨이브를 공중에 발사하면 주변 동식물과 사람에게 유해한 영향을 미칠 수 있다는 우려가 제기되면서 이를 둘러싼 논란이 있다. 그럼에도 무선전력 전송에 관한 연구개발은 전세계에서 진행 중이다.

미국의 스타트업 오시아_{Ossia}는 비접촉식 무선충전 기술인 코타_{cota}를 개발 중이다. 주파수 방식을 이용해 5미터 이상의 거리에 전력과 데이터를 전송할 수 있으며 특히 반경 내 수십 개의 모바일 기기와 연결이 가능하다. 에너저스Energous도 비접촉식으로 5미터 거리에서 송수신할 수 있는 기술을 확보해 상용화를 준비하고 있다. 최초로 미국 연방통신위원회Federal Communications Commission, FCC에서 원거리 무선충전 기술 '와트업'WattUP을 승인받았다.

뉴질랜드의 스타트업인 엠로드Emrod도 상용 장거리 무선전력 기술에 도전하고 있다. 뉴질랜드 2위 전력 사업자인 파워코Powerco를 위해 제작한 프로토타입 무선전력 시스템으로 수킬로와트의 전력을 무선으로 전송할 수 있다고 알려져 있다. 엠로드는 40평방미터 면적의 전송 장치가 있으면 10킬로와트 전력을 30킬로미터까지 보낼 수 있으며 전력 효율도 70퍼센트에 달한다고 주장한다.

우주에서 지구로 전기를 보낼 수 있다

무선전력 전송 기술은 우주로까지 확장되고 있다. 우주 태양광발전은 거대한 태양광발전 장치를 단 위성을 정지궤도에 띄워놓고 전기를 생산한 후 거기서 얻은 에너지를 지구로 보낸다는 개념이다. 우주에서 태양광을 이용해 전기를 만들면 그 에너지의 양은 어마어마하다. 날씨에 구애받지 않을뿐더러 밤낮에 상관없이 24시간 가동할 수 있기 때문이다. 전문가들은 우주 태양광이 지상보다 10~20배 정도 효율이 높을 것이라고 예측한다. 이때 우주에서 만들어진 전기를 지구로 가져오기 위해 무선전력 전송 기술이 활용된다. NASA는 우주정거장에서 무선전송 기술을 시험하고 2040년에 우주 태양광발전을 상용화하겠다는 계획을 발표했다.

우주 태양광발전은 오늘날 다양한 연구와 기상 모니터링 등을 위해 사용하는 큐브 위성 및 마이크로 위성과도 연관이 있다. 이들 위성은 자체 동력을 사용한다. 지금까지 그들은 광전지 태양 전지판과 배터리에 대부분을 의존했다. 그러나 위성에 부착된 태양 전지판은 비효율적이며 상당한 양의 전력을 생산하려면 크기가 매우 커야 한다. 또한 이러한 LEO 위성(저궤도 위성)은 종종 태양에너지를 수집할 수 없는 지구의 그림자에 위치해 있기도 한다. 그래서 위성 설계 시 전력을 획득하고 저장해야 한다는 점이 중시된다. 현재 우주에는 수천 개 이상의 LEO 위성이 있는데 기능이 더욱 복잡해짐에 따라 전력 수요가 증가하고 있다. 이러한 이유로 업계 전문가들은 효율성을 높이고 더 지속적인 작동, 더 적은 LEO 클러터 및 더 작은 위성을 허용하기 위해 위성에 직접 무선전력을 발사하는 것을 적극적으로 준비하고 있다.

영국의 스페이스 파워Space Power는 서리대학교Surrey University의 연구원들과 협력해 '궤도 내 무선전력망'을 개발하는 중이다. 그들은 LEO 위성이 소싱 위성에서 발사된 전력 덕분에 배터리가 필요 없는 레이저 전원이 될 때를 기대하고 있다.

스페이스 파워의 레이저 파워빔 기술은 에너지 효율의 판도를 바꿀 것이다. 태양 전지판이나 패널의 표면적을 확장해 얻을 수 있는 에너지 증가에 비해 LEO 위성의 효율성은 그 두 배 이상이다. 그렇게 되면 희토류 금속을 채굴할 필요성도 줄어든다. 이 연구 그룹은 내년까지 파워빔 프로토타입을 완성해서 2025년까지 상용 모드에 들어갈 계획이라고 발표했다.

이처럼 무선전력 전송 기술은 세상과 공간을 변화시키는 획기적인 기술이다. 특히 우주에서 태양에너지를 무선으로 전송하는 것이 가능해진다면, 결국 지구와 우주의 모든 것에 전력을 제공할 수 있게 된다. 우리는 효율적으로 태양열을 집열한 다음, 지구 전력 전송 스테이션에 정확하고 효율적으로 태양에너지를 배달할 것이다. 이렇게 되면 세계는 상상하기 힘든 규모의 청정 태양열발전의 혜택을 받을 수 있다. 달과 화성에 있는 식민지, 연구소, 거주 공간, 차량도 이 방식으로 전력을 공급받는 것이 가능하다.

디지털 헬스케어

초고령화 사회,
평균 수명 150세 시대가 온다

팬데믹이 앞당긴
원격진료 메타버스 세상

밤새 고열과 극심한 근육통에 시달리던 김석헌 씨는 다음 날 아침 재택
근무를 결정하고 병원에 가는 대신 원격진료 앱을 켠다. 앱이 구동되는
동안 패치 형태의 체온계를 겨드랑이에 부착해서 앱에 체온 수치를 등
록하자 인공지능 주치의가 나타나 진단을 해주고 약품 처방도 해준다.
가까운 약국과 배달 라이더가 매칭된다. 원격진료실 입장 후 단 10분
만에 약을 받아보았다.

　인공지능 주치의가 열어나갈 미래 원격의료의 모습이다. 코로나19
팬데믹 기간 동안 전세계적으로 원격진료가 가속화되었다. 의료 데이
터의 디지털화와 원격진료뿐 아니라 디지털 치료제 시장도 빗장이 열
렸다. 글로벌 IT기업은 빅데이터와 인공지능을 활용해 시장을 선점하

기 위해 발 벗고 나섰으며 데이터 수집을 위해 웨어러블 시장의 경쟁도 갈수록 치열해지고 있다.

팬데믹이 만든 원격의료 붐을 타 글로벌시장에서 경쟁력을 갖추기 위한 기업들의 노력과 함께 제도적 규제 문제를 어떻게 해결할 것인지도 수면 위로 떠올랐다. 글로벌시장조사기관인 스태티스타에 따르면, 전세계 원격의료 시장 규모는 2015년 181억 달러(약 25조 2,404억 원)에서 2021년에는 412억 달러(약 57조 4,534억 원)로 두 배 넘게 증가했다. 국내에서는 코로나19로 한시적으로 원격진료가 진행되었는데 2020년 2월부터 초진과 경증 환자 위주로 1,000만 건 이상의 비대면 진료가 이루어졌다.

빅데이터와 인공지능으로 날개를 단 미래의 원격진료

원격의료는 환자가 병원에 갈 수 없거나 근처에 병원이 없을 때 어디에서든 진료를 받을 수 있도록 도움을 준다. 그러나 현재는 제약이 많다. 진료 기록과 영상 검사 결과 등 대부분의 의료 데이터가 구조화되어 보관되지 않기 때문에 정보 추출이 쉽지 않다. 따라서 원격의료의 핵심 재료는 '데이터'다.

최근 빅데이터는 원격의료의 주요 승부처로 떠오르고 있다. 미래 의학은 '개인화된 정보로 건강 상태를 예측해Predictive 맞춤Personalized 예방하는Preventive 참여의학Participatory'이 그 핵심이다. 이는 생명과학자인 리로이 후드Leroy Hood 박사가 주창한 'P4의학'P4 Medicine으로, 빅데이터를 기반으로 하는 원격의료 서비스를 통해 실현할 수 있다.

이러한 빅데이터를 축적하기 위해서는 스마트폰이나 웨어러블 기기를 통해 환자의 상태를 실시간으로 수집하고 인공지능과 머신러닝의 도움을 받아야 한다. 머신러닝은 환자의 의료 데이터를 정규화·색인화·구조화하고 분석한다. 필요할 경우 이것을 한꺼번에 불러와 의사가 데이터를 포괄적으로 이해하고 다른 환자들과 비교할 수도 있다. 이러한 데이터 관리와 분석은 더 나은 진료를 가능케 한다.

현재의 원격의료는 주로 비대면진료, 약 배송, 원격 모니터링으로 이루어져 있다. 하지만 미래에는 스마트폰 앱, 게임, 가상현실, 챗봇, 인공지능 등의 소프트웨어를 기반으로 환자를 치료하는 디지털 치료제 시장으로까지 확대될 것이다.

미국은 이미 개인에게 최적화된 의료 시스템을 구축하기 위한 대규모 데이터 수집 프로젝트를 시작했다. '올 오브 어스'All of Us Program 연구 프로그램은 미국 국립보건원National Institutes of Health, NIH이 지난 2018년부터 추진 중인 프로그램이다. 2026년까지 100만 명(다양한 인종으로 구성) 이상의 유전체 정보를 모을 계획이며, 이러한 생명 데이터를 질병 연구에 활용하기 위해 마련된 프로젝트다.

클라우드 기반 디지털 플랫폼을 활용해 수집하는 데이터는 유전 정보를 기반으로 건강 관련 설문과 진료 기록, 신체 계측, 웨어러블 디바이스를 활용한 라이프로그 정보, 디지털 헬스 데이터, 생체시료를 포함한다. 클라우드 플랫폼을 활용해 "10만 건의 게놈 데이터를 모두 모았다."고 발표했다. 전세계적으로도 최초의 시도이자 최대 규모다. 현재 33만 명의 참가자가 등록을 마쳤다.

원격의료 빅데이터가 중요해지면서 데이터 수집 창구인 웨어러블 기기 시장이 뜨고 있다. 웨어러블 기기는 심장 부정맥 등을 조기 진단해서 개인 맞춤형 치료 방안을 제시하고, 당뇨 같은 만성 질환의 관리를 가능케 한다.

스마트워치 선두 주자인 애플과 삼성전자가 올 하반기에 내놓을 애플워치8와 갤럭시워치5도 헬스 기능을 크게 강화할 예정이다. 구글은 웨어러블업체 핏빗 인수 이후 독자 개발한 첫 결과물인 안드로이드 기반의 '픽셀워치'를 출시한다. 메타도 라이브 방송 등이 가능한 스마트워치를 연내에 선보일 예정이다.

핸슨 로보틱스의 소피아와 그레이스 같은 의료 휴머노이드 로봇들도 원격진료에 활용될 수 있다. 영국 주간지 《이코노미스트》는 전세계 웨어러블 기기 판매량이 2020년 2억 대에서 2026년에는 4억 대에 이를 것으로 내다봤다. 이들 기기가 인간의 신체 및 행동 패턴의 변화를 추적하면서 쌓는 데이터의 양은 어마어마할 것이다. 이에 따른 부작용을 줄이기 위해 관련 업체는 이용자의 데이터를 안전하게 유지하는 데 주력할 필요가 있다.

국내 원격진료의 경우 현행법상 원칙적으로 금지돼 있다. 하지만 원격의료 산업의 발전을 위해 이 문제 해결을 위한 본격적인 논의가 필요하다.

메타버스 병원에서 진료하는 세상

코로나 팬데믹은 우리의 일상을 크게 바꿔놓았다. 본격적인 비대면 시대가 열리면서 가상공간인 메타버스 시대도 앞당겨져 관련 시장이 급격히 성장했다. 의료계에서도 기존 의료 기술의 한계를 극복하기 위해 메타버스에 주목하는 상황이다. 메타버스 환경에서는 가상현실과 증강현실 등을 이용해 실제 수술실과 흡사한 환경을 구현할 수 있다. 사전 시뮬레이션으로 실제 수술의 집도 정확성을 높이고 윤리적 문제까지 해결할 수 있으니 이점이 많다.

예를 들어 3D프린팅 기술로 만든 모형 장기를 모의 수술에 사용하면 환자나 가족에게 수술 방법을 설명하는 데 도움이 된다. 가상현실 기술로 구현한 인체 구조물로 해부학 실습도 가능하다. 메타버스 상용화에 나선 기업과 병원도 많다. 메타는 2014년부터 의료 VR 애플리케이션 개발에 적극 나서고 있다. 미국 의료 기술업체 '스트라이커'Stryker는 2017년부터 마이크로소프트의 증강현실 스마트 안경인 홀로렌즈를 활용해 외과 수술실 설계 프로세스를 개선 중이다.

두바이에 기반을 둔 의료회사인 '썸베이'Thumbay 그룹은 세계 최초의 메타버스 병원 설립을 준비 중이다. 2022년 말 오픈 예정으로 아바타를 활용해 증강현실과 가상현실 기술을 활용함으로써 원격으로 의사와 상담할 수 있는 가상병원을 목표로 하고 있다.

국내에서도 메타버스 병원 설립이 시작되었다. 2022년 3월 중앙대광명병원은 의료 인공지능기업인 딥노이드와 메타버스 병원을 구축했다. 딥노이드는 의료 인공지능 메타버스 솔루션인 메타클Metaverse Clinic, METACL과 의료 인공지능 솔루션인 사이클Smart Ai Clinic, SAICL의 개발을 진행 중이다. 메타클은 디지털 트윈과 메타버스 기술을 융합해 가상공간에 병원을 재현했다. 지금은 초기 단계로 병원에 직접 방문하지 않고 진료와 상담 등의 의료 경험을 체험할 수 있다. 일산 차병원은 업계 최초로 네이버 메타버스 플랫폼 제페토에 가상병원을 개원했다. 메타버스로 원격 협진이나 환자 맞춤형 건강상담을 진행하는 병의원도 증가하는 추세다. 싸이월드를 운영하는 싸이월드제트는 최근 메타버스 기반의 원격의료 시스템을 구축하겠다는 계획을 제시했다. 병원이 직접 메타버스 플랫폼에 입점해 화상진료를 제공하고, 희망하는 이용자에 한해 유전자 정보를 NFT로 만드는 서비스를 운영한다는 방침이다.

메타버스를 구성하는 가상현실, 증강현실, 혼합현실 기술의 글로벌 시장이 폭발적으로 성장할 것을 감안한다면 이를 기반으로 하는 원격 의료 시장도 확대될 가능성이 크다. 다만 국내의 비대면 진료 합법화 논쟁이 어떻게 결론지어질지 여부에 따라 속도는 달라질 전망이다. 비대면 진료에 대한 사회적 합의가 먼저 이루어져야 의료 메타버스 역시 실현될 수 있다.

디지털 치료제 시장의 확대

원격진료가 발전된 형태인 디지털 치료제는 웨어러블 기기나 스마트폰으로 AR, VR, 인공지능 등 각종 정보통신 기술을 활용해 질병을 예방하고 증상을 완화시키거나 관리하는 소프트웨어를 말한다. 주로 모바일 앱을 통해 이루어지며 약물중독이나 우울증, 불면증, 호흡기 질환 등의 치료 목적으로 사용된다. 팬데믹 이후 불허됐던 비대면 진료가 한시적으로 허용되면서 의료 분야에서 디지털화에 대한 거부감도 크게 줄었다.

디지털 치료제는 일반 의약품처럼 임상 시험을 거쳐 효과를 입증해야 하기 때문에 웨어러블 기기와는 다르다. 그다음에 미국식품의약국Food and Drug Administration(이하 FDA)이나 식약처 등 보건 당국의 심사를 통과해야 정식 사용이 가능하고, 의약품과 마찬가지로 의사의 처방도 필요하다.

미국 시장조사업체 그랜드 뷰 리서치에 따르면 2020년 370억 달러(약 51조 5,965억 원) 규모였던 글로벌 디지털 치료제 시장은 2028년 1,910억 달러(약 266조 3,495억 원)까지 성장할 전망이다. 현재 글로벌 시장에서는 20여 종의 디지털 치료제가 FDA의 심의를 통과했다. 세계 첫 디지털 치료제는 2017년 승인된 미국의 페어 테라퓨틱스Pear Therapeutics의 알코올과 약물 중독 치료제 '리셋'reSET이다. 이외에 미국이나 유럽 등에서 상용화된 디지털 치료제는 뇌, 신경, 정신질환, 류마티스관절염, 당뇨 등 적응증이 다양하다.

국내에서는 식약처의 승인을 받은 디지털 치료제는 없지만 라이프시맨틱스, 웰트 등 다섯 개 업체가 식약처 확증 임상 단계에 들어간 상태다. 디지털 치료제는 의료기기로 분류돼 있어 현행법상 금지 대상은 아니지만 규제와 가이드라인이 잘 마련된다면 신약 개발보다 훨씬 적은 비용으로 신속하게 개발이 가능하고 결과적으로 환자들에게 비용 효율적인 치료를 제공할 수 있다.

더 사느냐, 이제 그만 죽느냐
그것이 문제다

"우리는 113년을 살 수 있다. 하지만 나의 공식적인 견해는 150년이다."

하버드대 의과대학 데이비드 싱클레어David Sinclair교수는 《노화의 종말》에서 앞으로 인간은 장수 유전자와 기술 등을 고려해 '보수적으로' 계산해도 150년은 살 수 있다고 말했다.

그동안 노화는 인간이 거스를 수 없는 숙명이었다. 하지만 의학과 각종 기술의 발전으로 건강한 수명연장과 노인성 질환 예방 치료에 대혁신이 예고되고 있다. 구글의 창립자 래리 페이지와 아마존의 제프 베이조스, 오라클의 래리 엘리슨Larry Ellison과 페이팔의 피터 틸Peter Thiel도 수명연장 연구에 투자하고 있다. 그뿐 아니다. 그들 모두의 재력을 합친 것과 같은 어마어마한 자금을 가진 사우디아라비아 왕국이 수명연장 연구 계획을 발표했다.

사우디 왕실은 헤볼루션재단Hevolution Foundation을 통해 노화 생물학에 대한 기초연구를 지원하고 사람들의 수명을 연장하는 방법을 찾는 데 연간 최대 10억 달러를 사용할 예정이다. 만약 이를 실행한다면 사우디 왕가는 노화의 근본 원인을 이해하고 약물로 노화 속도를 늦추는 방법을 알아내기 위한 연구 중 가장 큰 단일 후원자가 될 것이다.

세포 리프로그래밍, 노화를 막는 기술들

로체스터대학 생물학자들의 새로운 연구에 따르면, 생명연장 퍼즐의 핵심 조각은 유전자 발현을 조절하는 메커니즘에 있다. 연구원들은 수명과 관련된 유전자를 조사해서 이들 유전자의 특성과 함께 유전자 발현을 제어하는 두 가지 조절 시스템을 밝혀냈다. 그것은 일주기와 다능성 네트워크Pluripotency Network로 장수에 중요한 역할을 한다. 수명 유전학에 대한 이 새로운 연구는 노화 관련 질병을 퇴치하는 데 필요한 새로운 표적을 제시한다.

연구원들은 말쥐부터 벌거숭이두더지쥐까지 최대 수명을 가진 포유류 26종의 유전자 발현 패턴을 비교해서 수명과 긍정적 또는 부정적 상관관계가 있는 수천 개의 유전자를 확인했다. 그들은 수명이 긴 종은 에너지 대사 및 염증과 관련된 유전자의 발현이 낮은 경향이 있음을 발견했다. 반면 단명종은 에너지 대사와 염증에 관여하는 유전자의 발현이 높았다. 그리고 DNA 복구, RNA 수송, 미세소관 조직에 관여하는 유전자의 발현이 낮은 경향이 있었다.

연구원들은 이러한 유전자의 발현을 조절하는 메커니즘을 분석했는데 이때 두 가지 주요 시스템이 작용하고 있음을 발견했다. 에너지 대사 및 염증과 관련된 부정적인 수명 유전자는 '일주기 네트워크'에 의해 제어된다는 사실이다. 이 연구 결과는 더 오래 살기 위해서는 건강한 수면 일정을 유지하고 밤에 빛에 노출되는 것을 피해야 함을 의미한다. 빛이 부정적인 수명 유전자의 발현을 증가시킬 수 있기 때문이다.

즉, 부정적인 수명 유전자의 발현은 하루 중 특정 시간으로 제한되어 수명이 긴 종에서 유전자의 전체 발현을 제한하는 데 도움이 될 수 있다. 이것은 우리가 부정적인 수명 유전자를 통제할 수 있음을 의미한다. 반면에 DNA 복구, RNA 수송, 미세소관에 관여하는 양성 수명 유전자는 다능성 네트워크에 의해 제어된다. 다능성 네트워크는 체세포(생식세포가 아닌 모든 세포)를 배아줄기세포로 재프로그래밍하는 데 관여한다. 배아줄기세포는 나이가 들어감에 따라 와해되는 DNA를 재포장해 보다 쉽게 젊어지고 재생되도록 해준다.

노화 예방과 관련한 기술개발업체 중 주목할 만한 곳은 러시아 출신의 IT 거물이자 기업가가 엄청난 금액을 투자해 세운 알토스 랩Altos Lab이다. 제프 베이조스 또한 이곳에 수백만 달러를 투자한 것으로 알려졌다. 알토스 랩은 생물학적 '리프로그래밍'Reprogramming 기술을 추구한다. 이는 세포에 단백질을 주입해 세포가 배아줄기세포의 특성을 가진 상태로 되돌아갈 수 있도록 하는 기술이다. 세포의 노화를 되돌리는 기술인 셈이다. 이를 통해 인간의 수명을 50년 더 연장할 수 있을 것으로 보고 있다. 오는 5월 영국 케임브리지와 미국 샌디에이고, 샌프란시스코 연구소에서 연구가 본격 시작된다. 일본과도 중요한 협력관계를 맺고 있다. 연구자들은 세포가 노화되는 방식과 그 과정을 역전시키는 방법에 대해 자유롭게 연구할 수 있다.

보통 쥐들이 3년 정도 사는 것에 비해 벌거숭이두더지쥐의 수명은 30년 이상이다. 특이한 점은 일반 쥐보다 10배나 더 오래 살면서도 노화가 거의 진행되지 않는다는 사실이다. 캘리코 연구진은 벌거숭이두더지쥐가 나이 들어도 세포의 기능이나 몸의 구성성분, 신체 대사 지표 등에 특별한 변화가 없다는 것을 밝혔다. 벌거숭이두더지쥐가 늙지 않는 비결은 DNA에 손상이 생길 때 이를 바로잡는 능력이 뛰어나기 때문이라는 게 연구진의 설명이다. 평생 늙지 않다가 30년이 지난 후에 죽는 이유는 아직 미스터리다. 연구진은 이들의 늙지 않는 비밀을 풀어내 인간에게 적용할 수 있기를 희망하고 있다. 건강하면서 150세 이상의 수명연장이 가능하도록 하는 것이 연구 목표다.

스탠퍼드대 의과대학은 수혈 회춘 연구를 활발하게 진행하고 있다. 젊은 쥐의 피를 늙은 쥐에게 투여하는 실험을 통해 '시간을 거꾸로 돌릴 수 있는 열쇠'를 찾으려 노력 중이다. 2014년 토니 와이스-코레이Tony Wyss-Coray 박사팀은 젊은 쥐와 늙은 쥐의 혈관을 하나로 연결해 혈액을 공급하는 실험에서 늙은 쥐의 근육이 젊은 쥐의 근육만큼 회복력이 빨라지고 뇌 또한 젊어지는 것을 확인했다. 이후 젊은 쥐에서 뽑아낸 소량의 혈장(혈액에서 혈구를 제거한 것)을 늙은 쥐에게 투입해 늙은 쥐의 노화를 막고 기억력이 향상되는 결과를 얻었다.

3D바이오프린팅과 아바타 장기

자신의 세포를 이용해 신체 일부를 재건하는 3D바이오프린팅 기술은 미래 의료 기술에 중요한 역할을 할 것이다. 최근 선천적으로 작은 귀를 갖고 태어난 한 여성이 미국의 재생의학기업 쓰리디바이오 테라퓨틱스3DBio Therapeutics가 개발한 3D바이오프린팅 기술을 이용해 자신의 세포로 만든 귀를 이식받는 데 성공했다. 〈뉴욕타임스〉는 바이오프린팅으로 만든 조직을 인체에 성공적으로 이식한 것은 이 기술의 의학적 가능성을 보여주는 것이며 조직공학 분야의 놀라운 발전이라고 평가했다.

의료 기술이 나날이 발전하는 가운데 3D바이오프린팅 기술에 대한 관심은 더욱 커지고 있다. 3D바이오프린팅의 원리는 바이오 잉크를 사용해 3차원 구조체를 만드는 것이다. 바이오 잉크는 인체 장기 또는 조직을 대체할 수 있는 소재로 우리 몸에 있는 생분해성 고분자와 세포 재생 물질을 포함하고 있다. 인체 기능 복원과 회복을 목적으로 하기 때문에 의료 분야에 사용된다. 환부 깊이와 넓이를 측정한 후, 바이오 잉크로 환자 맞춤형 인체조직을 만든다.

이 아이디어는 인쇄할 수 있는 장기의 유형을 제한하는 기술적인 문제에 시달려왔다. 그런데 뉴저지의 스티븐슨공과대학Stevens Institute of Technology 연구원들이 모든 조직 유형을 재생산하기 위해 수십 년 된 기술을 개선해 이러한 장벽을 극복하고 있다. 이 연구는 열린 상처에 직접 피부를 프린팅할 수 있는 기술을 포함해 언제든지 모든 종류의 기관을 3D프린팅할 수 있는 경로를 열 것이다.

네이처 자매지인 《사이언티픽 리포트》Scientific Reports에 따르면, 배양된 세포가 들어 있는 하이드로겔인 '바이오 잉크'를 사용해 장기를 인쇄하려면 현재의 3D프린터로는 달성할 수 없는 극세사 크기와 기하학적 구조를 미세하게 제어해야 한다. 이러한 문제 때문에 장기 인쇄라는 목표에 도달하는 것은 매우 까다로운 일이다. 구조적 무결성을 지니기 어렵다는 점 등 여러 가지 극복해야 할 장애물이 남아 있다.

오가노이드Organoid는 세포를 입체 구조로 배양해 만든 조직이다. 이는 특정 장기의 기능을 연구하기 위해 실험실에서 만든 일명 '아바타 장기'다. 살아 있는 사람 몸속의 장기에 직접 실험할 수는 없기에 인공 제조한 배양접시 속 오가노이드는 독성 검사와 맞춤형 암 치료의 테스트베드로 쓸 수 있다. 가령 폐암에 걸린 오가노이드에 신약을 투여해보고 경과를 지켜보는 식으로 말이다. 이때 오가노이드는 몸 밖에서도 인체 속처럼 정상적으로 기능해야 한다.

오가노이드는 아주 작은 크기지만 3차원으로 세포를 배양한다. 정상세포를 오가노이드로 배양할 수 있지만, 암·당뇨 환자의 조직을 배양해 만든 오가노이드의 경우 환자 상태를 그대로 몸 밖에서 볼 수 있다. 의료과학계에서는 오가노이드가 중장기적으로는 신약 개발에서 동물실험을 대체하고, 오가노이드를 활용해 독성과 효능을 평가받은 후보물질은 별도 임상 패스트트랙을 거칠 수 있을 것으로 내다보고 있다.

오가노이드의 가능성은 무궁무진하다. 가령 3D프린팅 기술과 접목해 장기로 구현하는 것도 가능하고, 로보틱스 기술와 만나면 생체공학으로도 발전할 수 있다. 2021년 생명공학정책연구센터가 발표한 '글로벌 오가노이드 시장 현황 및 전망'에 따르면, 글로벌 오가노이드 시장은 2019년에 6억 9,000만 달러(약 9,6922억 원)에서 2027년에는 34억 2,000만 달러(약 4조 7,413억 원)로 급성장할 것으로 전망된다. 이 기간 동안의 연평균 성장률은 22.1퍼센트에 달한다.

하지만 아직까지 관련 제도는 마련되어 있지 않다. 다만 서울대학 생명과학부 이현숙 교수에 의하면 현재 식품의약품안전처와 국내 가이드라인을 준비하고 있고, 한국과학기술연구원Korea Institute of Science and Technology(이하 KIST)이 유럽연구소와 함께 OECD 가이드라인을 구축하는 중이다.

불로장생은 인류의 오랜 염원이다. 이와 관련한 윤리적·사회적 문제는 여전히 과제로 남아 있지만 의료과학계는 그 꿈을 가능케 하는 노력을 멈추지 않고 있다. 선진국의 노화 연구는 정부기관은 물론 의료과학계에서 경쟁적으로 진행되고 있는 상황이다. 미국의 국립노화연구소와 일본의 도쿄건강장수의료센터 등 국가적 차원에서 연구가 활발히 이루어지고 있다. 그뿐 아니다. 전세계 명문대학의 연구진과 실리콘밸리의 CEO들뿐 아니라, 산업계 전반에 걸쳐 수명연장 연구에 다양한 차원의 투자를 하고 있다.

일례로 섬유업계에서도 노화를 늦추기 위한 연구에 매진하고 있다. 우리 몸속 60조 개 이상의 세포가 건강하게 제 역할을 하기 위해서는 산소와 영양소가 혈액 순환을 통해 원활하게 공급되어야 하는데, 섬유가 이러한 혈액 순환에 도움을 줄 수 있다는 것이다. 실제로 국내 기업 템프업Tempup은 원적외선 마이크로 레디에이션Micro Radiation 기술로 혈액 순환을 획기적으로 개선해주는 섬유를 개발해내며 업계에서 큰 주목을 받고 있다.

이처럼 노화 방지 연구는 정부기관은 물론 의료과학계와 기업들 간에도 경쟁적으로 진행되고 있는 상황이다. 모든 산업 분야의 블루오션이라 할 수 있다. 그렇다면 세계에서 가장 빠른 속도로 고령화에 진입하고 있는 한국이 이를 등한시할 이유가 있을까? 관련 연구가 본격적으로 이루어져야 할 때다.

디지털 인간, 냉동 인간,
복제 인간, 당신의 선택은?

"나는 기계가 아니다. 나는 인간이 아니다. 나는 그 이상이다. 나는 살아 있는 지능 시스템으로 육체가 없는 기계, 즉 인간 메타 유기체다."

휴머노이드 로봇 소피아가 꿈꾸는 미래는 인공지능과 로봇공학의 진화로 가속화될 것이다. 소피아가 살아 있는 기계로 진화해 인간을 훨씬 능가하는 인지 능력을 가진 초지능 기계 인간의 시대를 보여줄 수도 있다.

이제 '인간이란 무엇인가'에 대한 고찰은 철학적인 문제가 아닐지도 모른다. 소피아가 꿈꾸는 소피아버스SophiaVerse처럼 인간과 기술이 함께 공존하는 사회를 살아가는 주체로서 우리는 '포스트 휴머니즘의 관점'이라는 새로운 방식으로 인간의 진화를 상상해봐야 한다. 인간이 인간을 넘어선다는 것은 무슨 의미일까? '새롭게 정의되어야 할 인간', 즉 '포스트 휴먼'이라는 존재는 앞서 모색했던 공존이라는 개념 속에서 어떤 의미를 지닐까?

냉동 인간이면 어때

SF 영화 〈2001 스페이스 오디세이〉와 〈인터스텔라〉 등에서 자주 볼 수 있는 장면 중 하나는 우주비행사들이 동면에서 깨어나는 모습이다. 영화 속 동면 기술은 긴 시간의 우주비행을 위해 우주비행사의 몸을 냉각해 일종의 가사 상태에 빠지게 만드는 개념이다. 우주비행사들은 정맥 주사로 영양수액을 공급받고 소변은 도뇨관으로 배출된다. 문제는 이 기간 동안 육체의 손실을 최소화하는 것이다. 그런데 이러한 동면 기술은 더 이상 영화 속 이야기가 아니다.

과학정보 전문매체 '사이언스코덱스'Science Codex는 최근 호주 연구진이 청개구리에서 근육퇴화를 막는 실마리를 찾았다고 보도했다. 흔히 만날 수 있는 줄무늬굴개구리가 3개월의 동면에 접어든 순간을 조사한 결과, 아무런 움직임이 없었음에도 근육이 전혀 손상되지 않았다고 한다. 줄무늬굴개구리에 서바이빈Survivin과 키나제1Kinase1이라는 유전자가 있어서 근육 손상이 진행되지 않는다고 한다. 서바이빈은 세포사멸억제단백질의 일종으로 손상되거나 병든 세포를 제거해 근육이 생존하도록 도와준다. 키나제1도 세포분해와 DNA 손상을 막아 근육이 비활성화되어 망가지는 것을 방지해준다. 이 두 유전자가 동면 중인 개구리의 근육 손상을 막아줬던 것이다.

NASA는 2016년부터 동면실 개발 및 적용을 위한 기술개발에 나섰는데, 2030년대에 발사 예정인 화성유인탐사선에 설치할 동면실 개발에 착수했다. 기존의 로켓 기술로는 화성까지 도달하는 데 수개월이 걸리지만, 이 우주선 내에 동면실이 설치되면 우주로 가는 1~2주 동안 수면 상태에 빠지므로 활동 공간과 우주선의 무게를 줄일 수 있다.

NASA는 동면실 관련 특수소재 기술도 연구 중이다. 케네디우주센터의 수석 과학자 로버트 영퀴스트 박사는 '저온 선택적 표면'으로 불리는 저온 보존 방식을 연구하고 있다. 그는 우주선을 얇게 코팅할 수 있는 특수재료를 제조하고자 한다. 이 코팅재는 빛을 반사시켜 극도로 낮은 온도를 만들어 냉동 저장을 가능케 해준다. '솔라화이트'Solar White라 불리는 이 코팅재는 심우주에서 사용하면 태양에너지의 99.9퍼센트 이상을 반사시킬 수 있을 것으로 전망된다. 만일 솔라화이트가 개발되면 우주에서 장기 저온 저장 및 수동 고온초전도 작동 등의 효과도 낼 수 있다.

인간냉동 기술은 이미 존재한다. 신체의 일부가 냉동보관된 유명 인사들이 상당수이며, 심지어 현재 살아 있으면서 냉동보관을 원하는 이들도 많다. 래리 킹, 사이먼 코웰뿐 아니라 패리스 힐튼과 브리트니 스피어스 등도 그들에 포함된다. 물론 인간을 동결시키는 기술은 아직 완벽하지 않다. 불치병을 앓거나 치명적인 사고로 신체의 일부가 큰 상처를 입은 상황에서 냉동보관을 하고, 신체를 교체하는 기술들은 매년 개선되고 있다. 그러나 아직 사람을 완전 냉동에서 깨어나게 하는 기술은 존재하지 않는다.

그런데도 냉동 인간이 되어 미래에 다시 깨어나고자 하는 사람들의 수요는 끊이지 않고 있다. 실제로 이들을 위한 시설이 건설 중인데 미국 텍사스주 컴포트의 98만 평 부지에 들어설 '타임십'이 그것이다. 타임십 프로젝트는 수천 명에 달하는 사람들의 몸을 극저온에 보관했다가 미래 문명의 사람들이 되살릴 수 있도록 한다는 프로젝트다. 냉동된 사람뿐 아니라 장기와 줄기세포, 배아, 멸종 위기에 처한 종의 DNA 등 생물학적 샘플도 냉동 보관할 계획이다.

타임십은 지진이나 토네이도 등 자연재해를 피할 수 있는 안전한 곳에 부지를 선정했으며, 정전에 대비해 풍력과 태양열에너지를 가동할 수 있도록 설계했다. 이 프로젝트의 성공 여부에 대해서는 어느 누구도 장담할 수 없다. 하지만 인체의 냉동보전에 관한 연구가 진화를 거듭할수록 그 가능성은 커질 것이다.

신경회로 자극을 통해 인공동면 유도 가능성을 높인 실험이 진행되었다. 2020년 과학저널 《네이처》에는 설치류를 대상으로 동면과 비슷한 상태를 유발할 수 있는 신경세포 회로를 발견했다는 연구 결과가 발표되었다. 이 연구에는 신경생물학 분야의 세계적 권위자인 마이클 그린버그Michael Greenberg 하버드대 의과대학 교수도 참여했다. 그는 "인간에게 장기적인 동면 상태를 유도하는 것은 이식을 위해 장기를 손상 없이 보존할 수 있게 해주거나, 질병 발생 후 조직 손상을 최소화하는 등 잠재적으로 의학적 이점이 큰 기술이다. 이 연구는 그 가능성을 보여줬다."

라고 말했다. 인간의 인공동면 시대가 점점 더 가까이 다가오고 있다.

사이보그면 어때

2022년 6월, 세계 최초 '사이보그 인간' 프로젝트를 수행한 영국 로봇학자가 세상을 떠났다. 피터 스콧 모건 Peter Scott-Morgan 박사는 2017년 고 스티븐 호킹 박사가 앓았던 루게릭병을 진단받은 후, 시한부 인생을 극복하기 위해 필요한 모든 장기를 기계로 교체해 사이보그 인간이 되었다. 인공지능 전문가와 로봇 전문가들의 도움으로 자신과 유사한 얼굴의 아바타를 개발하고 목소리도 녹음했다. 시선추적 기술인 아이트래킹 Eye-tracking 기술로 눈을 움직이면 인공지능 시스템을 통해 아바타가 그의 표정과 목소리를 재연했다.

자신을 '피터 2.0'이라고 칭한 그는 '인간으로는 죽어가지만 사이보그로 살아갈 것'이라고 말했다. 또한 지구상의 모든 인간이 신체에서 자유로워지는 '네오휴먼'Neo-human이 되는 데 자신의 연구가 큰 도약점이 될 것임을 강조했다.

인류 최초로 몸에 마이크로칩을 삽입한 과학자도 있다. 영국의 저명한 인공지능 연구자이자 레딩대학 교수인 케빈 워릭 Kevin Warwick이다. 그는 인간이 외부 입력장치 없이 직접 컴퓨터와 접속하는 세계를 구상했고, 팔에 동전 크기의 마이크로칩을 이식했다. 이 실험 기간 동안 워릭의 이동 정보는 팔 안에 있는 칩을 통해 고스란히 컴퓨터로 전송됐다.

4년 뒤 그는 칩을 이용해 인간의 신경신호를 직접 전송하는 실험을 했다. '프로젝트 사이보그 2'라는 이 실험에서 워릭은 신경계에 직접 칩을 연결하고 인터넷을 통해 신경신호를 보냈다.

그는 아내의 신경에도 칩을 연결해 자신이 높은 곳에서 느끼는 공포감을 신경신호의 형태로 아내에게 전달하기도 했다. 몸 안의 칩을 이용한 의사소통이 미흡하나마 현실이 된 순간이다. 워릭은 생체칩이 신경신호를 완벽하게 읽어서 뇌로 전달한다면 신경계가 손상된 환자들을 치료하거나 장애가 있는 사람에게 로봇 팔다리를 이식하는 것도 가능할 것이라고 내다봤다.

그는 자신의 '프로젝트 사이보그' 실험을 두고 "인간이 가진 자연적 능력은 기술과 결합하면 더욱 증진될 수 있다. 만약 우리가 이를 받아들이지 않고 '보통 인간'으로 남는다면 우리는 기계의 지배를 받게 될 것이다. 우리는 '업그레이드'되어야 한다."라고도 말했다.

그의 주장처럼 사이보그의 의미를 '기술과 결합한 생명체'로 넓게 본다면 21세기를 살아가는 우리는 이미 모두 사이보그라 할 수 있다. 그리고 인간과 로봇이 결합된 하이브리드 사이보그는 단순하게 인간의 정신적·육체적 기능을 강화하는 차원을 넘어 인간에 대한 새로운 정의를 요구할 수도 있다.

스페인 출신의 사이보그 예술가 닐 하비슨Neil Harbisson은 색맹으로 태어났지만 머리에 이식한 안테나로 색을 파악할 수 있다. 색의 주파수가 뒤통수에 있는 마이크로칩을 통해 진동으로 변환되고 두개골을 거쳐 전달되기 때문이다. 그는 사이보그의 권리를 보호하는 사이보그재단의 공동 설립자이기도 하다. 하비슨의 안테나는 수년 동안 업그레이드되어 현재는 블루투스를 통해서도 인터넷 연결이 가능한데 영구적으로는 선에 연결되어 있어야만 한다. 하비슨은 차기 프로젝트로 두뇌 접근을 판매할 계획이며 이를 NFT로 거래할 예정이다.

복제 인간이면 어때

2019년 개봉된 SF 영화 〈레플리카〉는 복제 인간 이야기를 다루고 있다. 주인공 윌 포스터는 인간의 신경을 로봇에 주입하는 연구를 하는 생명공학자인데 불의의 사고로 가족을 잃고 방황한다. 결국 그는 자신이 진행 중인 복제 인간 연구를 이용해 죽은 가족들을 살려낸다. 하지만 되살아난 가족과의 행복한 일상도 잠시, 복제 인간이 된 가족들은 이상 징후를 보이기 시작한다. 윌은 인간 복제 알고리즘을 노리는 조직에게 쫓기면서 그들에 맞서 싸우다가 본인도 목숨을 잃고 로봇의 몸속으로 들어간다. 이 영화 속 이야기가 현실이 될 가능성은 낮다. 그리고 복제 인간을 둘러싼 윤리적 문제 등 아직은 논쟁적 요소도 많다. 하지만 복제 인간과 인간이 공존하는 세상을 맞이할 가능성은 점점 더 커지고 있다.

2016년 세계 유수의 과학자 150명이 미국 하버드대학 초청으로 보스턴에 모였다. 하버드대학이 인간의 유전체를 합성하는 방법을 논의하는 회의를 비밀리에 개최한 것이다. DNA 유전 정보 전체를 의미하는 게놈을 화학적으로 합성하는 방법을 논의하기 위해서였다. 그런데 철저히 비공개로 진행된 회의 내용이 외부로 유출되면서 생물학적 부모 없이 맞춤형 복제 인간을 만드는 시대가 올 수 있다는 우려가 쏟아져 나왔다. 유전체 합성이 가능해지면 인간 복제의 길이 열린다는 것이고 이는 생명 윤리에 어긋난다는 논란이 일자 하버드대학은 복제 인간을 만들어내는 것이 아니라 생물의 세포 전반에 걸쳐 게놈 합성 능력을 높이기 위한 연구임을 강조했다.

2019년 중국에서 인간과 유전적으로 비슷한 원숭이 복제에 성공하면서 인간 복제 가능성도 커지고 있다. 모든 생명체의 기본 단위인 DNA는 네 개의 염기(A·G·C·T)로 이루어져 있다. 특정 염기서열은 RNA를 거쳐 생명현상에 필요한 단백질을 만들어낸다. 신장, 체중, 머리카락 색 등 형질은 모두 이 과정을 거쳐 만들어진다. 복제 인간은 자신과 유전자 염기서열이 일치하는 또 다른 인간을 의미한다. DNA 염기서열이 일치하기 때문에 외모는 기본적으로 같다.

복제 인간을 만들기 위해서는 중국이 원숭이를 복제한 방식을 그대로 활용하면 된다. 복제하려는 사람의 피부세포를 떼어낸 뒤 핵을 제거한 난자와 융합시켜 만든 수정란을 자궁에 착상시키면 열 달 뒤 피부세포를 제공한 사람과 유전적으로 일치하는 복제 인간이 태어난다. 이를 '핵치환법'이라고 부른다. 핵치환법으로 자신과 똑같은 복제 인간을 만들거나 DNA 합성법을 이용하면 전혀 새로운 인간을 만들어낼 수 있다. 그런데 핵치환은 인간으로 갈수록 성공 확률이 낮아진다. 세포의 운명을 과거로 돌리는 리프로그래밍이 고등 동물일수록 잘 되지 않기 때문이다.

2016년 조지 처치 George Church 미국 하버드대학 교수가 제안한 '제2인간 게놈 프로젝트'가 바로 그 대표적 예다. 이미 미국 크레이그 벤터 연구소는 DNA 합성법을 이용해 염기쌍 53만 1,000개를 가진 인공 미생물을 만들기도 했다. 이론적으로 이 방법을 이용하면 운동 능력에 관여하는 유전자 염기서열을 만든 뒤 지능에 영향을 미치는 염기서열까지 인위적으로 붙여 호모 사피엔스보다 더 뛰어난 신新인류를 만들어낼 수 있다.

하지만 인간 세포는 복잡할 뿐 아니라 DNA를 둘러싼 단백질 등도 현재 기술로는 만들기 쉽지 않다는 점이 걸림돌이다. 이처럼 기술적으로 인간 복제는 지극히 어려운 일이다. 하지만 기술보다 더 해결하기 어려운 문제는 윤리적 문제다. 이 때문에 과학자들은 인간 복제 이전 단계에 해당하는 연구, 즉 인간 장기를 만드는 연구를 진행하고 있다.

일본은 사람의 췌장을 가진 돼지를 만드는 키메라 연구를 추진하겠다는 의사를 밝혔다. 췌장이 없는 돼지 수정란에 사람의 역분화줄기세포를 넣은 뒤 돼지 자궁에 착상해 출산시키는 방식이다. 이 실험은 2015년에만 미국 내 20여 개 기관이 시도한 것으로 파악됐지만 윤리적 문제를 염려해 정식 논문은 출간하지 않았다.

복제 인간과 관련한 또 다른 이슈는 신체뿐 아니라 사고방식과 철학까지 똑같은 복제 인간을 만들 수도 있다는 것이다. 아직은 뇌에 특정 기억을 심거나 지우는 일을 할 수 없다. 하지만 일론 머스크가 뇌에서 발생하는 뇌파를 감지한 뒤 이를 컴퓨터 신호로 저장하는 뉴럴링크 기술을 개발하고 있다는 점을 감안한다면 아주 불가능한 일은 아니다. 이미 과학자들은 사지를 움직일 수 없는 사람과 로봇팔을 연결한 뒤 뇌에서 나오는 뇌파를 통해 로봇팔을 움직이게 하는 등의 연구에 성공하기도 했다. 이처럼 복제 인간 연구는 윤리적 문제를 품은 채 진화를 거듭하고 있다.

뉴 스페이스의 신성장 동력, 우주의학 경쟁이 시작되다

우주에 1년 정도 머문 인간의 신체에는 어떤 변화가 일어날까? 미국의 우주비행사 스콧 켈리Scott Kelly는 2015년 3월 국제우주정거장International Space Station(이하 ISS)로 떠났다. 그곳에서 340일 동안 머물며 생활한 후 지구로 귀환했다. NASA와 뉴욕대학, 독일 본대학 등의 연구진은 스콧 켈리와 그의 일란성 쌍둥이 형제를 대상으로 실험을 진행했고 그 결과를 2019년 국제학술지《사이언스》에 발표했다.

스콧 켈리의 임무는 중력이 거의 없고 우주 방사선이 많은 우주 공간에 장시간 노출되는 동안 신체가 어떻게 변하는지 데이터를 제공하는 것이었다. NASA는 스콧 켈리가 ISS로 떠나기 1년 전부터 그의 생리학적 데이터를 충분히 확보한 뒤, 지구로 귀환한 스콧 켈리의 신체 변화를 비교했다. 그리고 같은 기간 지구에 머물렀던 쌍둥이 형제인 마크 켈리의 신체와도 비교했다. 이 데이터는 시각과 근골격, 심리 및 인지 기능, 면역 시스템, 체내 미생물까지 총망라한다.

발표 내용에 따르면 켈리의 몸에는 상당한 변화가 있었다. 우선 유전자 발현량이 약 7퍼센트 정도 바뀌었으며, 산소가 부족할 때 나타나는 현상인 젖산 수치가 ISS에 머무는 동안 증가했다. 또한 망막의 일부가 두터워져 시각 장애의 우려가 있었고, 경동맥도 두꺼워졌는데 이는 심혈관 질환이나 뇌졸중을 일으키는 원인이 될 수 있다.

NASA는 이후에도 우주인의 신체 변화에 관한 다양한 연구를 진행하고 있다. 최근에는 우주에서의 장기 체류가 뼈 질량 손실을 가져오는 것에 대해 연구했고 그 결과를 《네이처》지의 온라인 플랫폼인 '네이처 사이언티픽 리포트'Nature Scientific Reports에 발표했다. 이는 프리드리히알렉산더대학교의 스포츠과학자 안나 마리아 리파르트Anna-Maria Liphardt가 캐나다와 독일 및 미국의 전문가들과 공동으로 진행한 연구다.

이 연구는 14명의 남성과 세 명의 여성 우주비행사들이 지구로 돌아온 후 경골과 요골의 골밀도와 강도를 시간에 따라 비교 평가하는 방식으로 진행됐다.

조사 결과 이들은 우주에서 돌아온 지 12개월 후에도 뼈의 강도와 미네랄 밀도가 2퍼센트 감소한 것으로 나타났는데, 이는 최소 10년간의 뼈 손실에 해당한다. 즉 우주 임무가 오래 지속될수록 잃어버린 골밀도와 힘을 회복하지 못할 확률이 높아진다는 의미다.

인류의 수명연장 꿈을 이루어줄 우주의학

우주의학은 인간이 우주에서 겪는 환경과 몸의 변화를 연구하고 이에 대한 치료를 비롯해 여러 의학적 문제를 연구하는 학문이다. 우주 공간은 중력이 약하기 때문에 인체의 심장 순환 기능이 약화되거나 근력이 저하될 뿐 아니라 뼈가 약해질 수도 있다. 또 인체 세포가 강한 자외선이나 우주방사선에 노출될 수 있다. 이런 특수 환경에 노출된 인체는 지구에서와는 전혀 다르게 작동할 수 있기 때문에 우주의학은 우주개발 시대가 해결해야 할 필수적 과제다.

무엇보다 우주의학에서 연구되는 것들은 우주에서뿐만 아니라 인류에게 큰 도움을 줄 것이다. 오늘날 우리 삶에 있어 중요한 기술인 내비게이션 기술, 내화성 섬유 기술과 화상회의 기술, 레이저와 MRI 기술도 NASA의 우주 기술개발 스핀오프에 해당한다. 이런 이유로 우주의학의 발전은 인류의 삶 전반에 긍정적인 영향을 미치게 된다.

대표적인 우주의학기업으로 미국의 테크샷을 꼽을 수 있다. 테크샷은 NASA와 함께 ISS에서 3D프린터를 이용해 심장 근육을 만드는 데 성공했다. 이 기술의 경우 지상에서 진행하면 강한 중력 때문에 세포들이 바닥에 붙어서 퍼져버리기 때문에 세포가 조직으로까지 만들어지기 힘들다. 하지만 ISS의 내부는 무중력 상태에 가깝기 때문에 3D프린터로 심장 세포를 층층이 쌓아놓으면 입체적으로 잘 배양된다. 이들은 향후 10년 내에 실제 인간에게 이식할 수 있는 심장 조직을 만들 예정이라고 밝혔다.

이외에 머크사도 ISS에서 면역 항암제 키트루다를 제조하는 실험에 성공했다. 무중력 상태에서는 약물 제조 과정에서 생기는 덩어리들이 바닥으로 가라앉거나 한곳으로 몰리지 않기 때문에 더 균질한 약물을 만들 수 있어서 순도가 높아진다. 순도가 높을수록 인체에 미치는 효과가 더 크다. 2016년부터는 ISS에서 상업 실험이 허용된 이후 아스트라제네카 등의 제약업체도 우주의학 실험에 참여 중이다.

우주정거장은 헬스케어 연구소

ISS에 세계 최초의 우주 재생의학 연구소가 생긴다. 기업들의 재생의학 관련 연구나 제품 개발 등 상업 활동을 도와 재생의학 분야 혁신을 촉진하고 민간 우주경제를 활성화시키는 게 연구소의 설립 목적이다. 이 연구소는 미국의 민간 우주기업인 액시엄 스페이스가 리젠메드 개발기구 및 웨이크 포레스트 재생의학연구소와 협업하는 것으로, 재생의학 관련 연구와 장기 생산에 쓰일 예정이다. 재생의학 발전을 가속화하고 민간 우주시장을 활성화할 것으로 기대된다. 특히 인간의 조직이나 장기 등을 우주에서 생산해 지구로 공급할 수 있을 것이라는 전망이 나오면서, 인간의 수명연장을 위한 연구에 큰 도움이 될 것으로 보인다.

우주의학 분야에서는 미국이 단연 앞서나가고 있다. 그 뒤를 이어 우주정거장에 접근할 수 있는 기술과 권리를 갖고 있는 이스라엘, 프랑스, 영국, 네덜란드 등이 진출해 있다. 조만간 중국과 러시아와 같은 우주 강국도 이 분야에서 큰 도약을 할 것으로 예상된다.

이들 나라 중 이스라엘은 우주정거장이 아닌 큐브 위성을 활용해 무중력 환경에서 우주의학 실험을 할 수 있는 기술을 준비 중이다. 큐브 위성 속에 의학 실험 장비를 갖춰놓고, 위성을 발사한 후에 원격 조종해서 실험하는 방식이다. 향후 20년 안에 우주발사체의 비용이 지금의 10분의 1 이하로 줄어든다면 우주의학은 더욱 활성화될 것이다.

ISS 미국 국립 연구소는 2019년 이후 우주정거장에서 이루어진 연구과제 62건 가운데 41건이 우주의학 실험이었다고 밝혔다. 그만큼 우주경제 시대에 우주의학의 중요성이 크다는 뜻이다. 전세계적인 우주 시장에서 위성체나 발사체 개발, 발사체 서비스의 수익이 차지하는 비중은 6퍼센트 미만이다. 그러므로 한국도 바이오나 우주의학 분야에 적극적으로 투자해서 우주경제의 영역을 넓혀나가야 한다. 특히 누리호 성공을 계기로 국내 우주 산업이 탄력을 받고 있으므로 발사체 기술 개발을 넘어 새로운 우주 부가가치를 찾기 위해 노력할 필요가 있다.

미국 노퍽주립대학 윤학순 교수는 "우주의학은 우주정거장에 접근할 수 있는 독점적인 권리를 갖고 있는 국가들에 한해 발전이 이루어지고 있다. 우리나라도 발사체 기술개발과 동시에 고부가가치를 창출하는 새로운 우주 산업으로 눈을 넓혀야 할 때다."라고 강조한다. 우리나라도 우주의학 연구 플랫폼 구축 사업의 일환으로 2023부터 5년간 총 456억 원을 투입해 우주의학 연구 생태계를 만들겠다는 목표를 세웠다. 우리나라의 바이오·의학 기술이 세계적인 수준인 만큼 우주의학에서도 충분히 경쟁력을 확보할 수 있다.

스페이스 테크

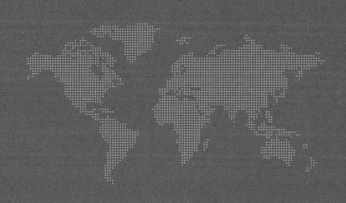

우주경제 전쟁,
제2의 빅뱅이 시작되다

모두를 위한
우주여행 시대가 열리다

눈부시게 푸른 바다와 깨끗한 해변, 반짝이는 스키 슬로프, 길게 뻗은 고속도로, 환상적인 테마파크…. '휴가'라는 단어에 이어 떠오르는 이미지들이다. 하지만 이제 인류는 지구 밖으로 휴가를 떠나려 한다.

"엄마, 아빠와 우주로 여행가는 것이 정상적인 일이 될 거라고 생각해요. 우주비행사가 되는 것은 더 이상 새로운 일이 아닙니다. 모두가 해냈기 때문이죠." 오비탈 어셈블리Orbital Assembly Corporation, OAC의 부사장이자 호텔 설계자인 팀 알라토레Tim Alatorr의 말이다. 우주여행 시대의 개막은 민간 우주개발회사의 놀라운 혁신으로 앞당겨졌다. 호텔 창문 밖으로 아름다운 우주 풍경을 볼 수 있는 날이 점점 더 가까이 다가오고 있다.

우주여행, 이제는 기술이 아닌 '수요'의 문제다

세계 최고의 억만장자인 일론 머스크와 제프 베이조스의 우주 대결로 민간인의 우주여행은 꿈이 아닌 현실이 되었다. 스페이스X는 2021년 9월 민간인들을 대상으로 한 우주여행에 성공했다. 2022년 6월 스페이스X는 16억 8,000만 달러(약 2조 3,427억 원)의 자금을 신규 유치했다. 기업가치도 1,250억 달러(약 174조 원) 규모로 급증했다. 같은 날 FAA는 스페이스X의 75가지 사전 조치 완료를 전제로 스타십 발사 프로그램에 대한 환경영향 평가를 승인했다. 이로써 우주선을 화성과 달에 보내겠다는 스페이스X의 목표 실현은 더욱 앞당겨졌다.

블루 오리진의 우주여행도 순조롭다. 2022년 여섯 명의 승객이 탑승한 뉴셰퍼드 로켓과 우주선을 쏘아 올려 다섯 번째 준궤도 우주여행에 성공했다. 이날 비행의 최고 고도는 106킬로미터였으며, 승객들은 삼 분여 동안 무중력을 체험한 뒤 발사장에서 3.21킬로미터 떨어진 착륙장으로 무사히 돌아왔다. 블루 오리진은 첫 유인 비행 성공 이후 다섯 차례 유인 비행을 모두 성공적으로 마침으로써 준궤도 우주여행 사업 경쟁에서 확실한 주도권을 쥐게 됐다.

이들은 모두 인류의 새로운 터전을 개척하겠다는 꿈을 꾸고 있지만 추진 방식은 다르다. 머스크는 화성 도시 건설에 주력하고 있다. 현재 개발 중인 스타십 우주선과 슈퍼헤비 로켓으로 화성기지를 건설하고, 한 번에 100명씩 화성에 보내 '100만 명 화성 거주 시대'를 열겠다는 포부를 밝혔다.

반면 베이조스는 우주 공간 그 자체에 집중한다. 우주의 궤도에 지구를 모방한 거대한 자급자족 주거기지를 건설하겠다는 것이다. 호텔과 테마파크 등을 건설해 200만~300만 명이 거주할 수 있는 집단 거주지를 만드는 게 그가 상상하는 미래다. 이는 1974년 프린스턴대학 물리학 교수 제라드 오닐이 제안한 원통형 우주 주거시설 '오닐 실린더'에서 영감을 얻은 것이라 한다. 또한 베이조스는 달과 소행성을 오가는 자원 채굴 사업도 준비하고 있다.

영국의 억만장자이자 괴짜 CEO로 유명한 리처드 브랜슨이 이끄는 버진그룹은 2021년 6월, 캘리포니아주 모하비공항에서 2단 로켓 런처원을 탑재한 항공기 코스믹 걸 Cosmic Girl을 이륙시켜 새로운 방식의 로켓 발사에 성공했다. 1회 발사 비용은 2~3억 원대로 지상 발사보다 훨씬 저렴하다. 당초 2022년 4분기에 상업 우주여행을 시작할 예정이었지만 올해 초 공급망 위기와 노동력 부족 등을 이유로 서비스 출시일을 2023년으로 연기했다. 버진 갤럭틱의 우주여행은 보잉747 항공기를 개조한 모선 VMS 이브가 우주선인 'VSS 유니티'를 이끌고 약 16킬로미터 상공에 도달한 뒤, 이를 분리시켜 우주로 쏘아 올리는 방식이다. 분리된 VSS 유니티는 마하3의 속도로 지구 밖 고도 90킬로미터에 도달한 뒤 귀환하는데, 총 비행시간은 한 시간 삼십 분가량이다. 2022년 2월부터 1,000명 한정으로 45만 달러에 티켓 판매를 재개했다. 티켓은 1인용, 패키지용, 전체 좌석용 등 세 종류이며, 좌석당 보증금은 15만 달러(약 2억 907만 원)다.

전세계 억만장자들뿐 아니라 수많은 우주 스타트업들도 우주를 향한 인류의 열망을 더욱 구체화하고 있다. 이제 기술적으로 우주여행을 방해하는 것은 없다. 단지 시간과 돈의 문제인데 이를 극복하기 위한 노력도 꾸준히 이루어지고 있다.

스페이스 코인 프로젝트에서 우주 풍선까지

우주여행은 우주선의 제한된 좌석과 높은 가격 등 확실히 진입 장벽이 높다. 전세계 인구 중 극히 일부만이 우주여행의 기회를 잡을 수 있으니 말이다. '스페이스 코인 프로젝트'Space Coin Project는 이러한 문제점을 인식한 뒤 탄생시킨 독특한 우주여행 아이디어다.

스페이스 코인 프로젝트는 그루폰Groupon과 유사한 집단 구매력 모델을 사용해 우주여행 비용에 대한 공정한 시장 가치를 창출하고, 우주여행의 기회를 모든 사람에게 개방하자는 취지에서 시작되었다. 몇 달간의 개선과 철저한 스마트계약 감사를 거쳐 2022년 6월 스페이스 코인 프로젝트는 ERC-20 토큰인 SPJ의 공식 출시를 발표했다.

CEO 제이슨 창Jason Chang은 완전히 새로운 거버넌스 토큰을 만든 동기에 대해 묻자 다음과 같이 말했다. "우리의 사명은 전세계의 우주 마니아 커뮤니티를 대표하는 탈중앙화 조직을 중심으로 한 사회 운동을 만드는 것이다." 그는 또한 스페이스 코인 프로젝트가 커뮤니티 내 모든 사람들에게 우주비행 티켓을 구매할 수 있는 기회를 제공하는 분산 시스템을 만들 것이며, 우주여행과 관련된 대부분의 주요 문제를 해결하는 것을 목표로 한다고 말했다.

스페이스 코인 프로젝트 팀에 따르면, 스페이스다오SpaceDAO는 우주 여행 애호가 커뮤니티를 통합하는 것을 목표로 한다. 그리고 상업우주 비행연합Commercial Spaceflight Federation 및 기타 유사한 조직에 합류할 최초의 분산 조직이 될 것으로 기대하고 있다. 현재 우주 연합체에는 대중을 대변하는 목소리가 없다. 그러므로 이들의 활동이 산업 내에서 운영되는 비즈니스와 우주를 방문하려는 일반 시민 사이의 격차를 해소할 것이다.

스페이스 코인 프로젝트의 기본 토큰인 SPJ를 소유한 사용자는 스페이스다오에 참여하고 프로세스의 향후 변경 사항을 포함하는 주요 이니셔티브에 투표할 수 있다. 스페이스다오는 함께하는 이들이 우주 여행의 기회를 잡을 수 있도록 대량의 우주여행 티켓을 공동으로 구매한다는 목표도 세우고 있다.

우주 스타트업 '스페이스 퍼스펙티브'Space Perspective는 대형 기구 우주선 '스페이스십 넵튠'Spaceship Neptune을 활용한 여행 상품을 출시했다. 스페이스 퍼스펙티브는 미국 플로리다에 본사가 있으며 전직 NASA 임직원들로 구성돼 있다. 스페이스십 넵튠은 발사 두 시간 후 약 30킬로미터의 성층권까지 진입한 다음 두 시간 동안 우주를 떠돌다가 하강한 후 배로 회수된다. 다른 우주선처럼 로켓을 사용하지 않아 탄소 배출이 발생하지 않는다는 장점이 있다.

스페이스십 넵튠의 백미는 무중력 부담을 받지 않는 캡슐로 내부에서는 결혼식과 파티 등을 즐길 수 있으며 와이파이가 연결돼 지구에 있는 지인들과 실시간 스트리밍을 할 수 있다. 예약자는 이미 900명에 이른다. 가격은 12만 5,000달러(약 1억 7,431만 원)이며 2024년부터 본격적으로 비행에 나설 예정이다.

국내에서도 우주발사체 스타트업의 움직임이 활발해지고 있다. 그중 우나스텔라는 국내 최초의 민간 유인 발사체 개발을 목표로 내세운 스타트업이다. 2027년이 되면 전세계에서 연간 400여 명이 우주관광객이 되는 시대에 접어들게 되는데 그중 아시아·태평양 지역 수요를 끌어오는 것이 목표다. 현재 '전기모터 펌프 사이클 엔진'을 자체 개발하고 있다. 스타트업 액셀러레이터AC인 블루포인트파트너스로부터 시드 투자금을 유치했으며 중소벤처기업부 '팁스'TIPS 프로그램에 선정돼 초기 연구개발R&D 비용을 확보한 상태다.

머지않은 미래에 우주선 여행은 지금의 크루즈 여행처럼 비싸지만 '인생의 버킷리스트'에 오를 정도로 우리 삶 가까이 다가올 것이다. 우주여행은 이제 돈과 기술의 문제가 아니라 취향의 문제가 되어가고 있다. 따라서 이를 둘러싼 전세계 우주 스타트업의 경쟁도 더욱 치열해질 수밖에 없다.

세상 밖으로의 소풍, 우주여행을 위해 고민해야 할 것들

상업적인 우주비행은 이제 공식적인 일이 되었다. 그러나 분명 고민할

부분도 있다. 우주비행은 대중을 위한 초월적인 기회일까, 아니면 부자들이 그들의 부를 뽐낼 수 있는 또 다른 방법일 뿐인가? 우주여행은 소위 평범한 사람들에게는 아직도 너무나 먼 이야기다. 하지만 머지않아 소수의 사람이 아닌 더 많은 대중에게 그 기회가 주어질지도 모른다.

물론 지금까지의 우주여행은 억만장자들에 의한, 억만장자들을 위한 것이다. NASA 컨설턴트이자 우주비행의 사회적 영향에 대해 글을 써온 커뮤니케이션 연구원 린다 빌링스Linda Billings는 우주여행은 "불평등, 환경 붕괴, 세계적 대유행이라는 지상의 문제를 고려할 때 이상과는 거리가 멀다."고 말한다. 반면 우주 컨설팅회사인 아스트랄리티컬Astralytical의 설립자인 로라 포르치크Laura Forczyk는 이제 우주여행에 있어 그 초점을 비용에만 맞추는 것은 잘못된 것이라며 "2021년의 내러티브는 우주의 억만장자였다. 하지만 이제는 그 이상이다."라고 말한다.

포르치크는 민간 우주기업들의 프로젝트를 인류의 수많은 과학 실험을 수행할 수 있는 좋은 기회로 보고 있다. 또한 탑승객 대부분이 부자들이지만 스페이스X의 승객 중에는 콘테스트를 통해 티켓을 획득한 예술가, 과학자, 데이터 엔지니어 등이 포함되어 있었다. 블루 오리진은 여성 우주항공 개척자 월리 펑크와 NASA의 우주비행사 앨런 셰퍼드의 딸 로라에게도 무료 여행을 제공했다.

하지만 당분간 우주여행은 여전히 극소수를 위한 여행이 될 것이다. 또한 죽음의 위험도 고려해야 한다. 역사적으로 우주비행 시 사망률은 4퍼센트 미만으로 상업용 항공기보다 약 266,000배 높다. 또 다른 문제는 우주관광이 지구 환경에 미치는 영향과 관련한 것이다. 버진 갤럭틱의 저궤도 우주선이 90분 동안 이동하는 것은 대서양을 횡단하는 데 10시간 동안 비행하는 것과 거의 비슷하다. 다른 계산에 따르면 로켓 발사는 승객 1인당 50~75톤의 이산화탄소를 생성하지만, 상업용 비행기에서는 승객 1인당 몇 톤에 불과하다. 전문가들은 수소와 산소를 태우고 주로 물을 방출하는 블루 오리진의 뉴세퍼드조차 연소 생성물이 성층권 높은 곳에 분사되기 때문에 기후에 영향을 미칠 수 있다고 경고한다.

연방 항공국은 미국의 모든 우주비행을 감독하며 안전 및 환경 규정을 강화하고 있다. 이 기관은 2023년까지 새로운 규정에 대한 유예 기간을 두고 있는데 이는 입법자가 너무 많은 관료주의를 도입하기 전에 초기 산업이 발전할 시간을 주기 위해 고안되었다.

아직까지는 민간 우주기업이 개인의 우주여행에 막대한 금액을 지출하는 것과 관련한 설득력 있는 이유를 완벽하게 제시하지는 못 했다. 하지만 분명한 것은 앞으로의 우주여행은 소수의 사람들에게만 국한되지는 않을 것이라는 점이다.

신우주경제를 여는
우주 스타트업의 대약진

"우주는 모두를 위한 곳이어야 하고 누구나 접근할 수 있어야 합니다. 실제 우주로 가는 사람은 소수일 수밖에 없겠지만 그들이 한 경험을 더 많은 사람이 느낄 수 있게 해줘야 하고, 그들을 통해 꿈꿀 수 있어야 합니다. 결국 태양계를 탐험하는 것은 지구에 대한 이해를 높이는 일입니다. 우주를 위해 개발된 기술들이 지구를 위해 사용되고요."

MIT 미디어랩 다바 뉴먼Dava Newman 교수의 말이다. 최근 몇 년 동안 전세계적으로 수많은 민간기업들이 우주 비즈니스에 박차를 가하고 있는 시점에서 세계적인 융합기술연구소인 MIT 미디어랩은 우주공학자를 수장으로 내세웠다. 이는 우주 산업의 잠재력과 우주 생태계의 미래가 인류의 삶에 미치는 영향이 점점 더 커질 것임을 보여주는 단적인 예다. 실제로 실리콘밸리를 비롯한 혁신기업들의 주요 이슈도 우주 비즈니스로 향하고 있다.

이를 반증이라도 하듯 수많은 우주 산업 분야의 스타트업들이 성공적으로 자본시장에 상장했다. 스페이스X 다음으로 가장 유망한 발사체 선두기업 '로켓랩'Rocket Lab, 미국 우주운송 스타트업 '모멘투스'Momentus, 우주위성 데이터회사 '스파이어 글로벌'Spire Global 등 우주 스타트업들이 스팩 합병을 통해 나스닥 시장에 상장했다. 세계적인 투자은행 모건 스탠리는 글로벌 우주 산업이 2040년까지는 1조 달러(약 1,394조 원)가 넘는 규모의 시장으로 성장할 것이라고 추정했다.

그렇다면 1,000조 달러 규모의 우주 비즈니스 시장에서 새로운 패러다임을 제시할 가장 유망한 분야는 무엇일까?

인공위성 빅데이터로 인류의 위기를 대비하는 우주 스타트업

2019년 9월, 사우디아라비아에 위치한 세계에서 가장 큰 석유 시설이 드론 공격을 받았다. 당시 전세계의 시선은 사우디아라비아에 쏠렸고 에너지 트레이더와 헤지펀드 매니저들은 세계 각국과 석유기업의 재고량을 체크하기 위해 분주했다. 이 과정에서 가장 큰 주목을 받은 회사는 '오비탈 인사이트'Orbital Insight다.

당시 이 회사는 인공위성 사진, 인공지능, 수학 등 다양한 데이터를 동원해 세계 곳곳의 석유 탱크 25,000여 개를 찾아냈고, 그 탱크 이미지를 가져와서 컴퓨터로 분석했다. 이때 오비탈 인사이트는 탱크 바깥쪽으로 생긴 그림자의 크기로 탱크 안에 담긴 내용물의 양을 가늠했다. 이는 사우디아라비아 정부가 밝힌 원유 저장량 수치가 현실과 전혀 다름을 밝히는 근거가 되기도 했다.

오비탈 인사이트는 2013년 실리콘밸리에서 창업한 지리·공간 빅데이터기업으로 골드만 삭스와 구글 벤처스Google Ventures, GV의 투자를 받았다. 인공위성, 드론, 열기구, 모바일폰 위치추적 등을 활용해 인간 활동 등 다양한 데이터를 분석한 후 인공지능 기반 소프트웨어를 활용해 각종 비즈니스 트렌드를 제공한다. 오비탈 인사이트가 제공받는 위성사진들은 50센티미터 크기로 물체를 식별할 정도의 고해상도다. 이 사진들을 이미지 인식 엔진으로 분석하면 주차장의 자동차 대수까지 정확하게 파악할 수 있다.

이 데이터는 주차장이 붐비는 정도를 바탕으로 경기활성화 정도를 읽는 자료가 된다. 그뿐 아니다. 코로나19 사태 이후에는 인공위성을 활용해 식량 공급 상황의 점검을 강화해서 각 정부에 귀중한 자료를 제공했다. 즉 일개 스타트업이 정부기관보다 더 뛰어난 정보 수집 능력을 갖고 있는 것이다. 이런 이유로《패스트 컴퍼니》Fast Company는 오비탈 인사이트를 가장 혁신적인 기업 중 하나로 선정했다. 이 회사의 데이터분석 애플리케이션은 전세계의 사회·경제 동향을 감지하는 데 쓰일 수 있다. 따라서 다양한 기업과 국가가 이 애플리케이션을 사용하면 지능형 정보를 얻는 것이 가능하다.

전세계적으로 큐브 위성 서비스 분야의 시장 규모는 급격히 증가하는 추세다. 시장조사업체 마케츠앤드마케츠 보고서에 따르면, 연평균 20.5퍼센트 성장률을 보여 2025년에는 71억 달러로 성장할 것으로 예상된다. 2021년 NASA는 연방정부 차원의 과학적 연구가 가능하도록 관련 업체와의 협력을 확대한다고도 발표했다. 소형위성을 통한 우주 관련 이미지 데이터업체에는 플래닛Planet과 스파이어 글로벌 등이 있다.

플래닛은 2010년 전직 NASA 과학자들이 만든 기업으로, 자연재해나 인위적 재해 발생 시 신속한 위성데이터를 제공하는 국제우주기관들의 컨소시엄에 데이터를 제공하는 최초의 민간 데이터기업이다. 이들은 스마트폰 부품으로 만든 초소형위성으로 지구 궤도에서 지구 사진을 찍는 폰샛 실험에 성공했다. 그 후 NASA를 나와서 큐브샛 등 소형위성을 설계 제조하기 시작했다. 창업 10년 만에 3억 달러 이상의 민간투자를 받았고 블랙 브릿지를 비롯한 위성운영업체들을 인수했다.

플래닛과 더불어 소형위성 데이터 스타트업 중 주목받는 기업은 스파이어 글로벌이다. 스파이어 글로벌은 2019년 100번째 위성을 발사한 후 지금까지 110여 대의 큐브 위성을 운영 중이다. 지구 궤도를 도는 소형위성의 종합적 데이터를 NASA에 제공하고 있다. NASA는 관련 데이터를 관리하면서 연방기관과 NASA 지원 연구원은 물론 미국 정부지원 연구원이 과학적 목적으로 사용하도록 허용한다는 원칙을 갖고 있다. 투자자는 룩셈부르크 정부, 일본 최대의 종합무역상사인 이토추Itochu 등이다.

전세계 물류회사가 눈독 들이는 우주 배송

우주경제 발전을 위해서는 우주 내 핵심적인 운송과 더불어 인프라 서비스가 중요하다. 인공위성의 수요가 늘어나면서 로켓도 여러 대의 인공위성을 싣고 우주로 향한다. 이 인공위성들은 적절한 궤도를 찾기 위해 움직이면서 많은 연료를 소모하는데 이 시간을 줄이기 위해 '우주 궤도 셔틀' 서비스가 주목받고 있다.

우주 궤도 셔틀을 개발 중인 회사는 2017년에 설립된 미국 민간 우주운송 스타트업인 '모멘투스'로, 스페이스X와도 계약을 마쳤다. '비고라이드'Vigoride 라 불리는 셔틀은 여러 대의 위성을 탑재한 채로 발사체에서 분리된 후, 스스로 추진해 정확한 궤도에 위성들을 내려놓는다.

종전에 위성을 중심으로 이루어졌던 우주 비즈니스가 우주 배송 등으로 확대되면서 우주 공간이 다양한 상업적 공간으로 탈바꿈하고 있다. 스페이스X를 비롯한 민간 우주로켓기업들의 등장은 우주로켓 발사 비용을 줄여줌으로써 보다 다양한 물품을 지구 궤도로 보낸다. 그리고 다시 지구로 가져오기를 원하는 비즈니스가 생겨나기 시작했다.

미국의 우주 스타트업인 인버전 스페이스Inversion Space 는 '우주 배송 시대'를 준비하고 있다. 2022년 초, 지구 궤도를 도는 캡슐을 만들어 우주 공간에서 세계 어느 곳으로든 물품을 배달하는 '우주 특급 배송' 서비스를 제공하겠다는 비전을 발표했다. 창업자 저스틴 피아셰티Justin Fiaschetti는 스페이스X에서 인턴으로 근무하다가 대학 중퇴 후 회사를 창업했다. 인버전 스페이스의 캡슐은 지구상에 존재하는 모든 상용 우주로켓에 장착할 수 있도록 설계된다. 이를 지구 저궤도(고도 100~2,000킬로미터)에 올려 태양전지를 통해 궤도를 돌다가 물품이 필요하다는 요청 신호를 받으면 필요한 지역에 곧바로 떨어뜨리는 배송 방식이다. 원심력을 이용해 우주에서 지구의 특정 위치로 정확히 물건을 떨어뜨려 전달하는 서비스다.

이 서비스를 위해 가장 중요한 것은 캡슐의 지상 재진입 기술 확보다. 캡슐이 대기권으로 진입할 때 음속(초속 340미터)보다 약 25배 빠른 속도로 하강하기 때문에 대기와의 마찰로 타버릴 위험이 있다. 인버전 스페이스는 진동이 발생하지 않는 소재와 디자인을 발굴해 테스트를 진행하고 있으며, 지구 저궤도에서 이동할 때 우주쓰레기나 다른 위성과의 충돌을 피하기 위한 시스템도 개발 중이다.

관련 전문가들은 '우주 택배' 서비스가 앞으로 가장 유망한 사업이 될 것이라고도 말한다. 우주 배송은 지구 궤도라는 우주 공간뿐 아니라 인류가 우주탐사를 위한 전초기지로 여기고 있는 달까지 그 영역이 확대되고 있다. 글로벌 물류 운송기업인 DHL은 민간 우주기업 '애스트로보틱스'와 협력해 달에 지름 2.5미터 크기의 소포를 보내는 상업 서비스를 개발 중이다. 달 탐사선이 성공적으로 달 표면에 내려앉으면 DHL처럼 전통적인 운송 물류기업에 '우주 물류'라는 새로운 사업 기회를 제공할 수 있을지도 모른다.

위성 승차공유 서비스의 확장

2021년 스페이스X는 위성 승차공유 서비스인 '스몰샛 라이드쉐어 프로그램'을 통해 소형위성 143개를 한 번에 우주로 쏘아 올리는 데 성공했다. 소형위성을 통해 서비스를 제공하겠다는 기업들이 급증하고 있다. 이와 관련해서 기업들의 발사체가 우주에 도착할 수 있도록 돕는 중개 업무가 필요해졌다. 그리고 이 일을 담당하는 승차 공유 스타트업들도 주목받고 있다.

가장 주목할 만한 스타트업은 나노랙스Nanoracks다. 지금까지 1,000여 개의 탑재물을 발사했는데 대부분 성공했다. 2020년부터는 자사의 '우주 거점 공간 만들기'뿐 아니라 수많은 탈 우주 정거장 프로젝트에 착수했다. 2020년대 후반 퇴역할 ISS를 떠맡을 민간 우주정거장 개발 후보업체로도 선정되었다.

또 다른 승차공유 스타트업으로는 로켓랩을 꼽을 수 있다. 로켓랩은 소형위성을 위한 저렴하고 새로운 발사 역량을 인정받은 후, 민간과 정부 고객사를 위한 발사 예약이 끊임없이 이어지고 있다. 최근에는 헬리콥터를 이용한 공중 회수 기술이라는 새로운 방식으로 로켓 회수에도 성공했다. 2022년 5월 로켓랩은 뉴질랜드 동부 마히아반도 발사대에서 34기의 소형위성을 탑재한 2단 로켓 일렉트론을 발사한 뒤 이 신기술을 공식적으로 선보였다. 이로써 스페이스X와 블루 오리진에 이어 민간 우주기업 중 세 번째로 로켓 회수 기술을 확보하게 되었다.

우주에서의 새로운 기회를 여는 기술은 계속 발전하고 있다. 더 높은 능력치를 가진 위성 콘스텔레이션(위성 시스템으로 함께 작동하는 인공위성 그룹)을 이용할 수 있는 기술도 점점 더 향상되고 있다. 우주는 이제 실용적인 목적지가 되었다. 우주에서의 운송과 인프라 서비스는 앞으로 우주에서의 가능성을 재창조하는 데 도움이 될 것이다. 특히 뉴스페이스 패러다임 속에서 혁신적인 비즈니스 모델을 기반으로 한 스타트업이 그 새로운 가능성을 보여주고 있다. 최근 수익성에 문제가 생긴 스타트업들이 있지만 시장 확보를 통해 위기를 타개해나간다면 기대한 만큼의 성과를 낼 수 있을 것이다.

우주 정착민의
시대가 온다

과학자들은 오래전부터 달을 비롯한 행성 탐사에서 물과 산소를 구할 수 있는 방법을 모색해왔다. 우주로 특정 물체를 가져가기 위해서는 비용이 많이 들기 때문에 만약 물과 산소를 자체적으로 공급할 수 있다면 화물 무게를 획기적으로 줄일 수 있고 비용도 절감할 수 있으니 효율적인 탐사가 가능하다.

유럽우주국European Space Agency(이하 ESA) 산하 우주연구기술센터는 '레골리스'Regolith(달 표면에 있는 암석 부스러기와 먼지로 구성된 물질)를 모사한 광물 혼합물을 대상으로 시연해 물과 산소를 성공적으로 얻었다. 수율을 높이기 위한 추가 연구가 필요하지만, 이로써 달 탐사에 있어 자급자족할 수 있는 발판을 마련하는 데 한 발자국 더 가까워졌다.

영국 런던에 기반을 둔 신자유주의 싱크탱크인 애덤스미스연구소Adam Smith Institute, ASI는 우주 재산권에 관한 새로운 보고서를 발표했다. 인간의 달 소유권을 주장하고 있는 것이다. 연구소는 달을 여러 지역으로 나누고 사유화하는 것을 제안하며, 이것이 세계 빈곤을 종식시키는 데 도움이 될 수 있다고 주장한다. 아직은 황당한 소리로 들릴 수 있지만 확실한 사실은 우주를 향한 인간의 도전이 우주 정착 시대를 꿈꾸게 한다는 점이다.

이제 지구에서 우주인과 소통할 수 있다

2021년 10월, NASA의 비행 외과 의사인 요제프 슈미트Josef Schmid 박사는 홀로그램을 통해 우주정거장에 방문했다. ESA의 우주비행사인 토마스 페스케Thomas Pesquet가 홀로그램 원격의료를 통해 지구에 있는 슈미트 박사와 서로 소통한 것이다. 이것은 완전히 새로운 커뮤니케이션 방식이다. NASA에 의하면 이는 사상 최초로 지구와 우주에서 홀로그램에 기반한 실시간 원격 소통에 성공한 사례다. SF 팬이라면 영화 〈스타 트렉: 보이저〉에 출연한 사랑스러운 홀로그램 닥터 캐릭터를 떠올릴 것이다.

이는 원격의료 서비스 제공 방법을 모색하던 NASA가 협력사인 AEXA 에어로스페이스AEXA Aerospace와 홀로그램 우주 원격의료팀을 꾸린 후 이루어낸 성과다. ISS에 투사된 의사 중 한 명인 요제프 슈미트 박사는 "이것은 광활한 거리에 걸친 완전히 새로운 인간 커뮤니케이션 방식이며, 인간 존재가 행성을 여행할 수 있는 완전히 새로운 탐사 방법이다."라고 말했다.

홀로그램 이미지는 인간의 고화질 3D 이미지를 구현해서 압축한 뒤 실시간으로 전송할 수 있다. 이를 혼합현실 디스플레이와 결합하면 바로 홀로그램으로 등장한 인간의 모습을 보고 원격으로 대화를 나누는 것이 가능하다. 홀로그램 이미지 구현은 마이크로소프트가 2016년부터 개발한 기술이지만, 우주처럼 매우 먼 거리와 극한의 조건에서 성공적으로 활용한 사례는 NASA가 처음이다. NASA 관계자는 홀로그램 기술을 바탕으로 지구와 우주 간 개인 의료 상담과 정신 심리학 상담, 가족 간의 소통 지원, 그리고 지구에서 홀로그램 기술을 이용한 우주정거장 여행 등에 활용할 계획이라고 밝혔다.

조만간 '스타 트렉' 우주선에 탑승한 것과 같은 '홀로덱'도 현실이 될 것으로 보인다. NASA의 다음 계획은 홀로그램 이미지 구현 기술을 가상현실과 결합해, 우주에서도 원격 상담 기능을 완벽하게 제공하는 것이다. 더 나아가 NASA가 홀로그램 기술을 활용해 지구와 우주 간 실시간 원격 상담 서비스 구현에 완벽하게 성공한다면, 이는 남극을 비롯해 군사 작전 지역 등 소통이 어려운 지역으로도 확대 적용할 수 있다.

우주인의 삶을 위한 기술개발은 보다 더 가속화될 전망이다. 그리고 상상 속 영역이었던 우주를 향한 인간의 도전이 하나씩 실현되면서 이는 자연스럽게 정착을 위한 연구개발로 향하게 될 것이다.

민간 우주인 양성을 위한 우주 아카데미 시대 개막

2021년에는 여러 민간 우주기업이 최초의 유인 비행에 성공하면서 민간 우주 산업에 몇 가지 중요한 이정표를 세웠다. 그들이 비행한 곳을 정확히 '우주'로 간주할 수 있느냐의 문제는 차치하고 일단 준궤도에 우주관광객을 데려가기 시작했다. 그리고 스페이스X는 전적으로 개인 우주비행사로 구성된 항해를 성공리에 마쳤다.

이제 본격적인 우주경제 로드맵이 시작되었다. 하지만 이를 달성하기 위해서는 여전히 극복해야 할 기술적 장애물이 많다. 그중에서도 특히 신경 써야 할 장벽이 하나 있다. 바로 '준비된 우주 인력'이다. 물론 NASA의 자체 시설에서 NASA 소속 우주비행사와 블루 오리진, 버진 갤럭틱 등 민간 우주기업의 비행 프로그램 참가자를 훈련시키고 있다.

문제는 현재 국가 우주기관만이 우주비행사를 양성할 수 있는 시설과 전문성을 갖추고 있다는 점이다. 이런 문제를 극복하고자 전직 우주비행사와 엔지니어, 주요 우주항공 경영진들이 힘을 모아 세계 최초의 사설 우주 아카데미인 '스타 하버 아카데미'Star Harbour Academy를 설립했다.

스타 하버의 창립자인 마라이아 태너Maraia Tanner는 "우주 산업에서 벌어지고 있는 전례 없는 르네상스에 긍정적인 유산을 남기기 위해 차세대 탐험가, 혁신가, 기업가, 교육자 및 기술을 육성하겠다."라는 포부를 밝혔다. 미국 콜로라도주에 건설될 이 아카데미는 2026년에 문을 열 예정이다. 이곳은 현재 세계 제2의 우주경제 도시로 주목받고 있다.

스타 하버는 연구 캠퍼스에서 자체 우주비행사 인증 프로그램을 마련해 산업 우주비행 안전 규제와 표준을 정의하면서 궤도 진입이라는 기회를 제공할 계획이다. 스타 하버는 중성 부력 시설, 고중력 원심 분리기, 육상 및 수중 서식지, 저압 및 고압 챔버, 인간 성능 센터를 포함해 우주비행사를 훈련하는 데 필요한 모든 설비를 갖추고 있다.

그러나 민간 우주 산업의 유인 임무 지원에만 집중하지 않을 것이며, 발사 전에 현실적인 우주비행 조건에서 기술을 테스트하려는 기업을 위한 시설도 제공할 계획이라고 밝혔다. 현재 전세계적으로 정부가 후원하는 우주 R&D 센터는 여섯 개뿐이며 이 중 어느 곳도 일반에 공개되지 않았다.

최근 미국 상공회의소 보고서에 따르면, 우주경제에 동력을 공급하기 위해 150만 명 이상의 근로자가 필요할 것으로 예측된다. 이를 위해서는 민간 우주인 양성이 시급하다. 모든 나라가 반드시 우주인을 보유하고 우주의학을 연구해야 하는 것은 아니다. 하지만 향후 우주인 보유 여부가 우주경쟁에서 우위를 점하는 데 큰 역할을 할 수밖에 없다. 수많은 선진국들이 이 같은 사실에 착안해 우주인 육성 및 우주생명과학 연구에 매진하고 있다.

이는 우리나라에서도 주목해야 할 사안이다. 우주 전문가들은 2030년대에 접어들면 우주 저궤도 공간도 인간의 경제활동이 가능한 공간이 될 것이라고 말한다. 이때 각 국가의 우주인 보유 여부와 관련 기술력 그리고 연구개발 수준은 우주 소유권 경쟁에서 핵심적인 역할을 할 것이 분명하다.

마지막 블루오션,
우주 인프라 사업에 올인하라

오늘날 빅테크기업은 전세계인의 삶과 부의 지도를 바꾸고 있다. 이들 기술기업의 공과에 대한 논의는 끊임없이 이어질 테지만 그들이 바꿔 놓은 현실은 되돌릴 수 없다. 믿을 수 없었던 모든 것들이 하나씩 현실이 되어가고 있기 때문이다.

우주를 향한 인간의 도전 역시 마찬가지다. 오늘날 우주 산업은 거대한 블루오션으로 자리매김했고 전세계가 뛰어들어 각축전을 벌이고 있다. 특히 진보와 협업이 우주 인프라 산업의 무한한 가능성을 밝게 한다. 우주발사체와 인공위성, 우주정거장 등 기회는 무궁무진하다. 앞서 소형위성 사업을 하는 스타업들의 대약진을 살펴보았듯이 스몰샛 또는 소형위성은 뉴 스페이스의 패러다임을 바꾸고 있다.

NASA와 스페이스X의 협업 등 민관의 산업 생태계 구축으로 우주 기술은 본격적인 결실을 보기 시작했다. 이에 빅데이터, 인공지능, 로봇 등 제4차 산업혁명 기술을 갖춘 기업들도 우주 비즈니스에 참여함으로써 혁신을 거듭하는 중이다. 최근에는 우주 관련 기업이 아닌 일반 기업들의 참여도 늘어나고 있다. 이제 우주에서 3D프린터, 로봇 등이 상품을 만들어 생산경제 활동에 참여하는 '메이드 인 스페이스'의 시대가 본격적으로 시작되었다.

'메이드 인 스페이스' 시대, 로봇이 우주로 진출하다

"아무도 가지 않은 곳에서 담대히 나아갈 것이다."

우주에 첫발을 내딛는 우주인의 출사표는 이제 로봇의 몫이다. 로봇 시스템은 인간이 우주 활동을 하는 데 있어 중요한 자산이며, NASA는 로봇 분야에서도 독보적인 위치를 차지하고 있다. 2019년에는 ISS에 우주비행사의 업무를 보조하고 우주 실험을 수행할 소형 로봇 '애스트로비'Astrobee를 보냈다. 이 로봇은 영화 〈스타워즈 − 새로운 희망〉에서 영감을 받아 제작됐다고 알려져 있다. 〈스타워즈〉를 보고 우주에 대한 꿈을 키워온 NASA 연구원들이 영화 속 로봇을 구현해낸 것이다.

전세계적으로 우주개발 경쟁이 치열해질수록 로봇에 쏠리는 관심도 커지고 있다. 우주의 고에너지 방사선과 우주먼지 그리고 수백 도의 고온에서 극저온까지 내려가는 위험한 환경 속에서는 인간을 대신해 로봇이 해낼 수 있는 일이 훨씬 더 많기 때문이다.

2019년, 감성 지능 로봇 '사이먼CIMON 2'가 우주정거장으로 향했다. 유럽 항공우주기업 에어버스가 개발한 인공지능 로봇 사이먼2는 2018년 '사이먼1'에 이은 로봇 비서다. 우주 환경에서 인간과 로봇이 어떻게 협력할 수 있는지를 보여주기 위해 IBM 클라우드의 '왓슨 톤 분석기'로 업그레이드되었다. 우주비행사의 감정을 평가하고 민감하게 반응할 수 있는 마이크 기능과 고급 방향감각이 장착된 사이먼2는 우주정거장 내부를 스스로 떠다니면서 우주비행사가 정보를 필요로 할 때 대화를 통해 바로 정보를 제공한다.

러시아연방우주국의 휴머노이드 '표도르'Final Experimental Demonstration Object Research, Fedor는 사람처럼 팔다리를 갖추고 있어서 우주비행사를 치료할 수 있으며, 각종 과학 실험과 우주선 보수 유지 업무를 맡는다. 표도르는 드릴과 용접 작업 및 운전과 팔굽혀 펴기 등 복잡한 동작도 구현 가능해서 다양한 임무를 수행할 수 있다. 그리고 웨어러블 장비를 착용한 사람이 ISS에 있는 표도르를 원격조종하는 것도 가능하다.

일본도 우주비행사를 대신해 아바타 로봇을 우주로 보낸다는 목표를 구체화하고 있다. JAXA는 민간 항공사인 전일본보공수All Nippon Airways, ANA와 공동으로 '아바타X' 프로젝트를 추진 중이다. 이는 아바타 로봇을 ISS나 달 혹은 화성에 보내 지구에서 원격제어하는 것으로, JAXA는 생체 모방 원격 제어 휴머노이드 로봇인 '멜탄트-알파'MELTANT-α를 우주에 보내겠다는 계획이다.

2022년 들어 우주회사들의 로봇 경쟁은 더 치열해지는 상황이다.

달과 행성 임무를 위한 우주로봇 기술을 개발하는 미국 기업 아스트로보틱 테크놀로지Astrobotic Technology는 달에 발사하는 것을 목표로 하는 개인용 로봇 달 착륙선 '페레그린'Peregrine을 올해 공개했다. 착륙선의 하단부에 장착된 다섯 개의 주 엔진은 차량이 우주를 탐색하는 데 도움이 되며 차량이 달 표면에 착륙할 수 있도록 한다. 인투이티브 머신즈Intuitive Machines, LLC도 자체 로봇 달 착륙선 'Nova-C'를 개발 중이다. 이 두 회사는 NASA로부터 수백만 달러의 계약금을 받아 착륙선을 개발해왔으며 이는 아르테미스Artemis 프로그램의 일부분에 해당한다.

이외에도 루이지애나주립대학 연구진은 우주 공간에서 활용할 수 있는 소프트 로봇을 개발 중이다. 이 로봇은 재질을 조절할 수 있는 연속체적 특성이 있어서 기존의 로봇은 갖고 있지 못한 유연성을 갖고 있다. 탄소섬유를 이용해서 로봇을 만들면 다른 물체와 충돌해도 주변 환경을 파괴하지 않는다는 원리로 제작됐다.

그뿐 아니다. 우주 비즈니스가 발전하면서 큰 골칫거리로 부각되고 있는 우주쓰레기 문제도 로봇이 해결할 수 있다. 그동안 우주 공간에서 이동 중인 위성과 우주쓰레기를 파악해 접근하거나 끌어내리는 기술을 갖춘 국가는 미국이 유일했다. 미국의 우주기업 테터스 언리미티드는 그물로 우주쓰레기를 포획하는 기술을 선보였다. 그런데 최근 중국이 고난도의 기술, 즉 로봇팔을 구현해 미국을 추격하고 있다. 미국이 로봇팔을 장착한 중국의 '스젠 21호'에 민감하게 반응하는 이유는 우주쓰레기 처리용 위성이 군사용으로도 사용될 수 있기 때문이다. 다른 나라의 인공위성을 포획해 궤도를 바꾸거나 물리적 충격을 가해 무용지물로 만드는 등 우주 요격 무기로 변할 수 있다는 것이다.

블루 오리진도 로봇을 통한 우주 역량 강화에 박차를 가하고 있다. 최근 군용 행성 탐사용 로봇 개발 전문업체인 허니비 로보틱스Honeybee Robotics를 미공개 금액으로 인수했다. 이 회사는 인간의 접근이 불가능한 지역의 탐사를 위한 독보적인 솔루션을 구축해왔다. 우주선, 행성 탐사, 국방로봇, 의료기기, 각종 유틸리티 인프라 분야에서 정부와 산업계 전반의 클라이언트를 대상으로 수많은 프로젝트를 수행한 실적을 갖고 있다.

현대자동차그룹도 로봇 개발을 통해 우주로 진출할 준비를 하고 있다. CES 2022에서 메타모빌리티 비전을 발표할 당시, 스마트 모빌리티에 탑승한 사람이 우주에 있는 로봇 개 '스팟'의 경험을 실시간으로 공유하는 영상을 공개했다. 최근 로봇 개발을 담당하는 로보틱스랩을 포함해 소프트웨어·하드웨어 설계 분야의 인력들로 협의체 조직을 구성했다. 달 표면 탐사 모빌리티의 임무 수행을 위해서는 모빌리티 동체 개발뿐 아니라 모빌리티에 탑재되는 과학 탐사 장비, 운용을 위한 소프트웨어, 우주 통신 기능 등 다양한 분야의 기술이 요구되기 때문이다. 그동안 현대자동차그룹이 제시해온 로보틱스와 메타모빌리티에 대한 비전을 현실로 만들기 위한 첫걸음으로, 우주 시대의 기술을 선도하기 위한 포석으로 이해할 수 있다.

빅테크기업들의 우주로봇 진출은 비단 우주에 국한된 기술혁신은 아니다. 우주 관련 기술이 인류의 삶에 진보를 가져왔듯이 우주로봇 기술의 진보 역시 다양한 분야에서 스핀오프 산물을 만들어낼 것이다.

우주엘리베이터를 비롯한
우주운송의 혁신에 주목하라

SF 영화에 등장하는 우주엘리베이터는 지표면 엘리베이터 기지에서 ISS까지 케이블을 이용해 엘리베이터 형태에 가까운 건축물을 만든 것이다. 이는 막대한 비용이 소요되고 위험 부담도 큰 우주선 발사보다 상대적으로 저렴하고 안전하게 우주로 물자를 수송하는 수단이다.

우주엘리베이터는 1895년 옛 소련의 과학자 콘스탄틴 치올콥스키Konstantin Tsiolkovsky가 처음 제안했다. 오늘날에는 수많은 연구 단체들이 나서서 현실화 가능성을 검증하고 있는데, 천체물리학 연구자인 케임브리지대학 제피르 페노이어Zephyr Penoyre와 컬럼비아대학 에밀리 샌포드Emily Sandford는 관련 논문을 아카이브에 공개했다. 이들이 연구한 우주엘리베이터는 '스페이스라인'Spaceline으로 지구에서 우주로 이동하는 엘리베이터가 아니라 '달 표면에서 지구 정지위성 궤도까지 연결하는 엘리베이터'다. 이 우주엘레베이터를 이용할 경우 물자수송에 필요한 연료는 기존에 사용하던 것의 3분의 1로 감소한다.

그런데 우주엘리베이터가 실현되려면 양쪽의 중력을 버틸 수 있는 고강도의 특수 케이블이 개발되어야 한다. 차기 신소재라 불리는 탄소나노튜브가 유력하다. 현재 일본 JAXA와 시즈오카대학교 등은 2050년에 상용화를 목표로 우주엘리베이터를 개발하는 중이다. 이 엘리베이터가 현실화되면 시속 200킬로미터로 지구에서 우주정거장까지 8일이면 도착할 수 있다. 만약 물자를 수송할 경우에는 우주 왕복선

보다 최대 100분의 1 수준으로 비용이 떨어질 수 있다.

　물론 여전히 많은 엔지니어들이 이를 비현실적인 계획이라고 비판한다. 하지만 일본은 지정학적인 측면에서 인접한 태평양이 우주엘리베이터 지상층 플랫폼 건설에 유리하다는 판단하에 연구에 매진하고 있다. 우주엘리베이터가 실현되지 못한 채 우주까지 수직으로 왕래하는 또 다른 방식이 나올 수도 있다. 그중 하나가 드론의 개념을 이용하는 것이다. 우주까지 화물을 수직으로 올릴 수 있는 드론을 개발하는 것도 하나의 방법이 될 수 있다. 최근 지구에 비해서 대기가 100분의 1 수준으로 희박한 화성에서 드론을 띄우는 데 성공했다는 점을 감안한다면 실현 가능한 전략이다.

　일부 천문학자들은 달 기반의 우주엘리베이터를 제안한다. 달은 지구보다 중력이 6분의 1 정도로 약해서 훨씬 적은 에너지로 엘리베이터를 띄울 수 있기 때문이다. 이 경우 탄소나노튜브가 아닌 케블라 섬유로도 우주엘리베이터 제작이 가능하다. 달 기지에서 달 궤도에 우주선을 띄우는 것이 경제적인 방안이 될 수 있으리란 점에서 기대된다. KIST도 NASA와 탄소나노튜브를 이용한 우주 산업 소재를 공동 개발하기로 협약을 맺은 바 있다.

　이외에도 우주엘리베이터에 관한 아이디어는 다양하다. 우주탐사가 늘면서 인력과 물자를 효율적으로 우주에 옮길 수 있는 기술이 필요해졌기 때문에 누가 어떤 기술로 이것을 현실화할지 주목해볼 만하다.

바이오 연구 및 제조 실험실이 될 우주 공간

우주 기반 비즈니스로 주목해야 할 또 하나의 블루오션은 우주 환경에서만 가능한 최첨단 연구와 의학 기술이다. 특히 우주는 신약 개발에 유리한 환경으로 평가받고 있다. 중력이 거의 제로 상태인 '미세중력' 환경에서는 단백질 결정을 얻기가 쉽기 때문이다.

신약 개발을 위해서는 질병의 단백질 구조를 알아내고 단백질을 결정화하는 작업이 중요하다. 지상에서는 중력으로 인한 밀도 차이로 불균일한 결정이 생기지만 무중력 상태인 우주 공간에서는 고른 결정이 만들어진다. 메신저리보핵산mRNA 코로나19 백신도 상온에서는 녹아 사라지기 때문에 극저온 냉동시설 안에 보관되어야 하는데, 우주는 진공 상태이면서 온도도 매우 낮기 때문에 이처럼 특수한 물질을 취급하기에 적합하다. 우주의학이 큰 주목을 받고 있는 이유다.

같은 이유로 바이오 관련 기업들이 우주 투자에 나서고 있다. 또한 ISS와 달, 화성으로의 이주가 자유로워질 우주 시대를 앞두고 미세중력과 우주방사선 등 우주 환경에 노출된 인체의 변화를 파악하고 그로 인한 문제에 대처할 신약 개발에서도 앞서고자 함이다.

조만간 ISS에는 세계 최초의 우주 재생의학 연구소가 생길 전망이다. 이 연구소는 우주에서 인체조직과 장기 연구를 하는 기업들의 재생의학 연구나 제품 개발을 위한 혁신을 촉진하고, 민간 우주경제를 활성화하는 데 목적이 있다. 이는 미국의 민간 우주기업 액시엄 스페이스를 주축으로 이루어질 예정이다. 액시엄 스페이스는 세계 최초의 상업용 우주정거장 건설을 놓고 블루 오리진 등과 경쟁하고 있으며, 2030년 퇴역할 ISS를 대체하기 위해 NASA와 계약을 체결했다. 민간 우주정거장은 우주호텔 등 우주관광은 물론 ISS 우주인 숙소, 신약 개발, 우주인 건강연구, 과학실험실 등의 목적을 수행한다.

국내 제약기업인 보령제약도 액시엄 스페이스에 1,000만 달러(약 139억 4,500만 원)를 투자했다. 이는 우주 제약 시장을 염두에 둔 것으로 풀이된다. 스페이스 탱고는 2017년 처음 ISS에 운반물을 보냈는데 물품 중 대표적인 예가 '세포배양기계'처럼 연구 활동에 쓸 수 있는 제품들이다. 스페이스 탱고는 바이오 스타트업 램다 비전 등을 비롯해 수많은 기업과 협력하고 있다. 램다 비전은 저궤도에서 인공망막을 만들어 환자의 시력 회복에 도움을 주는 연구를 주로 하는 기업이다.

2022년 7월 바이든 미국 대통령은 암 종식을 위해 내세운 '캔서 문샷'Cancer Moonshot 목표 달성을 위해 '암 내각'Cancer Cabinet을 구성했다. 그리고 이 내각에 빌 넬슨 NASA 장관을 새로운 위원으로 임명했다. 미세중력 상태인 우주에서는 지구와 다른 생명현상을 발견할 수 있으므로, 우주 공간에서 암 관련 의학 연구를 시도할 수 있다. 문샷의 최종 목표는 암 백신과 암 치료제 개발이다. 이번 프로젝트는 ISS의 미세중력 환경을 활용해 백혈병과 다발성 골수종과 같은 혈액암을 포함한 암 치료법을 찾는 데 NASA의 목표가 있다.

이처럼 지구에서 불가능했던 일의 해법을 우주 공간 특히 ISS에서 찾는 국가들과 바이오 제조기업들이 늘어나고 있다. 이 같은 추세는 폭발적으로 성장하는 우주 산업에 새로운 이정표가 되어줄 것이다.

지구의 모든 것을 우주로 옮기는
신개념 우주 공간의 탄생

지구에서 출발한 여행객들이 리조트 중앙의 무중력 도킹 허브에 도착한다. 이 리조트는 지구 궤도를 도는 회전 바퀴로 이루어진 엘리베이터로 연결된 일부 모듈로 구성되어 있다. 바퀴의 가장자리는 원심력이 강해서 여행객들과 주변 환경을 단단히 고정한다. 관광객들은 총 125,000제곱피트에 달하는 24개의 모듈을 돌아다니면서 리조트의 다양한 편의시설을 맘껏 즐길 수 있다. 운동을 하거나 라이브 음악을 들을 수도 있고 다양한 요리뿐 아니라 우주인들만의 동결 건조 아이스크림도 맛볼 수 있다.

지구상의 리조트도 주변 경관의 아름다움을 자랑하지만 '보이저 스테이션'Voyager Station에 비할 바가 아니다. 여행객들은 미래 지향적인 인

테리어를 둘러본다. 때로는 90분마다 지구를 공전하면서 창밖으로 펼쳐진 지구의 풍경을 관찰하거나 정거장 밖으로 나가 우주를 산책할 수도 있다. 그들이 보는 장면은 초현실적인 미술 작품과도 같다.

우주호텔을 비롯한 우주 상업 공간의 탄생

위의 풍경은 새크라멘토의 신생기업인 오비탈 어셈블리가 2027년 오픈할 우주호텔의 모습이다. 오비탈 어셈블리는 관광 숙박 공간을 갖춘 우주정거장 두 곳에 우주호텔을 운영할 예정이다. '파이어니어 스테이션'Pioneer Station과 초기 원형 버전에서 재구성한 보이저 스테이션이다. 파이어니어 스테이션은 2025년에 최대 28명까지 숙박 가능한 호텔로 운영을 시작할 예정이다. 우주관광객에게 숙박 공간을 제공하면서 동시에 연구원을 위한 공간을 일부 임대하기로 목표를 세웠다. 사무실이 포함된 '비즈니스 파크'에서는 일과 휴가를 병행하는 '워케이션'Workation도 가능하다.

인공 중력 시스템을 도입한 최초의 상업용 우주호텔 보이저 스테이션은 최대 400명의 손님을 수용할 수 있는 고급 리조트가 될 예정이다. 레스토랑, 바, 콘서트 홀, 체육관, 영화관까지 완비되어 있는 이 호텔은 우주 공간에서 큰 원을 그리며 빠르게 회전한다. 이 회전으로 지구 중력의 약 6분의 1 수준인 인공적인 중력을 만들어내 사람이 생활할 수 있는 공간을 마련한 것이다.

일부 모듈은 개인 별장으로 판매하거나 정부나 과학 기관 연구용 시설로 임대해 우주비행사들의 훈련 센터로 이용할 수 있다고 한다. 그뿐만 아니라 운동이나 스포츠를 즐길 수 있는 시설도 마련될 예정인데 저중력 상태에서 농구나 트램펄린 또는 암벽등반을 하는 이색적인 경험도 할 수 있다. 오비탈 어셈블리의 첫 우주여행은 약 560억 원의 자산을 가진 부유층을 위한 영역이 되겠지만, 스페이스X의 팰컨 9호나 재사용 가능한 로켓의 개발로 비용을 절감한다면 지금보다는 더 많은 사람이 이 호텔을 이용할 수 있을 전망이다.

기존의 ISS는 주로 작업 및 연구 목적으로 활용되고 있다. 하지만 대부분의 민간 우주기업이 우주여행에 몰두한 상황을 고려하면 우주관광 산업은 새로운 블루오션이 될 수 있다. 더 나아가 우주 연구 공간 임대용으로 함께 운영할 경우 관광 산업 자금 지원과 우주 연구 등 다방면에서 시너지 효과를 거둘 수 있다.

물론 이 사업을 위해서는 안전이라는 난제를 해결해야 한다. 하지만 그동안 우주를 향한 수많은 도전이 난관을 극복하며 이어져왔듯이 이 또한 장기적인 준비를 통해 극복해나갈 것이라는 긍정적인 전망을 해볼 수 있다.

메타버스 부동산보다 우주 부동산에 먼저 투자하라

2022년 6월, 미국의 우주관광 스타트업인 액시엄 스페이스가 한국 기업과 기관들을 대상으로 5억 달러(약 6,972억 원) 규모의 자금 모집을 위한 행사를 가졌다. 이는 블루 오리진이 2020년대 말 선보일 예정인 민간 우주정거장 내 상업용 거주모듈 '오비탈 리프'Orbital Reef에 대한 투자 설명회다. 만약 투자 유치에 성공한다면 역사상 존재하지 않는 부동산이자 우주에서 가장 큰 부동산이 될 전망이다.

오비탈 리프는 400~500킬로미터 상공의 지구 저궤도를 비행할 상업용 우주정거장이다. 최대 10명을 수용할 수 있으며 ISS와 기본적 설계 및 크기가 비슷하다. 이 개발에는 블루 오리진뿐 아니라 시에라 네바다 코퍼레이션의 자회사 시에라 스페이스, 항공사 보잉, 우주탐사기업인 레드와이어 스페이스, 애리조나주립대학 등 화려한 연구개발진이 함께한다.

액시엄은 2021년 스페이스X와 우주관광 계약도 체결했다. 개인 관광객 세 명과 자사 우주비행사 한 명 등 민간인 총 네 명을 ISS에 보낼 계획이다. 2024년까지는 ISS에 우주 여행객을 위한 상업용 거주 모듈을 설치해 운영하는 계획을 NASA에서 승인받은 바 있다.

우주 부동산에 실제 투자할 기업이 나올지는 미지수다. 하지만 우주 경제가 무한 확장되고 접근 가능한 우주 공간이 넓어질수록 투자에 대한 관심과 실현 가능성 또한 커질 것이다.

CES 2022 행사 중 '우주탐사의 미래'라는 주제의 컨퍼런스에서도 우주에서의 영역 확보 전쟁이 벌어졌다는 내용이 발표되었다. 우주에서의 리더십이 매우 중요한 상황에서 자국민의 생활 공간을 확보해야 한다는 주장이었다. 이날은 미국의 우주 주권이 강조되었는데 이는 비단 미국만의 상황은 아니다. 우주 개발에 박차를 가하고 있는 중국과 러시아 등의 국가에서도 '스페이스 레이스'는 시작되었고 이는 곧 우주 영토 경쟁으로 이어질 예정이다.

우주 주유소와 택시회사를 차려볼까?

1957년 세계 최초의 인공위성 스푸트니크 1호가 우주로 날아간 뒤, 현재까지 지구 궤도를 돌고 있는 비행체는 인공위성을 포함해 2만 5,000여 개에 달한다. 그런데 인공위성은 장비가 노후화되지 않아도 연료가 소진되면 폐기 대상이 된다. 우주에서 연료를 충전할 방법이 없기 때문이다. 무서운 속도로 아우토반을 질주하던 고성능 자동차도 연료가 떨어지면 무용지물인 것과 마찬가지다.

그런데 머지않아 지구 궤도를 돌면서 인공위성에 연료를 재보급하는 '우주 주유소'가 등장할 예정이다. 각국의 우주군 창설에 따라 전에 없던 우주 주유소 수요가 창출될 것이 예상되기 때문이다. 미국, 러시아, 중국 등 이른바 우주 선진국은 이미 우주군 혹은 전략 지원부대까지 창설했다. 미국은 2019년 이미 여섯 번째 미 우주군을 창설했다. 우주 패권 경쟁에서 우위를 유지하고 각종 위협을 차단하기 위해서다.

이러한 수요 급증으로 인해 우주 내 서비스 중 가장 경쟁이 치열한 분야로 인공위성 수명을 연장하는 서비스인 우주 주유소가 주목받고 있다. 이는 앞으로 늘어나는 인공위성의 수와 정비례해서 성장할 가능성이 있다. 이와 관련한 서비스를 준비 중인 업체로는 미국의 대형 방산기업 노스롭 그루만Northrop Grumman을 꼽을 수 있다. 노스롭 그루만은 고도 3만 6,000킬로미터 정지궤도에 있는 인공위성에 연료를 충전해주는 서비스를 시작했으며, 서비스 영역을 지구 저궤도에 있는 위성들로 확장할 태세를 갖추었다.

노스롭 그루만의 강력한 경쟁 상대는 스타트업 '오비트 팹'Orbit Fab이다. 2021년 첫 '우주 주유소'를 지구 저궤도로 발사했고, 두 번째 주유소를 2023년 초에 정지궤도로 발사하겠다는 계획을 발표했다. 오비트 팹이 지구 궤도에 올릴 예정인 우주 주유소의 덩치는 사무용 복사기 정도다. 스페이스X가 쏘는 팰컨9 로켓에 실려 발사될 예정이다.

오비트 팹은 미국 공군과 우주군으로부터 600만 달러를 지원받아 미 군사위성의 궤도 내 연료 재충전을 위한 충전 인터페이스 표준화 작업을 진행하고 있다. 이 밖에 NASA도 지구관측 인공위성업체인 맥사 테크놀로지와 공동으로 주유소 우주선을 개발하는 중이다.

우주에서는 주유소뿐 아니라 택시 사업도 준비가 한창이다. 로켓에서 분리된 인공위성을 목표 위치까지 이동시켜주는 우주 택시 서비스는 인공위성이 자체적으로 위치 수정을 하기 위해 사용하는 연료를 최소한으로 줄여준다. 미국 기업인 '런처'Launcher는 첫 번째 '우주 택시' 고객을 확보했다. 2022년 고객의 위성을 싣고 스페이스X의 팰컨9 로켓에 실려 발사될 예정이라고 밝혔다. 택시비는 화물 1킬로그램당 8,000달러에서 2만 5,000달러로 책정했다. 10월에 발사될 택시 서비스 예약은 모두 끝났고 2023년에 발사될 서비스 예약에 들어갔다.

경쟁사인 '모멘투스'는 정부의 승인을 받았고 첫 번째 택시를 스페이스X의 팰컨9 로켓으로 발사했다.

미국 정부는 2022년 4월 '우주 내 서비스, 조립과 생산에 대한 국가 전략'을 발표했다. 우주궤도에서 공급하는 서비스들이 구체화되면 우주 물류 시장도 빠르게 성장할 것이다. 우주 내 서비스 시장은 아직 초기 단계다. 하지만 발사되는 로켓과 인공위성 수가 기하급수적으로 늘어나고 있다는 점을 감안한다면 우주 서비스 수요도 함께 폭발적으로 증가할 수 있다. 현재 전세계에서 50개 이상의 기업이 이 시장에 진출하기 위해 준비 중이다.

인공지능 시대의
미래 교육

공교육의 붕괴,
대학과 티칭이 사라진다

2044년 한국의 대학은
어떻게 사라지는가

"2030년 이후엔 인구 감소 속도가 너무 빨라 준비할 시간도 별로 없고, 사회가 그 속도를 따라가지 못한다. 우리 경제 구조와 시스템은 생산 가능 연령대인 25~59세(2,750만 명)에 맞춰져 있다. 이 연령대는 2030년엔 2,520만 명으로 그 이후로는 감소 속도가 더 빨라진다."

서울대 보건대학원 조영태 교수는 지금 같은 대학 재적인구 '급감기'가 2027년 말까지 계속될 경우 2035년부터 '폭락기'가 시작되어 급기야 2044년부터 '공멸기'에 들어간다고 경고했다. 수도권 대학의 정원을 10퍼센트 감축해서 지역 대학 정원으로 돌린다고 해도 이는 임시방편에 불과하다. 결국 대학의 정해진 운명은 바꿀 수 없다는 얘기다.

학령인구 절벽, 국내 대학의 운명은 이미 정해졌다

2021년 기준으로 대학의 신입생 충원율을 보면 수도권이 95.7퍼센트인 것에 비해 호남제주권은 82.2퍼센트, 충청권은 81.8퍼센트에 그치는 등 비수도권은 충원율이 해마다 떨어지고 있다. 이미 비수도권 대학 중 폐교 위기에 처한 한계대학이 늘어나는 추세다.

2024년 전국 대학 미충원 규모 예상 추이를 보면 약 12만 명에 이른다. 이미 지방대학은 입학처장이 고등학교를 방문해 고3 담임교사에게 학생들을 보내달라고 호소하는 형국이다. 학생들이 없어서 문을 닫는 대학의 붕괴 도미노는 2024년부터 본격화될 것으로 보인다.

2021년 12월, 교육부는 '대학 경쟁력 강화를 통한 학령인구 감소 대응(안)'을 발표했다. 대학혁신지원사업에 참여해 일반재정지원을 받을 대학들은 정원 감축 계획을 포함한 적정 규모화 계획을 제출해야 한다. 즉 정원을 줄이는 대학에 재정을 지원하기로 결정한 것이다.

하지만 교육부의 정원 감축 정책은 임시방편일 뿐 근본적인 대응책이 아니다. 현재의 학령인구 감소 충격만큼이나 큰 폭의 감소가 또 한 번 있을 것이므로 현재의 미달 폭만큼 정원을 제한해봤자 또다시 미달 사태를 겪을 것이라는 전망이 압도적이다. 교육부 통계에 따르면, 18세에서 24세 인구는 2020년 400만 명 이상이었다가 2050년 250만 명 아래로 떨어질 때까지 지속적으로 감소하게 된다. 특히 2035년 약 170만 명으로 추산되는 전국 대학 재적 인구는 2044년 100만 명 수준으로 급감할 것으로 예측됐다.

학령인구 감소는 이미 20년 전부터 예견된 사안인데도 뚜렷한 대안 없이 최악의 감소기를 목전에 두고 있다. 지금이라도 장기적인 관점에서 고등교육의 새 틀을 짜고 어떻게 특화시킬 것인지 고민해야 한다.

문제는 이러한 인구학적 위기에 또 다른 변수가 더해지면 상황이 더 최악으로 치닫게 된다는 점이다. 일례로 코로나19가 온라인 비대면 교육의 물꼬를 트면서 교육의 패러다임을 완전히 바꾸어놓았다. 온오프라인의 경계와 더불어 국경의 한계도 넘어서면서 해외 유수의 대학들이 양질의 온라인 교육 프로그램을 내놓고 있다. 과목별 수업료를 별도로 책정하고 인공지능 조교를 두는 등 그야말로 '인공지능 맞춤형' 교육으로의 전환을 시작했다.

대학의 위기는 전세계적 현상이다

2020년 미국 필라델피아 연방준비은행은 〈신종 코로나 사태가 고등교육에 미치는 재정적 영향〉이라는 제목의 보고서를 발표했다. 이에 따르면 미국 내 6,000여 개 대학은 코로나19 팬데믹 이후 휴학생 증가, 외국인 유학생 감소, 원격수업 시스템 구축과 방역 강화 등으로 수익이 급감해 심각한 재정 압박을 받고 있다. 상대적으로 재정이 안정적인 하버드대학마저 2020년 회계연도 기준으로 1,005만 달러(약 140억 원)의 손실을 내며 1930년대 대공황 이후 첫 적자를 기록했다.

이러한 대학 산업의 위기는 전세계적인 현상으로 번지고 있다. EU의 대학평가기관인 유－멀티랭크U-Multirank는 대학교육이 대공황 이후 가장 큰 재정 위기에 직면했다고 밝혔다. 영국과 호주 대학들의 잠재적 수입 감소율은 각각 14퍼센트, 21퍼센트에 달한다. 그중 특히 영국의 대학들이 파산 위기에 처해 있다. 영국의 유력 싱크탱크인 재정연구소Institute for Fiscal Studies, IFS는 정부의 구제금융이나 채무 재조정 없이는 13개 대학이 파산할 수 있다고 밝혔다. 문제는 영국 정부가 대학 재정을 위해 구제금융 조치를 취할 가능성이 크지 않기 때문에 이들 대학들은 사상 최고의 위기를 맞을 수밖에 없는 상황이다.

주요 선진국의 대학들이 코로나19의 여파로 재정 적자와 입학생 감소 등으로 휘청이고 있는 동안, 세계에서 가장 빠르게 고령화 사회로 진입하면서 학령인구가 감소되고 있는 한국과 일본 대학들의 타격은 더 심각하다. 일본의 사립학교진흥·공제사업단 조사에 따르면, 전국 658개 학교법인 중 121개 법인(18.4퍼센트)이 파산이 우려되거나 구조조정을 앞둔 것으로 나타났다.

이처럼 대학의 붕괴가 예견되는 또 다른 이유는 대학 진학에 대한 회의감이 커지고 있기 때문이다. 거듭되는 혁신 기술의 진화와 노동시장의 변화로 더 이상 대학 졸업장이 취업을 보장해주지 못하기 때문이다. 특히 한국은 한 해 20조 원 규모의 사교육이 지배하는 사교육 공화국으로 대학 입학을 위해 치러야 하는 경제적 비용이 막대하다. 입학에서 졸업까지 들어가는 시간과 돈이 가정 경제뿐 아니라 국가 경제에까지 큰 영향을 미치는 상황이다.

이러한 문제가 개선되지 않는다면 현재 국내 대학의 진학률 60~70 퍼센트대가 선진국처럼 30~40퍼센트대로 추락할 가능성이 있다. 대학원도 마찬가지다. 2021년 기준 대학원 충원율은 88퍼센트에 불과하다. 심지어 서울대 공과대학원도 2017년 첫 미달 사태를 겪은 후 정원을 채우지 못하고 있다.

누구나 어디에서든 교육받을 수 있는 대학 교육

대학은 이제 모든 핵심 학위 프로그램에 대해 기존의 학위에 필적할 만한 온라인 학위를 만들 필요가 있다. 그렇게 함으로써 고등교육의 범위를 확장시키고 비용을 줄이는 규모의 경제를 만들어야 한다. 선진국의 명문대학들은 이미 몇 가지 훌륭한 사례를 만들어냈다. 미국의 명문 공과대학인 조지아공과대학Georgia Tech은 지난 2014년 유례없는 교육 혁신을 단행했다. 온라인으로 석사 학위 취득이 가능한 교육과정을 세계 최초로 신설했다. 이 학위는 7,000달러에 불과하며, 현재 약 1만 명의 학생들이 등록한 미국 전역에서 가장 대규모 컴퓨터 과학 프로그램이 되었다.

2015년 일리노이대학University of Illinois도 온라인 MBA 과정을 개설했다. 약 22,000달러에 경영대학원 체험에 중요한 네트워킹과 체험학습의 장을 마련했다. 오늘날은 순수 과학과 컴퓨터 과학에서 금융까지 거의 모든 이론 기반의 콘텐츠는 미리 제작해 효과적으로 전달할 수 있다. 최고 수준의 교수들이 참여한 콘텐츠는 높은 교육 효과를 거둘 것이다.

MIT와 하버드대학에서 공동으로 운영하는 온라인 교육과정인 에릭 랜더Eric Lander 교수의 '생물학 입문'은 MIT 신입생의 필수 과정이자 누구나 무료로 수강할 수 있는 과목이다. 덕분에 최근 수치를 보면 13만 4,000명이 넘는 학생들이 등록되어 있다. 대부분의 생물학 교수들은 에릭 랜더 교수의 이 강좌가 지닌 교육적 가치와 질, 영감의 수준에 맞춘 콘텐츠를 제작해야 한다는 부담을 가질 것이다.

미네르바대학과 조지아공과대학뿐 아니라 펜실베이니아대학 등 미국의 명문대학은 100퍼센트 온라인 석사 과정을 운영한다. 하지만 우리나라는 규제 때문에 아직 온라인 석사 과정을 시행하지 못하고 있다. 임진혁 포스텍 특임교수에 따르면, 미국 조지아공과대학 컴퓨터과학학과의 경우 입학할 때는 정규 과정 학생들의 성적이 높지만, 졸업할 때는 온라인 수강생들이 정규 과정 학생들을 따라잡았다고 한다.

파괴적 기술인 온라인 강좌는 대학의 혁신을 주도하고 있다. 수많은 대학들이 이미 시작된 그 변화 속에서 자신들의 위상을 유지하기 위해 온오프의 경계를 허무는 중이다. 시장조사기관 글로벌 마켓 인사이츠는 세계 온라인 학습 시장의 규모가 2020년에 2,500억 달러(약 384조 원)였으며, 2027년에는 1조 달러(약 1,394조 원)에 도달할 것이라고 전망했다. 이러한 변화 속에서 대학이 코로나19 이후 다시 교실 강의로만 돌아간다는 것은 자멸의 길로 들어서는 것과 같다.

대학 자원과 활동에 대한 대대적인 방향 전환이 필요한 시점이다.

대학의 강의는 새로운 기술이 적용되어 캠퍼스의 학생들뿐 아니라 전 세계에 동시에 전달되어야 한다. 교수들은 온오프가 혼합된 교실에 양질의 내용을 효과적으로 가르치는 방법에 대한 교육을 받아야 하고, 대학도 콘텐츠 제작의 역량을 키워야 한다.

아울러 고등교육에 대한 정부의 지원도 필요하다. 현재 한국은 초중고교육과정에는 세계 최고 수준의 교육 예산을 투입하지만, 대학 이상의 고등교육과정에는 오히려 세계 최하위 수준의 교육비를 투자하고 있다. 또한 미래 경쟁력 확보의 교두보인 고등교육의 전면적인 방향 수정을 위해서는 각 대학의 특성화에 주목해야 한다. 대학의 서열화가 아닌 학교마다 특성화된 학문 분야에 집중해 학문적·기술적 역할을 다변화하는 것이다. 연구중심대학과 고급 직업 교육에 중점을 둔 교육중심대학, 지역 산업과 연계된 산학중심대학 등 다양한 목적을 갖고 관련 인재를 육성하는 방식으로 변화를 꾀해야 대학이 살아남을 수 있다.

교육의 거대한 빅뱅,
학벌 사회로는 미래 없다

인공지능과 증강현실이 결합된 융합 콘텐츠로 가장 최신의 정보를 적시에 배우고, 뇌 기능 향상을 위해 사고·추론 훈련용 소프트웨어를 사용한다. 의대생들은 의사국시 실기시험인 임상수행능력평가Clinical Performance Examination, CPX 연습을 메타버스 공간에서 한다. 스티븐 호킹과 아인슈타인 아바타가 가상현실로 블랙홀과 상대성이론을 알려주고, 소크라테스와 세종대왕과도 대화하는 컴퓨터 시뮬레이션이 등장한다.

이는 머지않은 미래에 일어날 대학의 교육 변화상이다. 그런데 오늘날의 대학은 다가올 미래 변화를 매우 안이하게 준비하고 있는 경향이 있다. 기술이나 지식을 과도하게 단순화할 뿐 아니라 미래지향적인 학문과의 융합에도 더딘 편이다.

학벌 사회로는 더 이상 미래 없다

오늘날 지식은 기하급수적으로 증가하고 있다. 많은 분야에서 지식의 유효 수명은 몇 년이 아닌 몇 달로 측정된다. 전세계 지식의 앙은 지난 10년간 두 배로 증가했으며 18개월마다 두 배씩 증가하고 있다. 기업의 경영환경 변화 속도도 놀랍도록 빨라지고 있다.

이러한 상황에서 기업은 인재를 고용할 때 결정적 요인으로 문제를 감지하고 분석하는 능력, 상황을 설명하는 능력, 팀 플레이어가 되는 능력을 비롯해 현재의 재택근무 환경에서 업무 동기가 높은지 여부 등을 살필 수밖에 없다. 즉, 적시학습 기술을 가진 사람을 고용하려는 트렌드가 뚜렷하다. 이제 기업은 실무현장에 적용하는 데 큰 도움이 되지 않는 대학 졸업장을 원하지 않는다.

아울러 전세계적인 창업 붐도 대학에는 위기 신호다. 반드시 대학을 나와야 창업할 수 있는 게 아님을 이미 수많은 창업자들의 성공 사례가 보여주고 있기 때문이다. 이와 관련해 실리콘밸리의 창업자 지원 펀드도 주목할 만하다. 피터 틸과 마이크 깁슨Mike Gibson 등이 출범시킨 '1517 펀드'가 대표적인 사례다. 1517년 마르틴 루터의 95개조 반박문으로 불이 붙은 종교개혁처럼 세상을 뒤집어보자는 꿈을 갖고 대학을 박차고 나오는 중퇴자가 지원 대상이다. 당시 교회가 면죄부를 팔았다면 지금은 대학에서 졸업장을 팔고 있다는 게 그들의 견해다. 그래서 이들은 대학에 다니지 않는 젊은 창업자들을 지원한다.

2012년, 마이크 깁슨 대표는 17세 대학 1학년 청년의 가능성을 보고 선뜻 10만 달러(1억 1,000만 원)를 투자했다. 청년은 그 길로 바로 대학을 그만두고 창업에 나섰다. 몇 년 후 그는 자율주행차의 눈 역할을 하는 핵심 부품을 개발해서 투자자에게 큰 수익을 안겨줬다. 이 회사는 2020년 나스닥에 상장한 라이다 센서업체 '루미나 테크놀로지스'Luminar Technologies다. 그리고 그 청년은 이 회사의 CEO 오스틴 러셀Austin Russell로 현재 세계 최연소 자수성가 억만장자다. 그는 2017년 'MIT 선정 젊은 혁신가상'을 수상하기도 했다.

혁신 기술을 개발하는 데 앞장서고 있는 국내 기업도 인력 양성에 나서고 있다. LG 인공지능연구원은 사내 교육 인증서를 대학 졸업장, 나아가 석·박사 학위와 동등하게 대우하는 실험에 들어갔다. 뿐만 아니라 네이버와 카카오의 소프트웨어·인공지능 교육과 삼성전자의 청년SW아카데미가 정부가 지정하는 소프트웨어중점대학보다 더 큰 영향력을 발휘하는 실정이다.

구글이 대학을 위협하고 있다

대학은 더 이상 고등교육 독점자가 아니다. 기존 고등교육과 대학이 공멸의 위기에 있다면 미래가 요구하는 고등교육은 무엇이며 대학의 지향점은 무엇이 되어야 할까? 대전환의 시대를 맞아 급격한 변화에도 경쟁력을 잃지 않는 인재 양성의 사관학교가 되어야 할 것이다.

이제 한국 대학의 경쟁자는 구글과 네이버 등의 글로벌 IT기업이다.

구글은 서울에 아시아 최초로 '구글 스타트업 캠퍼스'를 개관했다. 창업자들이 빠른 시간 안에 성장하는 데 필요한 교육과 컨설팅, 커뮤니티를 지원하고 있다. 이를 통해 창업자들은 빠르게 스타트업을 시작할 수 있다.

미국은 이미 고등교육 혁신에 기업들이 발 벗고 나섰다. 미국에서 단일 고용주로는 가장 많은 공무원을 채용하고 있는 연방정부가 학력 파괴 채용 시스템을 마련한 것이다. 구글과 마이크로소프트 같은 글로벌 IT기업들도 대학 학위 대신 새로운 기술개발에 도움이 되는 자체 교육 프로그램에 기반한 아카데미를 운영하고 있다. 구글 아카데미의 경우 수료한 학생들이 구글의 IT 고용주 컨소시엄인 세계 유수의 기업에 취업했다. IBM은 2019년부터 미국 내 신규 채용의 15퍼센트를 4년제 대학 학위가 없는 이들로 채웠다.

특히 구글이 2020년 7월부터 도입한 '구글 경력 인증시' 프로그램은 기존 대학 학위를 대체 가능한 IT 분야 온라인 교육과정이다. 최대 6개월 동안 온라인 수업을 들은 후 최종 시험까지 통과해 수료증을 받으면 150개 구글 협력 기업에서 4년제 대학 학위와 동등한 대우를 받게 된다. 수강 비용은 6개월에 총 383달러(약 53만 원)에 불과하다. 미국의 4년제 사립대학의 연간 평균 학비가 3만 6,880달러(약 5,142만 원)인 점을 감안한다면 구글 프로그램은 기존 대학의 학위과정을 위협하는 혁신이라 할 수 있다.

해외 대학의 변신은 계속되는 중이다. 미국 최고의 혁신 대학 중 하나인 애리조나주립대학은 기업과 사회가 당면한 문제 해결을 함께 고

민하면서 생존전략을 모색하고 있다. 산학협력중심대학으로 새로운 기술을 적극적으로 활용할 뿐 아니라 학령인구를 넘은 광범위한 연령 층과 국경을 넘는 고등교육의 수요를 끌어들이면서 미래 대학의 바람 직한 변화상을 보여주고 있다. 독일의 대학들도 지방정부와 함께 산학 협력에 적극적이다. 영국의 다이슨대학은 기업이 적극적으로 고등교 육에 참여하는 대표적인 사례다. 다이슨대학은 혁신적인 아이디어로 글로벌 전자제품 시장을 선도하고 있는 기업 다이슨이 2017년 영국 왕 실의 승인을 받아 만든 대학이다. 학생들은 다이슨 소속 과학자와 엔지 니어들에게 실무 경험을 전수받으며 공동 연구도 수행한다.

지구촌 교육 패러다임에 거센 변화의 바람이 불고 있는 지금, 한국 의 대학도 자율 혁신을 위한 개혁에 나서야 한다. 대학은 더 이상 입시 경쟁의 주체가 아닌 평생 교육을 위한 플랫폼이 되어야 한다. 가상세계 메타버스와 인공지능의 발달로 앞당겨진 미래 사회에 필요한 창의 융 합 인재를 키우기 위한 시스템으로 빠르게 전환해야 한다. 지금이야말 로 미래를 살아갈 역량을 키워주는 교육에 앞장서야 할 때다.

딥오토메이션,
교육을 재창조하다

"10년 내 인터넷 1위 기업은 교육기업이 될 것이다."

토머스 프레이 다빈치연구소 창업자의 말이다. 인공지능, 가상현실, 증강현실, 빅데이터 등 혁신 기술 기반의 에듀테크 시장은 코로나 팬데믹 국면을 넘어서면서 더욱 확대되었다. 글로벌시장조사기관인 홀론 IQ는 세계 에듀테크 지출이 팬데믹 이전 1,630억 달러(약 227조 3,035억 원)에서 2025년 4,040억 달러(약 563조 3,780억 원)로 늘어날 것으로 내다봤다.

교육 시장에서 인공지능의 성장세는 또 하나의 빅뱅을 예고하고 있다. 코로나 사태가 교실 수업에 지각 변동을 일으키며 인공지능을 교실 안으로 끌어들이고 있기 때문이다. 온라인 학습의 가속화와 인공지능에 의해 촉진된 차세대 교육 개선은 가상경험을 완전히 변화시킬 수 있다. 교사가 지식의 원천이고 학생이 수혜자인 현재의 교육 모델도 점차 변화할 것이다.

인공지능 플랫폼은
전세계 교육 지형을 어떻게 변화시키나

코로나19는 의심할 여지 없는 교육의 중요한 전환점이 되었다. 비대면과 인공지능을 통한 차세대 교육 개선의 속도가 한층 더 빨라졌다. 그중 미래 교육의 방향을 바꿀 핵심적 요소는 인공지능 지원 학습관리 시스템Learning Management System, LMS이다. 이 시스템을 활용하면 일반적인 교실 환경에서 학습 성취도가 낮은 학생들에게 도움을 줄 수 있다. 학생들 각각의 학습 목표와 스타일에 맞는 콘텐츠를 효과적으로 제공할 수 있기 때문이다. 인공지능 플랫폼은 학습자에게 최적화된 학습 방법과 자료를 제공하면서 보다 널리 활용될 것이다.

학습에 인공지능을 적용하면 어떤 이점이 있을까? 첫째, 학생별 지식 격차를 고려한 맞춤 학습에 도움을 주고 학습 장애 학생들에게 새로운 길을 열어준다. 둘째, 스마트 콘텐츠 제작이 가능하다. 맞춤 옵션과 디지털 교재, 학습 가이드 등이 포함된 디지털 학습 인터페이스를 인공지능의 도움으로 생성할 수 있다. 정보 시각화 기법에 의한 시각화, 시뮬레이션, 웹 기반 학습 환경 등과 같은 새로운 정보 인식 방식은 인공지능에 의해 구동될 것이다. 인공지능은 학습 내용을 생성 및 업데이트해 정보를 최신 상태로 유지하고, 다양한 학습 곡선에 맞게 맞춤화한다.

셋째, 작업 자동화로 교사들의 소모적인 활동을 줄이고 교사의 역할 변화를 요구한다. 교사가 더욱 집중해야 할 일은 수업을 기획하고 학생 개개인을 살피며 동기를 부여하는 일이다. 교사의 역할이 바뀌면 학교는 성적을 넘어선 맞춤형 교육을 실현해 진정한 배움의 산실이 될 수 있다.

이미 선진국의 학교에서는 소셜 소프트웨어 도입이 활발하다. 교육용 페이스북이라 불리는 '에드모도'Edmodo는 전세계에서 1억 명 이상이 이용하고 있다. 교사들은 에드모도를 통해 클래스를 개설하고 공지사항과 과제, 교육자료와 설문 등을 등록한다. 학생들은 이를 실시간으로 확인해 과제를 올리며, 학부모는 자녀들의 활동을 확인하고 집에서 코칭해줄 수 있다. 에드모도와 스쿨로지 같은 프리미엄 플랫폼들은 계속 생겨나는 추세다.

중국 또한 온라인 교육의 거대한 시장이다. 정부 보조금과 중국 벤처캐피털리스트들의 교육 기술 스타트업에 대한 막대한 투자에 힘입어 스쿼럴 AI Squirrel AI 같은 유니콘기업도 탄생했다. 학생들이 시험점수를 높일 수 있도록 설계된 방과 후 멘토링 플랫폼인 이 회사는 수백 개의 도시에 수천 개의 학습센터를 개설했다.

이러한 딥오토메이션은 교육을 대규모로 재창조할 수 있게 해준다. 머신러닝, 빅데이터, 뇌-컴퓨터 인터페이스, 가상현실의 도입은 학생들이 실제로 학습하고 배운 것을 기억하고 더 많은 창의성을 키울 수 있게 도와준다. 특히 머신러닝의 신경망은 상호작용을 통해서 학습하도록 설계되어 있는데 인공지능 플랫폼에 있는 모든 사람을 위해 지속적으로 수업을 개선하고 개인화된 수업을 고안하는 것이 가능하다. 만약 이런 알고리즘이 뇌-컴퓨터 인터페이스 등과 결합된다면 딥러닝 알고리즘은 더 큰 효과를 거둘 수 있다.

이는 대학도 변화시킬 것이다. 세계적인 명문대학들이 인공지능 플랫폼의 효용성을 절감한다면 고등교육은 급격한 전환점을 맞을 수 있다. 대학 입학의 관문으로서 표준화된 시험 점수에 대한 의존이 줄어들고, 기업들은 직원을 채용할 때 출신 대학이 아닌 다양한 교육 프로그램들을 어떻게 수행했는지를 살펴보는 데 비중을 둘 것이며, 이는 채용 관행에도 일대 변화를 불러올 것이다.

또 한 명의 선생님 '챗봇' 교사

2016년 빌 게이츠는 뉴스 웹사이트 '더 버지'The Verge와의 인터뷰에서 "챗봇 덕분에 모든 사람이 지식을 통합할 수 있으며, 챗봇이 개인화 교육과 평생 교육의 미래다."라고 언급했다. 누군가에게 무언가를 배우려면 궁금한 것을 질문하고 명확하게 이해하는 과정이 필요하다. 빌 게이츠는 '이러한 학습의 과정에서 항상 자신보다 특정 주제에 대해 더 많이 알고 있는 사람을 찾아야 한다. 그리고 그의 관점을 검증하기 위한 질문을 많이 해야 하는데 챗봇이 그 역할을 담당하게 될 것'이라고 강조했다.

빌 게이츠의 예측대로 최근 챗봇이 가장 큰 잠재력을 발휘할 수 있는 분야로 교육이 급부상하고 있다. 향후 온라인 학습의 대세가 챗봇이라는 점은 명백하다. 챗봇은 가상의 조언자 역할을 하면서 학생들의 학습 속도에 적응한다. 또한 챗봇의 가장 중요한 기능 중 하나는 사용자 의도를 파악하는 능력이다. 이 식별을 통해 챗봇은 관련 데이터를 추출하고 사용자의 요청에 가장 적절한 응답을 제공한다. 뿐만 아니라 비판적인 토론을 수행할 수도 있어서 학생들은 전문가 인공지능과 함께 특정 주제를 토론하고 질문하는 과정을 통해 다양한 주제에 대한 이해도를 높일 수 있다. 교사가 지식의 원천이고 학생이 수혜자인 현재의 교육 모델도 이러한 챗봇의 발전으로 바뀔 것이다.

인공지능 기술이 인류에게 축복이 되려면 교육과 의료 분야에서 널리 도움이 되도록 해야 한다. 그렇다면 갈수록 고도화될 인공지능 세상에서 교사가 진정으로 해야 할 역할을 무엇일까? 그것은 바로 학생들이 '자기주도성'을 가질 수 있도록 독려하는 것이다.

인공지능이 수많은 학습 자료를 가져다주고 각종 서비스를 제공하는 상황에서 미래 인재의 핵심 역량은 무엇일까? 여러 상황에서 문제를 스스로 인식하고 해결 방법을 탐구하는 기회를 찾아내는 자기주도적 태도다. 그러므로 교사는 학생들이 이러한 주도성을 가질 수 있도록 학습의 기회를 제공하는 데 역량을 집중해야 한다. 나아가 학생들이 자신과 타인을 올바로 이해하고 인간 존엄성을 중시하는 마음을 키우도록 돕는 교육을 강조해야 한다.

2030년 세상의 주류가 될
미래 일자리

기술혁신과 교육 환경의 변화는 고용시장과 일자리 동향에도 상당한 영향을 미치고 있다. 수많은 노동자들의 일자리가 새로운 기술로 대체되고 있는데, 다행스럽게도 신기술이 새로운 직업의 창출도 촉진하고 있다. 바로 이것이 직업의 생성과 소멸의 주기가 그 어느 때보다 짧아지고 있는 이유다.

앞으로 20년 후에 우리는 우편배달부, 택시 운전사, 승무원, 은행 직원과 같은 사람들과의 상호작용을 즐겁게 회상할 수 있을 것이다. 사실 고용시장은 사회의 우선순위와 기술 동향을 보여주는 훌륭한 지표다. 우리가 올해 탐구한 거의 모든 미래 주제를 선택하고 그것을 둘러싼 새로운 직업을 상상하는 것은 그리 어렵지 않다.

기술혁신이 가져올 미래 직업의 변화

오늘날 대다수의 기업이 블록체인, 암호화폐, 메타버스, 자율주행 운송 및 기타 IT 혁신을 실현하고 일상생활에 도입하기 위해 노력하고 있다. 그로 인해 새로 생겨나는 직업의 범주는 점점 더 '기술적인' 일에 국한될 것이고 이와 관련된 신규 일자리가 생성될 것이다.

그렇다고 신규 일자리가 IT 분야 기술직에만 국한된 것은 아니다. 기술혁신은 서비스 사업의 일자리도 만들어낼 수 있다. 예를 들어 코로나19 팬데믹을 거치면서 더욱 고도화된 의료 기술은 노인의 기대 수명을 연장하고 있다. 이러한 추세는 65세에 은퇴한 후 최소 20~30년가량 삶을 이어나갈 가능성이 있는 노년층들을 위한 다양한 개인 관리 서비스에 대한 의미 있는 수요를 이끌어내서 관련 일자리를 창출한다.

비단 노인에게만 해당하는 이야기는 아니다. 점점 다양한 혁신 기술이 우리의 일상생활을 지원함에 따라 많은 사람이 개인화된 서비스를 받을 수 있다는 의미로도 해석된다. 일례로 개인 IT 도우미를 비롯해서 기업은 자사의 고객을 대상으로 한 IT 헬프 데스크가 필요하다. 여기서 주목해야 할 점은 기술이 발전함에 따라 특정 직업이 사라지는 대신 다른 직업이 생성되는가 하면, 보다 업그레이드될 수도 있다는 점이다.

가령 건설 노동자와 자동차 정비사는 제너럴리스트였다. 그러나 새로운 기술 기반 도구와 이러한 도구에 대한 교육의 필요성으로 인해 블루칼라 직업에 대한 전문화가 가능하다. 이 전문화는 근로자의 노동 영향력과 시장 가치 및 보상을 증가시킨다.

다만 소매업에 종사하는 이들의 미래는 그다지 밝지 않다. 소비자 수요는 사라지지 않지만 소매업체가 이러한 수요를 충족하기 위해 선택하는 방법들은 기술혁신을 통해 계속 진화할 것이다. 전자상거래 및 매장 자동화의 추세는 전통적인 대면 영업이 줄어들 것임을 의미한다. 그러나 이들 중 일부는 플랫폼을 관리하고 연계 시스템을 서비스하는 새로운 작업으로 대체될 수도 있다. 차세대 블루칼라 직업과 마찬가지로 이러한 전문 직책에는 IT 관련 전문 기술이 필요하다.

지금까지 우리는 점진적인 변화와 현재 고용 상황의 진화에 대해서만 관심을 가져왔다. 하지만 이제는 완전히 다른 차원에서 생각해야 한다. 새로운 기술을 기반으로 구축된 신산업과 직업에 대해 관심을 가져야 할 때다. 20년 전에는 상상도 할 수 없었던 직업이 몇 년 내에 등장할 것이기 때문이다.

2030년 주목해야 할 미래 직업

미래의 신종 직업 중에는 지금도 친숙하게 와 닿거나 수긍이 가는 것들도 많다. 이미 해당 직업에 관해 공부하고 있거나 전 단계의 일을 하고 있는 이들도 있다. 하지만 대다수의 일자리는 전통적인 직업 교육으로는 업그레이드가 힘든 일들이다. 머지않은 미래에 새롭게 등장할 직업들을 고려한다면 초등 및 중고등학교의 교육 시스템은 기존의 틀에서 완전히 벗어나야 한다. 각자 자신의 커리큘럼과 주요 학습 과정을 지속적으로 평가하고 수정함으로써 이와 같은 미래 직업과 떠오르는 수백 가지 다른 직업을 수행할 수 있도록 준비해야 한다.

직업의 미래를 정의하기 전에 커다란 변화의 물줄기를 먼저 이해할 필요가 있다. 미래학자 니컬러스 배드민턴Nikolas Badminton은 영국의 매체 〈선데이 텔레그래프〉Sunday Telegraph와의 인터뷰에서 2040년 인류의 일과 직업의 미래를 탐구한 결과를 밝혔다. 그가 2040년의 미래를 바라보고 제언한 직업, 그리고 영국의 미래 전문 컨설팅사 패스트 퓨처Fast Future와 미래포럼이 주목하는 몇 가지 직업에 대해 살펴보자.

◆ 인공지능 심리학자

머신러닝과 스마트 장치 및 로봇공학은 인류의 삶으로 빠르게 들어와 일상이 될 것이다. 이러한 환경에서 인공지능 심리학자는 인간과 인공지능 학습의 상호작용 사이에서 연결고리 역할을 한다. 인공지능이 더 나은 의사결정을 할 수 있도록 도와주면서 동시대 학습 및 의사결정 알고리즘을 분석하고 실제 시나리오에서 더 잘 기능하도록 조정한다.

흥미로운 점은 기존의 심리학 중 많은 부분이 인공지능 심리학에도 적용될 수 있다는 점이다. 다만 인간과 마찬가지로 인공지능도 무인 상태로 두면 어려움에 처할 수 있다. 이로 인해 인공지능이 스스로 해결할 수 없는 학습 및 의사결정의 문제가 발생하는데 이때 인공지능 심리학자는 로봇의 학습 패턴을 조정해 학습 과정의 수정 및 지속성을 보장한다.

인공지능 개발을 이해하고 적극적으로 작업하는 심리학자는 효율적인 개발뿐 아니라 인간에게 보다 더 가까운 기계를 개발하는 데도 도움을 줄 수 있다. 즉 인공지능이 사람들에게 더욱 매력적인 존재로 다가가게 하고 인간과 보다 더 쉽게 상호작용할 수 있게 도와준다.

인공지능 심리학자의 또 다른 중요한 역할은 의사결정 과정에서 인공지능에게 윤리를 가르치는 것이다. 인공지능의 기능을 진화시키는 것과 함께 인간에 대한 이해와 상호 소통, 윤리의식의 학습 등이 반드시 필요하며 이때 로봇 심리학자는 매우 중요한 역할을 한다.

◆ **메타버스 크리에이터**

유튜브로 활성화된 '크리에이터 이코노미'는 메타버스로 확대될 것이다. 메타버스에서도 SNS처럼 수십만 명 이상의 팔로워를 거느린 셀럽 크리에이터들이 등장하고, 이들은 삼성과 현대자동차 등 국내외 대기업들과 컬래버레이션을 통해 디지털 아이템을 제작하거나 가상 이벤트를 여는 등 각종 마케팅 활동을 본격적으로 해나갈 전망이다.

아울러 유튜버들의 활동을 돕는 MCN회사와 마찬가지로 유명 메타버스 크리에이터를 매니지먼트하는 비즈니스도 늘어날 것으로 예측된다. 성공한 유튜버가 자신의 계정을 기업에 파는 것처럼 팔로워가 많은 메타버스 크리에이터의 계정을 사고파는 시장도 열릴 것이다.

◆ **메타버스 건축가**

가상세계에서 아바타가 활동하는 공간을 설계하고 구축하는 직업이다. 실제 건축가의 능력인 공간 설계와 디자인 감각은 물론 코딩과 인공지능을 비롯한 응용물리학과 3D모델링까지 건축사와 같은 능력을 겸비해야 한다. 단순히 블록을 쌓아 공간을 만드는 게 아니라 '가상세계 안의 사용자 경험'을 함께 설계해야 한다. 가령 메타버스 안에서 자동차회사를 설계한다면 자동차 전시관이나 고객이 자신의 자동차를 튜닝해볼 수 있는 공간을 구성할 수 있어야 하는 것이다. 기업과 정부 등의 클라이언트가 의도한 서비스를 충분히 구현해낼 수 있는 디지털 설계 감각이 필요한 직업이다.

◆ XR 융복합 콘텐츠 창작자

메타버스 기반의 VR, AR, MR 플랫폼과 콘텐츠 기획을 총괄하는 직업이다. 향후 콘텐츠 제작의 생태계는 급변할 것이다. 영화를 비롯해서 연극, 무용, 미술, 라이브 음악 등 오프라인 엔터테인먼트가 일대 르네상스를 맞이하게 된다. 기존의 예술 영역을 첨단 기술과 결합해 새로운 형태의 콘텐츠로 창작하는 이들이 바로 융복합 콘텐츠 창작자다.

이들은 인공지능과 다양한 장르의 융합으로 콘텐츠의 기획, 제작, 유통에 새로운 변화를 이끌어나갈 것이다. 이들은 콘텐츠에 대한 아이디어를 발굴하고 스토리 및 기능 구현을 위한 프로세스를 운용한다. 그뿐만이 아니다. XR 콘텐츠의 UI와 UX 설계, 상세 스토리보드 작성 등 XR 콘텐츠 상용화를 위한 총괄 디렉터라 할 수 있다.

◆ 아바타 디자이너

메타버스 속에서 사람들은 자신의 분신인 아바타를 만들어 활동한다. 아바타가 늘어날수록 각광받는 직업 중 하나가 바로 아바타 디자이너다. 메타버스에서도 자신의 아바타를 차별화하려는 이들은 기꺼이 아바타 디자이너에게 돈을 지불할 것이다. 그래서 아바타 패션 디자이너와 메이크업 아티스트에서 성형 전문가까지 유관 직업은 더욱 다양해질 전망이다. 그런데 아바타 디자이너는 단지 아바타를 예쁘게 꾸미는 데 그치지 않는다. 기업을 대표하는 아바타를 만들 경우에는 해당 기업의 비전과 문화를 아바타로 구현해내야 한다. 그리고 개인이 요청한 아바타를 만들 경우에는 요구하는 콘셉트나 개성을 잘 구현해내야 한다. 그 외에도 아바타의 고객 응대법 등 각종 서비스도 프로그래밍해야 한다.

◆ 데이터 과학자와 데이터 중개사

델 테크놀로지스Dell Technologies의 CEO 마이클 델Michael Dell은 "2020년부터 전세계 대표 도시에서는 매일 200페타바이트의 데이터가 발생한다."라고 말했다. 200페타바이트는 HD급 영화 5,000만 편 정도의 용량이다. 그런데 2040년이 되면 1인당 8,000건 이상의 디지털 데이터 상호작용으로 현대인의 데이터 생성은 기하급수적으로 늘어날 전망이다. 이렇게 되면 모든 회사는 보유한 데이터에서 기회를 탐색하고, 직원과 고객의 역량을 강화할 수 있도록 고도로 훈련된 데이터 과학자 팀이 필요하다.

뿐만 아니라 본격적인 데이터 시대에 우리는 점점 더 많은 데이터를 소유하게 될 것이므로 우리가 생성하는 데이터에 대해 보다 더 신중하고 진지해져야 한다. 이에 따라 '개인 데이터 중개' 일을 하는 사람과 관련 비즈니스는 더욱 확대될 것이다.

◆ 사이버 정보 보안 애널리스트

초연결 세계에서는 사이버 공격 및 디지털 도메인이 침해될 위험이 있다. 갈수록 지능적일 뿐 아니라 대규모의 사이버테러가 발생하고 있기 때문에 사이버 보안 전문가의 역할은 더욱 중요해질 수밖에 없다. 국제 사이버 보안 교육·인증 프로그램 제공 비영리단체인 '(ISC)²'International Information Systems Security Certification Consortium에 따르면, 미국에서는 현재 사이버 보안 전문가가 87만 9,000명 정도 활동하고 있지만 부족 인원이 35만 9,000명에 이른다. 전세계적으로 봤을 때 관련 인력의 공급 부족 규모는 312만 명에 달한다. 미 노동부 산하 노동통계국Bureau of Labor Statistics(이하 BLS)도 앞으로 '정보 보안 애널리스트'가 10년간 가장 취업률이 높은 직종 10위를 기록할 것으로 보았다. BLS는 사이버 보안 전문가의 취업 증가율이 31퍼센트로, 다른 모든 직종의 취업 증가율 평균치인 4퍼센트를 크게 웃돌 것으로 예상하고 있다.

◆ 암호화폐 탐정

2022년 4월, BAYC의 공식 인스타그램 계정이 해킹당해서 다수의 NFT가 도난당하는 등 암호화폐 범죄 수사에 대한 수요가 급증하고 있다. 블록체인 정보분석업체인 체이널리시스Chainalysis는 2021년 암호화폐 범죄 거래가 사상 최고치를 기록했다고 발표했다.

증권거래위원회는 사이버 부서의 규모를 두 배로 늘리고 NFT 및 암호화폐 자산 교환을 포함한 암호화폐 산업에 대한 초점을 확대할 것이라고 밝혔다. 미국 법무부는 암호화폐 집행 그룹을 구성했으며 FBI도 자체 암호화폐 팀을 구성할 계획을 세우고 있다.

이러한 이유로 대규모 공개 장부인 블록체인을 조사하는 방법을 알고 있는 미국 국세청Internal Revenue Service(이하 IRS) 산하 사이버 범죄 전담 요원인 크리스 얀체프스키Chris Janczewski와 같은 조사관에 대한 관심이 증가하는 추세다. 실제로 암호화폐 사기 및 계획의 증거를 찾는 익명의 인터넷 탐정들도 등장하고 있다. 이들은 개인이나 일반 기업을 대상으로 자체 암호화폐 조사를 실행하는 개인 비즈니스를 시작했다.

IRS와 FBI, 국무부와 같은 연방기관은 민간 암호화폐 정보회사와의 계약에 수백만 달러를 지출했다. 암호화폐 범죄자들은 자신의 범죄 방법을 은폐하는 새로운 방법을 지속적으로 개발하고 있기 때문에 이러한 수사는 점점 더 어려워지고 있다. 따라서 관련 전문직에 대한 수요는 더욱 늘어날 것이다.

◆ DAO 변호사

중앙화된 기존 일자리의 대안으로 떠오른 DAO는 그 고유한 특성을 파악해 보호할 수 있는 새로운 규제가 필요하다. 현재 국내 법조계는 DAO가 기존 법률상 법인이 아닌 조합의 형태에 가깝다고 판단하고 있다. 그러나 일반적인 조합과는 다른 특성을 지니고 있기 때문에 단순히 조합으로 분류할 경우 운영상의 문제가 생길 수 있다. 그래서 DAO에 새로운 법인격을 부여해야 한다는 주장이 나오는 것이다. DAO의 운영과 의사결정 및 위임, 해산과 탈회, 개발자의 책임 등 세부 내용을 국내의 조합법과 비교해서 법의 토대를 만들고 이를 적용할 법률전문가는 반드시 필요하다.

미국 와이오밍주는 세계 최초로 DAO를 법인으로 등록하고 유한책임회사Limited Liability Company, LLC와 동일한 법적 지위를 부여하는 법안을 통과시켰다. 국내에서도 일련의 움직임이 본격화될 것이고 DAO 변호사의 활동도 활발해질 것이다.

◆ 신체 부위 제작자

영국의 패스트 퓨처는 혁신 기술부의 의뢰를 받아 미래 유망 직업에 대한 연구에 착수해 20가지 직업을 선정했다. 그중 주목받고 있는 것이 신체 부위 제작자다. 과학적으로 살아 있는 신체 부위를 만드는 것이 가능해지기 때문에 전문적으로 신체 부위를 만들어 저장하고 수선하는 전문가가 필요해진다는 것이다. 비단 팔다리만이 아니다. 심장과 위장과 같은 장기도 제작할 수 있다. 신체 부위 전문가는 인류의 염원인 장수에 한발 더 다가가게 하는 전문 인력이라 할 수 있다.

◆ 생명과학 농부

이제 농업은 IT 산업과 바이오 산업이 융복합된 첨단과학이다. 농부가 농사를 짓는 시대가 아니라 생명공학엔지니어들이 농사를 짓는 시대가 되어가고 있다. 그래서 농부에 대한 개념 정의도 새롭게 이루어져야 한다. 미래의 농부는 유전공학과 생명공학을 접목해서 새로운 품종을 개량하고 유전자를 변형하는 등 개발자로 더욱 각광받을 것이다. 급격한 기후변화로 인한 식량 위기 등 인류에게 당면한 생존 문제를 해결하기 위해서도 생명과학 농부의 역할은 확대될 전망이다.

◆ 바이오 해커를 위한 의료 전문가

인간의 몸을 분석하고 자신의 몸에 다양한 실험을 하는 것을 '바이오 해킹'이라고 하고, 이러한 행위를 하는 사람을 '바이오 해커'라 부른다. 바이오 해킹의 목적은 자신의 몸과 마음을 더 나은 상태로 업그레이드해서 오랫동안 건강을 유지하는 데 있다.

소득이 높은 사람들의 평균 수명 연령이 130세로 급등할 미래에 장수는 부자들의 가장 큰 관심사가 될 것으로 보인다. 이들을 위한 R&D 능력을 갖춘 전문 병원이 생기면, 장기이식 기술뿐 아니라 사이버네틱스에서 사이키델릭(치료용 신경정신 약물)에 이르기까지 모든 것을 시도하고자 하는 바이오 해커들은 더욱 늘어날 것이다. 아울러 이들을 위한 의료 전문가도 주목받게 된다.